Brain Building

Marilyn vos Savant
Leonore Fleischer

Brain Building

Das 12-Wochen-Trainingsprogramm für Gedächtnis, Logik, Kreativität

FALKEN

Im FALKEN Verlag sind zahlreiche Titel aus den Bereichen Schule, Beruf und Freizeit erschienen. Fragen Sie Ihren Buchhändler!

ISBN 3-8068-4704-5

Titelbild: Scott Heiser
Zeichnungen: Ulrich Lichthardt
Grafische Gestaltung: Freddy Koschella
Übersetzung: Dieter Ludwig Nennhuber, München
Deutsche Bearbeitung: Reny Finkeldey

Gesamtproduktion im Auftrag des Falken-Verlags:
Freizeit Medien Verlag GmbH, München
Druck: Auer, Donauwörth

817

INHALT

VORWORT

Ihr Verstand ist das Herz und die Seele Ihres Lebens. Er gehört nur Ihnen. Für immer. Er ist das Einzige, das Ihnen niemand nehmen kann. Und nur Sie allein haben die Herrschaft über ihn. Stärken Sie ihn - dann haben Sie die Zukunft in der Hand. Wenn Sie ihn aber verkümmern lassen, dann verspielen Sie Ihre Chancen.
Wer, um alles in der Welt, hat Ihnen gesagt, daß Sie Ihre Intelligenz nicht steigern können? Wer hat Ihnen gesagt, daß sich nicht einmal der Versuch lohnt? Wer immer es war: Er hat unrecht.
Lassen Sie sich also nicht beirren. Bringen Sie Ihren Verstand in Bewegung. Benutzen Sie ihn. Entwickeln Sie ihn. Das wird Sie bereichern und beflügeln. Und Sie werden das Leben noch mehr lieben, weil Sie noch mehr vom Leben verstehen.
Dieses Buch hilft Ihnen dabei. Es enthält und erklärt die Methoden von Marilyn vos Savant: Sie ist einer der klügsten Menschen der Welt. Ihre Methoden können Sie direkt umsetzen.
Mit Brain Building übernehmen Sie vor allem die aktive Kontrolle über Ihr Denken. Nach und nach lernen Sie geistige „Werkzeuge" kennen, mit denen Sie schwierige Probleme anpacken und in den Griff bekommen können. Sie werden geistigen Ballast abwerfen und sich von Vorstellungen lösen, die nicht zu Ihrer Persönlichkeit passen. Sie werden lernen, klarer und präziser zu denken und mehr als bisher auf sich selbst zu vertrauen. Damit können Sie Ihre Intelligenz und Ihre Fähigkeiten wirklich ausschöpfen.
Marilyn vos Savant ist meine Frau. Schon im Laufe unseres ersten gemeinsamen Jahres spürte ich zwar, daß sie meine Augen geöffnet, meinen Horizont erweitert und meinen Verstand gestärkt hatte. Aber ich wußte nicht, wie das geschehen war. Auf jeden Fall war es sehr viel mehr als „nur" Liebe.
Das Manuskript von Brain Building zeigte sie mir erst, als sie mit der Reinschrift fertig war. Und darin entdeckte ich Seite für Seite ihre Gedankenwelt - und die Vorstellungen, die sie längst auch an mich weitergegeben hatte: Gedanken über Offenheit, Freiheit von Vorurteilen, Objektivität, intellektuelle Ehrlichkeit und Stärke. Ich freute mich, in ihrem Manuskript so viel von dem zu finden, was ich von ihr gelernt hatte. Prinzipien, nach denen wir nun beide bewußt leben. Deshalb bat ich sie, dieses Vorwort schreiben zu dürfen. Brain Building ist ein Arbeitsbuch. Mit diesem Pro-

gramm können Sie Ihre Intelligenz besser nutzen als bisher. Glauben Sie an sich, und halten Sie durch.
Eine Erfahrung, die ich selbst gemacht habe, als ich das künstliche Herz entwickelte: Manchmal erscheint etwas unmöglich. Aber das ist es nicht. Der einzige Weg zum Erfolg führt über Beharrlichkeit und harte Arbeit. Investieren Sie Ihre Kraft in die wirklich lohnenden Ziele. Ihr Verstand ist eins davon.

Dr. med. Robert Jarvik

EINLEITUNG

Übungen im Bodybuilding formen den Körper, geben ihm Kraft und bauen neue Muskeln auf. Für die einzelnen Muskelgruppen des Körpers wurden spezielle Übungen entwickelt. Das Brain-Building-Programm arbeitet auf dieselbe Art mit Ihrer Intelligenz: Es spannt Ihren Verstand an, formt ihn und bringt Sie auf neue Höhen intellektueller Fitneß.

Ständige und konsequente Wiederholung ist der Schlüssel zu jeder Übung - damit geht sie Ihnen in Fleisch und Blut über, wird zu einem so selbstverständlichen und automatischen Vorgang wie das Atmen. Während der nächsten zwölf Wochen werde ich Ihnen helfen, auf diese Weise Ihre „geistigen Muskeln" zu stärken. Ich werde Ihnen zeigen, wie Sie sich die Techniken des effektiven Denkens zur Gewohnheit machen und damit umgehen können. Sie werden während des Kurses viele Gelegenheiten haben, Ihre Fortschritte immer wieder zu testen.

Die Übungen in einigen Teilen des Buches sind erstaunlich einfach, in anderen Kapiteln schwieriger. Sie können sich aber darauf verlassen, daß Sie sowohl mit Hilfe der einfachen als auch der schwierigen Übungen Ihre Wahrnehmungsfähigkeit entwickeln, Ihren Intellekt schärfen und Ihre Augen für neue Wege des Denkens öffnen. Vieles in diesem Buch wird Sie überraschen. Und ich werde von Ihnen verlangen, so zu denken, wie Sie noch nie zuvor gedacht haben.

Unser wertvollstes Gut ist die Zeit. Unter den Belastungen und Zwängen des Alltags handeln wir dieses Gut oft unter seinem wirklichen Wert. Alles, was wir tun, verbraucht Zeit. Aber nur sehr wenig davon gibt uns Zeit zurück - ich glaube, daß der Aufbau Ihrer geistigen Kräfte zu diesen seltenen Dingen gehört. Wenn Sie die Techniken des Brain Building beherrschen, dann haben Sie das geistige Rüstzeug dafür, daß sich jeder Augenblick bezahlt macht. Weil Sie selbst Ihre Prioritäten setzen und Ihre geistigen Energien nur für das einsetzen, was sich für Sie in Produktivität, Zufriedenheit und weniger Streß auszahlt.

Sie werden das Brain-Building-Programm anregend und amüsant finden. Jetzt ist die Reihe an Ihnen, die Übungen in Ihren ganz normalen Tagesablauf zu übernehmen.

Sie werden dazu keine besondere Ausrüstung benötigen: einen Schreibblock, einen Bleistift, einige Bücher, Zeitungen. Die beiden besonderen, unersetzlichen Ausrüstungsstücke, die Sie sonst noch brauchen, besitzen Sie sowieso: Ihren Verstand und dieses Buch. Wenn Sie beide gut einsetzen, kann ich Ihnen versprechen: Das zwölfwöchige Brain-Building-Programm wird Ihnen das Tor zu den nahezu unbegrenzten Kräften Ihres Intellekts öffnen. Sie können diese neu entdeckten Fähigkeiten und Methoden auf jeden Bereich Ihres täglichen Lebens anwenden - zur Lösung von Problemen, bei Entscheidungen, egal ob im Beruf und oder im Privatleben. Die Technik des Brain Building wird Ihr eigener dauerhafter Schlüssel zu einem besseren Denken. Für immer.

Marilyn vos Savant

K A P I T E L

1

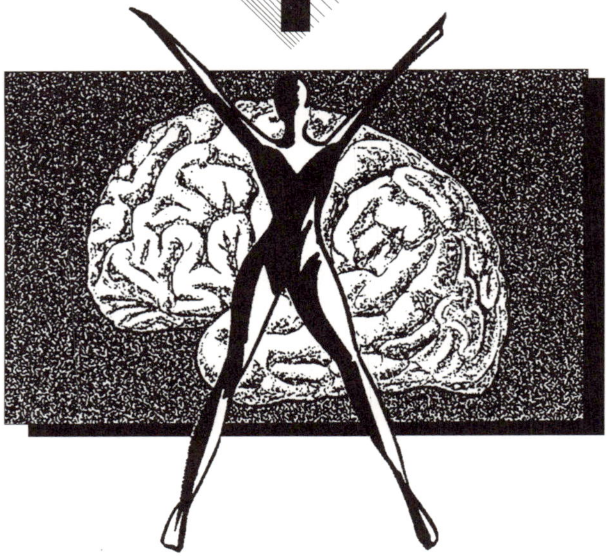

DAS BRAIN-BUILDING-PROGRAMM

ZWÖLF WOCHEN, DIE SIE KLÜGER MACHEN

Ich wollte dieses Buch nicht schreiben. Aber einer meiner besten Freunde überredete mich dazu. „Du weißt", sagte er zu mir, „daß du in meinen Augen der einzige Mensch bist, der sowohl körperlich wie geistig fit ist."

Ich protestierte: Es stimmt zwar, daß ich alle zwei oder drei Tage ins Sportstudio gehe, aber ich bin gewiß keine Bodybuilding-Frau und will auch gar keine sein.

„Das sagen alle Leute, die sich vor etwas drücken wollen", erwiderte er. Das saß. Viele wollen ja auch nicht als Bücherwurm gelten - aber ist das eine Entschuldigung dafür, den Verstand überhaupt nicht fitzuhalten? Ein untrainierter Verstand ist mindestens so reizlos wie ein untrainierter Körper. Eher noch reizloser. „Du solltest den Leuten sagen, daß sie beides haben können, wenn sie sich nur anstrengen", meinte mein Freund.

Ich? Wer bin ich denn, daß ich jemandem etwas beibringen könnte? Ich stehe zwar im *Guiness Buch der Rekorde* unter „höchster IQ", aber wegen meines Familiennamens halten das die Leute für ganz „natürlich" - er bedeutet soviel wie „weiser Mann". Der Nachname meiner Großmutter war „Savant", schon bevor sie meinen Großvater heiratete. Und er hieß ganz zufällig „vos Savant".

„Aber vergiß nicht", sagte der Freund, „daß es auch viele Einsteins gibt. Gehört haben wir aber nur von einem." Dann machte ich ihm klar, daß ich gerade keine Zeit hatte, ein Buch zu schreiben. Schließlich schreibe ich die „Fragen-Sie-Marilyn"-Kolumne für das *Parade*-Magazine, mit seiner Auflage von 32 Millionen und 64 Millionen Lesern das größte der Welt. Ich arbeite an einem politischen Science-Fiction-Roman, der detailliert den amerikanischen Alltag in 200 Jahren beschreibt.

Außerdem stelle ich eine Sammlung humoristischer Kurzgeschichten zusammen. Wenn ich nicht schreibe, halte ich Vorträge vor Managern und in Universitäten.

„Du bist doch mehr beschäftigt, als ich dachte", gab mein Freund zu. Beschäftigt? Oh ja. Und ich bin mit Dr. Robert Jarvik verheiratet, dem Erfinder des nach ihm benannten künstlichen Herzens. Diese Ehe füllt den ganzen Rest meiner Zeit aus.

Diese neue Idee reizte mich dann doch. Weil ich nicht genug Zeit hatte, suchte ich eine Co-Autorin. Wir taten uns zusammen und schrieben dieses Buch. Hier ist es.

IHR WEG ZU GEISTIGER FITNESS

Wie jedes geistige Trainingsprogramm ist auch Brain Building „kumulativ", das heißt auf Steigerung angelegt. Um den größtmöglichen Effekt zu erzielen, müssen Sie auf der Basis der Übungen, die Sie bereits beherrschen, immer neue aufbauen. Stellen Sie sich zum besseren Verständnis einfach ein typisches Bodybuilding-Programm vor: Am Anfang gibt es kurze Lockerungsübungen zum Aufwärmen der Muskeln; sie dauern jeweils nur ein paar Minuten. Dann lernt man eine Reihe von Übungen für Oberarme und Schultern, später für die Beine, dann weitere für den unteren Rücken und eine andere Übungsserie zur Stärkung von Brust und Oberkörper. Nach und nach wird Übung für Übung hinzugefügt. Aber die, die man bereits beherrscht, bleiben fester Bestandteil des Programms. So ein Trainingsprogramm kann mit einer Übungszeit von zehn Minuten beginnen, sich bis zum Ende der zweiten Woche auf 30 Minuten steigern, und am Ende des Monats wäre ein 60minütiges Training erreicht, das alle Übungen einschließt.

Dasselbe gilt für dieses Programm. Mit Brain Building stärken Sie nach und nach verschiedene Gebiete Ihres Denkens, bis Sie dann, am Ende des Buches, dem gesamten Übungsprogramm mit selbstverständlicher Leichtigkeit folgen und damit die bestmöglichen Ergebnisse erzielen können.

Nehmen Sie sich etwas Zeit zum „geistigen Aufwärmen“, bevor Sie sich in die Übungen stürzen. Man bekommt keinen guttrainierten Körper in ein paar Stunden. Und dasselbe gilt für Ihren Verstand. Lesen Sie Brain Building nicht hastig, versuchen Sie nicht, alle darin enthaltenen Ideen auf einmal in Ihren Kopf zu stopfen. Vergessen Sie nie, daß das Erfolgsgeheimnis eines jeden Trainingsprogrammes aus Wiederholung, Wiederholung und nochmals Wiederholung besteht - so lange, bis man es wirklich verinnerlicht hat.

Je mehr Zeit Sie sich für jedes einzelne Kapitel nehmen, je mehr wird es Ihnen helfen. Lesen Sie es langsam durch, schlagen Sie immer wieder darin nach. Einige der Übungen werden Ihnen nützlicher erscheinen als andere. Vielleicht haben Sie eine besondere Begabung für Logik und Mathematik und können deshalb jetzt aus den Übungen zum Informationstraining den größten Nutzen ziehen. Oder Sie verfügen zwar über einen geschliffenen Wortschatz, haben aber Mühe bei Problemlösungen - dann sollten Sie sich intensiv mit dem Logikkapitel beschäftigen.

Sie werden in diesem Buch also auch mehr über Ihre jetzige Denkweise erfahren: Wie Sie zu Ihren Ansichten kommen, wie Sie Urteile fällen - diese Selbstwahrnehmung ist der erste Schritt im Brain Building.

Die beiden nächsten Kapitel befassen sich eingehend mit dem menschlichen Gehirn und der Intelligenz des Menschen. Dann folgt - als Kapitel 4 – „George, der Lockermacher“: der vielleicht ungewöhnlichste Test, den Sie jemals zu lösen haben. Ein Test zum Aufwärmen, mit dem Sie die Arbeitsweise Ihres Verstandes besser kennenlernen. Und danach erst beginnen die „richtigen“ Brain-Builder-Übungen. Jedes Kapitel befaßt sich mit einem Teilbereich der Intelligenz und zeigt, wie dieser Bereich geschult werden kann.

Wir starten langsam und ohne Anstrengung. Bei der ersten Übung - in der zweiten Woche, Kapitel 5 - geht es um Ihren Wortschatz. Sie werden dabei mit vertrauten Dingen arbeiten: mit den Zeitungen und Zeitschriften, die Sie lesen. Dieses Kapitel wird Ihnen zeigen, wie man neue Worte wahrnimmt, wie man unbekannte Worte zu verstehen versucht (anstatt sie einfach zu übergehen) und wie man Nachschlagewerke effektiv benutzt. Durch diese Übungen werden Sie geschickter im Umgang mit Worten.

Auf das Wortschatz-Kapitel folgen, ab der dritten Woche, die Mathematik- und Logikübungen. Sie sind etwas schwieriger, bereiten aber den „geistigen Boden“ für alles weitere. Damit hoffe ich, Ihnen den Reiz und die Einfachheit präzisen Denkens vor Augen zu führen. Die Logik ist nun mal das Fundament des korrekten Denkens, sie ist leidenschaftslos und orientiert sich nicht an Gefühlen. Mit der Logik können Sie in neue Regionen des Denkens vordringen und klare Problemlösungen finden.

Dann geht das Brain-Building-Programm vom Allgemeinen zum Besonderen über: zu Ihrem inneren Selbst. Zu Ihrer Einsicht und Intuition, Ihrem Orientierungssinn, der Stärkung Ihres Konzentrationsvermögens und Ihrer Sinne. Brain Building gibt Ihnen das Vertrauen in Ihre geistigen Fähigkeiten und das nötige Selbstbewußtsein, um sich erfolgreich mit den alltäglichen Problemen auseinanderzusetzen.

Zum Aufbau der einzelnen Kapitel: Als erstes werde ich jeweils einen Teilbereich der Intelligenz ansprechen, zum Beispiel verbale oder mathematische Fähigkeiten. Dann kommen die „Brain Builder“: Das sind ganz einfache Regeln, gezielte kleine Fitneßübungen zum Einstieg, die Ihnen jeweils auf einem Teilgebiet „Bewegung“ verschaffen. Nur für wenige Übungen müssen Sie sich extra Zeit nehmen. Die meisten können Sie ohne weiteres in Ihren gewohnten Tagesablauf einbinden.

Bleiben Sie so lange bei den für Sie schwierigen Übungen, bis Sie sie beherrschen. Je schwieriger eine Übung ist, desto mehr strengt sich Ihr Gehirn an und desto intensiver wird es beim Wiederholen trainiert. Übrigens: Das Programm ist zwar so angelegt, daß man es in zwölf Wochen zügig durcharbeiten kann, aber Sie dürfen sich auch getrost mehr Zeit nehmen.

Vielleicht ist es für Sie einfacher, wenn Sie das Programm öfters wiederholen. Das kann Sie Tage, Wochen oder sogar Monate kosten. Aber die Zeit ist gut investiert. Werden Sie also nicht ungeduldig, und machen Sie sich keine Sorgen. Das Buch wird auf Sie warten; es wird immer da sein, wenn Sie zum Training bereit sind.

Lesen Sie langsam. Stellen Sie sich die einzelnen Übungen als Türen zu den ungenutzten Räumen Ihres Geistes vor. Halten Sie inne, und denken Sie nach - je öfter, desto besser.

Schreiben Sie Ihre Anmerkungen zu den Übungen an den Rand. Kehren Sie zu den Seiten zurück, die Sie noch nicht völlig verstanden haben. Lesen Sie sie noch einmal.

Sie werden merken: Wie ein körperliches Trainingsprogramm, so wird auch Brain Building mit zunehmender Praxis immer leichter. Sprechen Sie - wenn irgend möglich - mit jemandem, der Brain Building auch gerade liest oder es bereits gelesen hat. Es ist wie das Joggen mit einem Freund: Es nutzt beiden, spornt an, die Leistung zu steigern und hilft, Schwierigkeiten zu überwinden.

KAPITEL 2

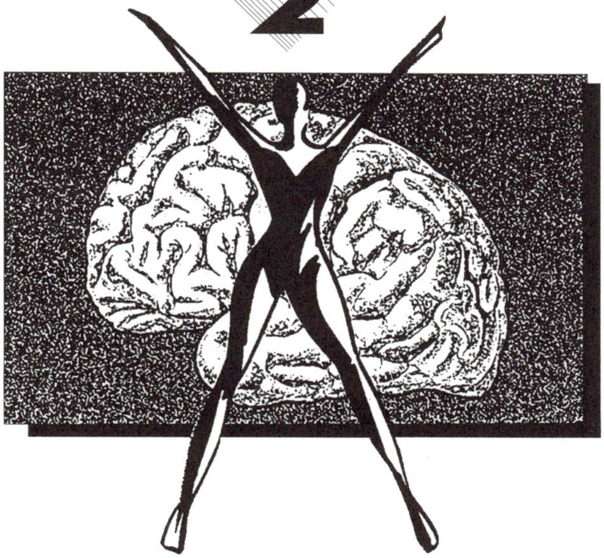

MO DI MI DO FR SA SO

ERSTE WOCHE: MONTAG - MITTWOCH

DAS GEHIRN - KEIN UNBEDEUTENDES ORGAN

Was Sie für die erste Woche brauchen: Ein Foto von sich, einen großen Spiegel, Papier und Bleistift, ein Wörterbuch, etwas Muße zum Lesen und Zeit für zwei kurze und einen etwas längeren Test.

„Als Sitz der Seele und der Herrschaft über die willkürliche Bewegung - mehr noch: der Nervenfunktionen schlechthin - muß das Herz angesehen werden. Das Gehirn ist ein unbedeutendes Organ.“ Aristoteles

Ausgerechnet Aristoteles! Der griechische Philosoph, der schon im 4.Jahrhundert vor unserer Zeitrechnung die Tierarten klassifizierte, der Alexander den Großen unterrichtete und als einer der ersten Menschen wissenschaftliche und politische Abhandlungen verfaßte. Aristoteles, der noch tausend Jahre nach seinem Tod schlicht als „Er" zitiert wurde - wie ein Gott. Derselbe Aristoteles rümpfte seine vornehme griechische Nase über das Gehirn: ein „unbedeutendes Organ".

WAS DAS GEHIRN ALLES KANN

Seit Jahrhunderten wissen wir nun, daß „Er" mit seiner Ansicht völlig daneben lag, daß in Wirklichkeit genau das Gegenteil richtig ist: Das Herz ist eine biologische Pumpe, die unsere Zellen mit Sauerstoff versorgt und damit das Gewebe am Leben erhält. Es ist das Gehirn, das die Bewegungen steuert, die willkürlichen ebenso wie die unwillkürlichen. Und die Leidenschaften haben ihren Ursprung im Gehirn: Liebe, Haß, Kummer, Furcht, Staunen, Vorstellungskraft, Begeisterung, Gleichgültigkeit, Nachdenken, Mißtrauen, der Sinn für Humor, das Verlangen nach Eiscreme. Das Gehirn „schmeißt den Laden" und ist für alles verantwortlich - vom Ein- und Ausatmen bis zum Umarmen eines geliebten Freundes.
Und dennoch ehren wir eine Pumpe, wenn es um das höchste der Gefühle geht: Das Herz ist Sinnbild der Liebe. Ob am Valentinstag oder am Hochzeitstag - niemand denkt daran, dem Gehirn ein „Dankeschön" zu sagen. Obwohl schon Shakespeare der Wahrheit näher kam, als er im Kaufmann von Venedig fragte:

Sagt, woher stammt Liebeslust?
Aus dem Haupte, aus der Brust?

Aristoteles und Shakespeare konnten ja nur spekulieren. Aber sogar im Zeitalter der Lasertechnik und Mikrochips ist das menschliche Gehirn ein Forschungsgebiet voller Rätsel, bleiben viele Funktionen des Gehirns immer noch ein Geheimnis: Sind Gehirn und Intelligenz ein und dasselbe? Ist das Gehirn doch nur ein Körperorgan - und die Intelligenz etwas Unfaß-

bares, etwas, das die Wissenschaft nie ganz ergründen wird? Was ist wichtiger für die Entwicklung der Intelligenz: Vererbung oder Umwelt? Oder sind es beide zusammen? Oder gibt es ein Drittes, etwas, das wichtiger ist als Vererbung und Umwelt?
Warum sind einige von uns in der Lage, sich eine lange Serie von Schachzügen vorzustellen, während andere nicht einmal die Folgen ihres nächsten Zuges absehen können? Wieso sind einige Menschen Strategen, andere eher Taktiker?
Und wenn die Umwelt eine so wichtige Rolle in der Entwicklung des menschlichen Gehirns spielt, wie es die Wissenschaftler behaupten: Wieso sind die Gehirne eines Maklers aus der Wall Street, einer expressionistischen Malerin und eines Buschmanns aus der Kalahari-Wüste praktisch nicht voneinander zu unterscheiden? Worin besteht das Wesen der Begabung - und wieso haben die einen künstlerisches Talent, die anderen mathematisches oder wissenschaftliches? Ist unsere ganze Persönlichkeit nichts weiter als das Nebenprodukt chemischer Neurotransmitterprozesse und elektrischer Kontakte, die in einer rosiggrauen biologischen Substanz stattfinden?
Noch immer behält ein drei Pfund schweres Organ in unserem Schädel diese Geheimnisse für sich.
Was genau ist das Gehirn? Wodurch wird es beeinflußt?

EINE ÜBUNG ZUM AUFWÄRMEN

Als Vorbereitung auf Ihr neues Gehirntraining lockern Sie nun erst einmal Ihre „geistigen Muskeln". Dazu brauchen Sie jetzt den Spiegel.
Sie sollen nämlich beim Lesen ab zu eine Pause machen und einen Blick auf das werfen, um das es hier geht: Ihr Gehirn. Schauen Sie sich im Spiegel also Ihren Kopf an. Stellen Sie sich dabei die genaue Struktur Ihres Wesens innerhalb des schützenden Schädels vor. Wann immer ich eine Region des Gehirns anspreche: Versuchen Sie, im Spiegel die entsprechende Stelle an Ihrem Kopf zu bestimmen, und lassen Sie Ihre Hand darübergleiten. Dabei kommt es nicht so sehr auf Genauigkeit an. Wichtiger ist, daß für Sie deutlich wird: Die einzelnen Bereiche des Gehirns existieren

nicht nur hier im Buch, sondern auch in Ihrem eigenen Kopf. Durch diese einfache Übung verbinden Sie die Worte, die Sie lesen, mit Ihrer eigenen Wirklichkeit.
Sind Sie bereit? Dann weiter.

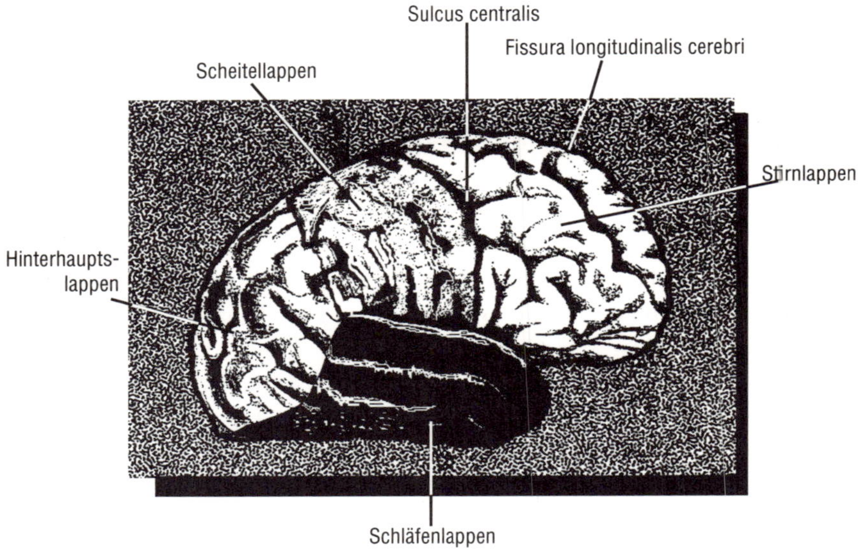

DAS ZENTRALE NERVENSYSTEM

Beim zentralen Nervensystem unterscheidet man zwischen den Nervenzellen im Kopf und denen im Rückenmark.
Wenn Sie Ihre Schädeldecke abnehmen könnten, dann würden Sie eine große, in sich verschlungene Masse sehen, bedeckt von drei dünnen Häutchen und der „zerebrospinalen" Flüssigkeit. Diese Masse ähnelt dem Inneren einer Walnuß, nur ist sie viel weicher.

So sieht das Gehirn aus. Seine beiden Hauptabschnitte sind die rechte und die linke Hirnhälfte, die beiden Hirnhemisphären, die eine ist nahezu das Spiegelbild der anderen. Jede Hälfte hat wiederum vier Abschnitte: den Stirnlappen, den Scheitellappen, den Hinterhauptslappen und den Schläfenlappen. Die Hirnhälften und Lappen werden durch Furchen unterteilt, die beinahe wie Gletscherspalten in einem Gebirgszug aussehen: Dazu gehören die Fissura longitudinalis cerebri, die das Großhirn in die rechte und linke Hälfte teilt, und der Sulcus centralis zwischen Stirn-und Scheitellappen. Das ist die Landkarte des Gehirns.
Und wie funktioniert das Gehirn? Das zentrale Nervensystem setzt sich zusammen aus dem Rückenmark, dem Stammhirn mit dem Gehirnmark, der Brücke, dem Mittelhirn und dem Zwischenhirn, aus dem Kleinhirn und dem, was die Neurologen als Hirnhemisphären bezeichnen. Beginnen wir mit dem Schlußlicht: mit dem Rückenmark. Es nimmt Informationen von Ihrer Haut und Ihren Muskeln entgegen und sendet Bewegungssignale aus. Die obere Fortsetzung des Rückenmarks ist das Stammhirn. Es empfängt und verarbeitet Informationen aus dem Kopf- und Nackenbereich, es ist der Sitz unserer Sinne. Mit Ausnahme von Sehvermögen und Geruchssinn: Was wir sehen, wird direkt zur Großhirnrinde weitergeleitet, was wir riechen, in das limbische System. Zum Innenleben des Stammhirns: Das Hirnmark, manchmal wird es auch „verlängertes Rückenmark“ genannt, führt zur Brücke, diese wiederum zum Mittelhirn, und das Mittelhirn geht über ins Zwischenhirn. Das Zwischenhirn steuert und koordiniert viele wichtige Körperfunktionen wie Herzschlagfrequenz, Blutdruck und Atmung. Das Kleinhirn bedeckt die Brücke und das Mittelhirn. Unterhalb der beiden Hirnhemisphären liegt die verschlungene Masse der Basalganglien. Diese arbeiten sehr eng mit dem Kleinhirn zusammen - das ist im Grunde die Steuerzentrale des Körpers.

WAS IST INTELLIGENZ?

Sitzt die Intelligenz an einer einzigen Stelle im Gehirn? Können wir ihr zu ihrer Quelle folgen, können wir ihren Ursprung genau bestimmen in diesem effizienten, aber verwickelten Netzwerk von Zellen,

Chemikalien und Flüssigkeiten? Die doppelten Hirnhemisphären kontrollieren die höchsten Funktionen der Menschheit - jene kognitiven, gedanklichen und imaginativen Funktionen, die Intelligenz ausmachen. Die Hirnhemisphären dürfen demnach als die wahre Heimat unseres inneren Kosmos bezeichnet werden: unseres Verstandes.

Dieses ungeheuer komplexe System funktioniert in der inneren Welt des Körpers, wie wir es in der Welt draußen tun: durch Kommunikation, durch Signale, die von einer Zelle zur nächsten gesendet werden. Eine einzelne Nervenzelle im Gehirn besteht aus dem Zellkörper, einer langen Nervenfaser und einer Vielzahl einzelner Fasern, die sich verästeln. Die Nervenimpulse werden vom Zellkörper über die lange Faser in die Äste ausgesendet. Untereinander sind die Nervenzellen über Synapsen verbunden.

DER BAUSTEIN DES GEHIRNS: DAS NEURON

Die „Grundeinheit“ des Gehirns, sein Baustein, ist das Neuron. Das ist nur ein anderer Name für Nervenzelle. In der Geschichte der Wissenschaft gab es lange zwei gegnerische Lager, die um ihre Theorien über die Kommunikation der Neuronen stritten: Die eine Partei behauptete, die Nervensignale würden durch elektrische Impulse weiterbefördert, die andere Partei glaubte, daß chemische Transmitterstoffe als Medium der Nervenimpulse dienen. Heute sind sich beide Gruppen zumindest darin einig, daß keine der Positionen völlig falsch war und daß die Kommunikation im Gehirn elektrochemisch abläuft.

„Jede der mindestens 10 Milliarden Neuronen des menschlichen Gehirns hat möglicherweise über tausend Synapsen, also Kontaktpunkte zwischen den Nervenzellen“, schrieb Dr. med. Richard Restak in seinem Buch *Geheimnisse des menschlichen Gehirns*. Bei einigen Zellen der Großhirnrinde mag die Anzahl der Verbindungen an 200.000 herankommen. Die Gesamtzahl der Verbindungen im gewaltigen neuronalen Netzwerk des Gehirns ist wahrhaft astronomisch - sie ist größer als die der Masseteilchen im bekannten Universum. Unvorstellbar.

Aber auch heute gibt es noch eine radikale Minderheit von Wissenschaftlern, die der populären elektrochemischen Theorie überhaupt nicht zu-

stimmt. Der Neurochirurg Dr. med. Richard Bergland meint (in seinem Buch *The Fabric of Mind*):
„Es gibt nun wenig Zweifel, daß das Gehirn eine Drüse ist. Es produziert Hormone, verfügt über Hormonrezeptoren und ist in Hormone gebadet. Hormone durchfließen die Fasern der einzelnen Zellen, und in jede Aktivität des Gehirns sind Hormone verwickelt. Die Folgerungen daraus sind ungeheuerlich nicht nur für diejenigen, die über das Denken nachdenken, Philosophen und Wissenschaftler also, sondern praktisch für jeden Intellektuellen, der das immer noch rätselhafte Wirken des Gehirns verehrt. Am erschütterndsten für das etablierte Dogma ist die Vorstellung, daß regulative Hormone - der neue Stoff des Denkens - im ganzen Körper gefunden werden. Kann sich Denken außerhalb des Gehirns abspielen? Viele wissenschaftliche Befunde verweisen auf diese beunruhigende, früher undenkbare Möglichkeit."
Ob das Gehirn nun eine Art Sender oder eine Drüse ist, ob das Denken nur im Innern des Schädels vor sich geht oder, wie Dr. Bergland andeutet, auch im übrigen Körper: Wir kommen mit nur sehr wenigen angeborenen Verhaltensweisen zur Welt. Das meiste, was wir tun und lassen, müssen wir erst lernen. Aber lernen - was genau ist das? Man könnte es so beschreiben: Durch Lernen sind wir fähig, einen Sinn in die verwirrende Menge von Reizen zu bringen, die uns aus allen Teilen unserer Umwelt erreichen.

ORTSWECHSEL

Reize der Umwelt: das richtige Stichwort, um über jene so ähnlich aussehenden, ähnlich funktionierenden Gehirne des Wall Street-Börsenmaklers, der Malerin und des Kalahari-Buschmanns nachzudenken. Jeder von ihnen hat seine eigene unverwechselbare Geisteshaltung und seine eigenen Aufgaben - in einem Umfeld, das sich von dem der beiden anderen deutlich unterscheidet.
Stellen Sie sich vor, man hätte den Börsenmakler mitten in der Wüste des Buschmannes „ausgesetzt", der Buschmann wäre durch Zauberhand ins Pompidou-Museum für moderne Kunst in Paris verpflanzt worden, und die Malerin fände sich zur besten Geschäftszeit in der Börse wieder.

In der Wüste nützt dem Börsenmakler seine Spürnase für ertragreiche Aktien nichts: Nahrung und Wasserstellen zu finden ist dort oberstes Gebot. Das kann der Buschmann. Aber im Kunstmuseum hilft ihm das nicht weiter - da geht es um Werte, von denen er nichts hat. Und die Künstlerin wird ziemlich sicher in der hektischen Welt der Kursnotierungen ins Schwimmen kommen: Hier, wo ihre Sinne von allen Seiten bombardiert werden, kann sie ihren Lebensunterhalt nicht mit ihrer Kunst verdienen. Drei gleich intelligente Menschen sind plötzlich mit einer extrem andersartigen Umwelt konfrontiert. Wie werden sie damit fertig?
Gönnen Sie sich an dieser Stelle eine weitere Lockerungsübung:

DER FREMDE IN IHREM SPIEGEL

Nehmen Sie Ihren Spiegel, und schauen Sie nur Ihr Gesicht an. Tun Sie so, als ob Sie sich nicht kennen würden und das Bild im Spiegel nicht Ihr eigenes wäre. Konzentrieren Sie sich auf den Spiegel. Sehen Sie irgend etwas in diesem Gesicht, das Ihnen sagt, ob es einem Börsenmakler, einem Künstler oder (abgesehen von der Hautfarbe) einem Kalahari-Buschmann gehört?
Nein, natürlich nicht. Der Unterschied liegt nämlich nicht an der Oberfläche, sondern innen, im Gehirn selbst. Wir erben Neigungen, aber niemals unseren Beruf. Den erlernen wir.
Und deshalb ist auch für unsere hypothetische Geschichte von den drei Menschen, die in einer fremden Umgebung gefangen sind, eine Lösung ohne Katastrophe möglich. Ausreichend Zeit vorausgesetzt, kann jeder der drei die Fertigkeiten entwickeln, die er zum Überleben braucht - indem er zuerst beobachtet, dadurch seine neue Umwelt versteht und schließlich lernt, in ihr zu handeln.
Der Börsenmakler wird Wasser finden, obwohl er wahrscheinlich als Jäger nie dem Buschmann ebenbürtig sein wird. Der Mann aus der Kalahari wird vielleicht nie die moderne Malerei zu schätzen wissen. Aber er wird lernen, sich einigermaßen problemlos in seiner neuen Umgebung zu bewegen: Er trinkt Wasser aus den Springbrunnen und weiß bald, wo er etwas zu essen bekommt. Die Malerin wird irgendwann den Unterschied

zwischen einer Hausse- und einer Baissespekulation verstehen, obwohl sie vielleicht der Finanzwelt keinen ästhetischen Wert abgewinnen wird. Wahrscheinlich werden die drei in ihrer neuen Welt niemals so erfolgreich sein, wie sie es in ihrer alten Welt waren. Aber sie würden mit Sicherheit überleben.

GEDANKEN IM (UND ÜBER DEN) SPIEGEL

Sehen Sie sich ein Foto von sich an, und zwar so, wie Sie einen Fremden ansehen würden. Aber stellen Sie sich vor, der „Fremde" sei die Malerin, der Börsenmakler oder der Buschmann aus der Kalahari-Wüste - nur zufällig mit Ihren Gesichtszügen. Schauen Sie nun in den Spiegel, und versuchen Sie, das Gesicht, das Ihnen daraus entgegenblickt, abwechselnd als einen dieser drei Menschen zu sehen. Stellen Sie sich dabei vor, daß jeder der drei von Ihrer Mutter geboren worden wäre. Was sehen Sie wirklich in Ihrem Spiegelbild? Einen Menschen, der seine Entwicklung nicht nur der Vererbung, sondern auch den Umständen verdankt. Der Mensch ist das einzige Lebewesen mit der Gabe, die Welt um sich herum zu beherrschen und zu verändern. Mit dieser Gabe hat die Menschheit das Feuer genutzt, Kleidung und Häuser entwickelt, die Landwirtschaft kultiviert, Tiere gezähmt.

Dabei handelt es sich um eine Wechselwirkung: Die Umwelt trägt ihren Teil dazu bei, uns zu formen, und wir formen unsere Umwelt, um unsere Bedürfnisse zu befriedigen. Und dazu gebrauchen wir das Gehirn. Was wir selbst tun, das ist der wichtigste Faktor unserer Umwelt.

WER IST DER MASCHINIST AN DEN SCHALTHEBELN IHRES GEHIRNS?

Ihr Kopf mag der Besitzer Ihres Gehirns sein, aber wer arbeitet damit? Haben Sie es unter Kontrolle, oder ist Ihr Verstand den Stürmen des Lebens hilflos ausgeliefert? Um Ihre Intelligenz auszubauen, müssen Sie zweierlei tun: Erstens müssen Sie die Kontrolle über das

„Rohmaterial“ erringen - jene graurosa Masse in Ihrem Schädel, von der so vieles in Ihrem Leben abhängt. Diese Kontrolle gibt Ihrem Verstand Kraft. Zweitens müssen Sie Ihren Horizont erweitern, um für Neues offen zu sein. Das heißt, Sie müssen die Grenzen Ihres bisherigen persönlichen Blickwinkels überwinden und anfangen, die Welt aus einer neuen Perspektive und durch „universelle Augen“ zu sehen. Das gibt Ihnen intellektuelle Macht.

Im ersten Teil von Brain Building geht es um die Kontrolle, im zweiten Teil um die Perspektive.

Wenn Sie mit diesem Buch fertig sind, werden Sie alles, was Sie gelernt haben, im Alltag anwenden können - selbst dann, wenn dieser Alltag aussähe wie der eines Börsenmaklers in der Wüste.

Wir alle nutzen nur erst einen Bruchteil der potentiellen Kraft unseres Gehirns. Das menschliche Gehirn gleicht einer zähen kleinen Ameise, die ein Gummibaumblatt vom Vielfachen ihres eigenen Gewichts trägt. Kein Wissenschaftler kann für die Fähigkeiten des Gehirns genaue Grenzen ziehen. Denken Sie an die wunderbaren Ereignisse, Entdeckungen und Erfindungen, die es allein während der Zeit Ihres Lebens schon gegeben hat. Und stellen Sie sich vor: Die Männer und Frauen, die in dem Jahr geboren wurden, als Wilbur und Orville Wright mit ihrem benzingetriebenen, segeltuchbespannten Flugzeug 120 Fuß weit flogen, erlebten später, wie Menschen auf dem Mond herumspazierten. Und sie konnten die Astronauten live im Fernsehen sehen. Was wird uns noch alles geboten? Wir leben im Zeitalter der Organtransplantationen, der dreidimensionalen Photographie. Werden wir die Heilung von Krebs erleben? Die Chance besteht.

Eines ist sicher: Sie können morgen klüger sein, als Sie es heute sind. Der Verstand ist flexibel - er kann gestärkt, trainiert und dazu gebracht werden, für Sie wahre Wunder zu wirken.

Ihr Verstand kann Sie jetzt schon ins 21. Jahrhundert tragen.

KURZ-TEST

EIN TEST FÜR MITTWOCHABEND

1. Wie wurde Aristoteles ehrfurchtsvoll genannt?
2. Von welchem Organ nahm Aristoteles an, dass es Verstand und Körper beherrsche?
3. Wie heissen die beiden Teile des zentralen Nervensystems?
4. Wie heissen die Nervenzellen, die Grundbausteine des Gehirns sind?
5. Wie heisst die Verbindung der Nervenzellen untereinander?
6. Falls wir unsere Gehirne noch genauer untersuchen könnten: Würden wir dann feststellen, dass es keinen gravierenden Unterschied zwischen normal und genial gibt?
7. Gibt es einen körperlichen Unterschied zwischen dem Gehirn des Kalahari-Buschmanns und Ihrem Gehirn?
8. Gibt es einen körperlichen Unterschied zwischen den Fähigkeiten Ihres Gehirns und dem von Aristoteles?
9. Wenn Aristoteles behaupten konnte, das Gehirn sei ein unbedeutendes Organ: Könnte er sich dann auch in anderen wichtigen Dingen geirrt haben?
10. Könnten Sie sich jetzt irren?

ANTWORTEN

1. „Er"
2. Herz
3. Kopf und Rückenmark
4. Neuronen
5. Die Synapse
6. Ja
7. Nein
8. Nein
9. Ja
10. Schwer zu glauben, aber die Antwort lautet „Ja".

K A P I T E L

3

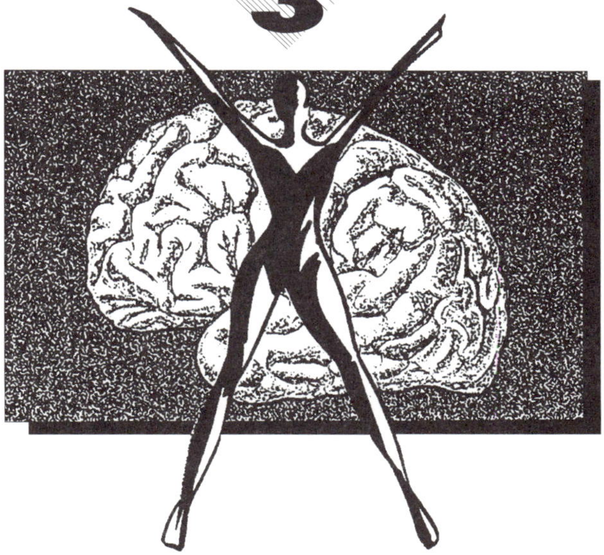

MO DI MI DO FR SA SO

ERSTE WOCHE: DONNERSTAG - SAMSTAG

ICH DENKE, DESHALB... WAS WÄRE, WENN?

„Vieles Wissen lehrt einen Mann nicht, Verstand zu haben.“ Heraklit

Auf einer der untersten Sprossen der Evolutionsleiter haben sich die „Planarien“ niedergelassen, eine Gattung von Plattwürmern. Im Unterschied zu den Lebensformen auf der nächstniedrigeren Stufe besitzen diese Würmer eine Art zentrales Nervensystem, kaum mehr als einen einfachen Nervenstrang, von dem einige Nervenfasern abzweigen. Aber immerhin ist es mehr, als eine Qualle oder ein Pantoffeltierchen zu bieten haben. Zumindest ist es ein Anfang, der erste tastende Evolutionsschritt hin zum menschlichen Gehirn.

MAN IST, WAS MAN ISST (FALLS MAN EIN WURM IST)

In den 60er Jahren hat eine Gruppe von Biologen (sie nannten sich selbst die „Wormrunners") einige Versuche mit Plattwürmern gemacht. Dabei kamen sie zu einem höchst bemerkenswerten (und wissenschaftlich umstrittenen) Ergebnis: Wenn man einem Plattwurm etwas beibringt, diesen nun „klugen" Wurm zermahlt und an einen ungebildeten Plattwurm verfüttert, dann weiß plötzlich der zuvor „dumme" Wurm, was der „kluge" gelernt hat. Er findet zum Beispiel Futter am Ausgang eines Labyrinths, obwohl er das nie selbst gelernt hat und nie zuvor in diesem Labyrinth war. Anscheinend lernte der Wurm „durch den Bauch" - womit er bewiesen hätte, daß man ist, was man ißt. Und außerdem „eine Information verdauen" kann.

Viel ist es nicht, was man einem Plattwurm beibringen kann - vielleicht ein oder zwei Tricks für die Futtersuche, etwa, daß er sich nach rechts oder links bewegen muß, um seine Belohnung zu bekommen. Gewiß kann man ihm nicht das Einmaleins beibringen. Aber wie meinte Dr. Samuel Johnson, als er einem Pudel zusah, der auf den Hinterbeinen lief? Es geht nicht darum, wie gut er es kann - bemerkenswert ist, daß er es überhaupt kann!

Die Experimente der „Wormrunners" sind von anderen Biologen angezweifelt worden. Aber dennoch gelten sie noch immer als ein faszinierender Ansatz der Intelligenzforschung.

Wäre es nicht wundervoll, wenn wir schon mit der Babynahrung all das Wissen aufnehmen könnten, das die Generationen vor uns gesammelt haben? Wenn wir mit diesem Wissen starten könnten, anstatt die Lektionen der Geschichte selbst mühsam lernen zu müssen? Abgesehen davon, daß wir dann vermutlich auch die Falschinformationen, Desinformationen, Vorurteile und Mißverständnisse früherer Generationen „schlucken" würden: Würde diese vorgekaute Information ein Baby intelligenter machen?

IHR WISSEN ERSCHÖPFT SICH NICHT IN DEM, WAS SIE LERNEN

Am Anfang dieses Kapitels stand ein Zitat über den Unterschied zwischen Wissenserwerb und Intelligenz. Die Worte stammen von dem Philosophen Heraklit, der im 5. und 6. Jahrhundert vor Christus lebte. 2500 Jahre später hat er immer noch recht: Sie könnten den größten Teil Ihres Lebens damit zubringen, sich Information zu erwerben und sie auswendig zu lernen - und Sie wären am Ende nicht zwangsläufig klüger. Oder ist etwa eine Bibliothek klug? Ein Computer mit seinem gewaltigen Datenspeicher? Ist es schon klug, Informationen einfach zu verschlingen und wieder auszuspeien? Nein.

Hat der Wurm „gelernt“ oder war der Erfolg nur eine zentralnervöse Funktion, eine biologische Reaktion auf das Experiment? Sollte die Menschheit mit Wissen „gefüttert“ werden und sich dabei, wie die Plattwürmer, gegenseitig verspeisen? Ist das Gedächtnis dasselbe wie der Verstand? Worin besteht der Unterschied zwischen Ihrem Gehirn und Ihrer Intelligenz?

INTELLIGENZ IST, WAS UNS NACH DEM WARUM FRAGEN LÄSST

Wie wir im vorigen Kapitel erfahren haben, ist das Gehirn nichts weiter als ein Organ - dieselbe Art Organ für jeden Erdenbewohner, den Börsenmakler, die Künstlerin und den Kalahari-Buschmann eingeschlossen. Das Gedächtnis ist das Geheimnisvolle, das nicht nur Intelligenz und Lernen umfaßt, sondern auch Wahrnehmung und Gefühle. Aber es ist unsere Intelligenz, die uns die Fähigkeit gibt, logisch zu denken, Fragen zu stellen, drei und zwei zusammenzuzählen, Gene zu erforschen, Nachrichten über Satelliten zu senden. Eine gute Beschreibung von Intelligenz fand ich in dem meiner Ansicht nach zuverlässigsten Nachschlagewerk für Definitionen: *Webster's Third New International Dictionary* (erschienen bei Merriam-Webster Co).

„Intelligenz: a) Die Fähigkeit des Verstehens; die Fähigkeit zu wissen oder zu begreifen. b) Die verfügbare Leistungsfähigkeit, die anhand von Intelligenztests oder anderer sozialer Kriterien gemessen wird, das vorhandene Wissen zu nutzen, um: neue Situationen zu erfassen und neue Probleme zu lösen, Schwierigkeiten vorherzusehen, Symbole und Zusammenhänge zu verwenden, neue Zusammenhänge herzustellen, abstrakt zu denken. Die Fähigkeit, seine Umwelt wahrzunehmen, anhand von Symbolen mit ihr umzugehen, erfolgreich mit ihr umzugehen, sich an sie anzupassen, auf ein Ziel hinzuarbeiten. Der Grad an Wachsamkeit, an Bewußtheit oder an Scharfsinn. Die Fähigkeit zur bewußten Anwendung der Logik, die sich entweder als einzelner intellektueller Faktor oder als die Summe vieler intellektueller Faktoren und Fähigkeiten darstellt, als intuitiv oder analytisch, organisch, biologisch, physiologisch, psychologisch oder sozial..."

Übung: Schlagen Sie in Ihrem eigenen Wörterbuch das Wort „Intelligenz" nach, und vergleichen Sie es mit *Webster's* Definition. Lesen Sie sehr aufmerksam, und achten Sie darauf, wie viele deutliche oder verborgene Unterschiede Sie dabei finden.
In *Webster's* Definition kommt auffallend oft das Wort „Fähigkeit" vor. Intelligenz unterscheidet sich vom Lernen, vom Gehirn und vom Rest des Geistes. Intelligenz ist eine Möglichkeit, das Potential zu nutzen, um zu lernen, von Erfahrungen zu profitieren, mit Problemen umzugehen und sie zu lösen, das eigene Leben und das anderer zu verbessern, Spekulationen über das Unbekannte anzustellen, künftige Welten zu entwerfen und neue Horizonte zu erforschen.

Übung: Überlegen Sie sich selbst eine kurze Definition von Intelligenz (sie sollte ungefähr zwanzig Worte umfassen), und schreiben Sie sie auf. Legen Sie den Zettel beiseite, aber so, daß sie ihn später schnell wieder zur Hand haben.
Viele Anthropologen glaubten früher, der Homo Sapiens sei anderen Arten grundsätzlich dadurch überlegen, daß er als einziges „Tier" Werkzeuge herstellen und benutzen könne. Aber in den letzten 30 Jahren haben Wissenschaftler wie Dr. Jane Goodall nachgewiesen, daß zum Beispiel Schimpansen regelmäßig Hilfsmittel benutzen - beim Futtersammeln oder auch als Waffen. Und man hat andere Säugetiere und auch Vögel dabei beobachtet, wie sie alle möglichen Mittel, die sie gerade finden können, zu

Hilfe nehmen: um sich besser fortzubewegen, ihre Kraft zu steigern und ihre Überlebenschancen zu sichern. Soviel zur Einzigartigkeit des Menschen als Werkzeugmacher.
Es ist etwas ganz anderes, was uns vom Tier unterscheidet: Wir können Fragen stellen. Warum? Wie? Und die vielleicht wichtigste Frage im wissenschaftlichen Fortschritt: „Was wäre, wenn...?“ Menschen sind neugierig auf alles - von den Ellipsen der Planetenbahnen bis hin zum Lebensstil der Reichen und Berühmten. Dieser Neugierde, dem spekulativen „Was wäre, wenn...?“, verdanken wir das Rad, die Violine, die Druckerpresse und alle anderen Erfindungen, die den Lauf der Geschichte veränderten.

DER IQ, EINE ZAHL IM VERGLEICH

Sie können Ihre Intelligenz messen und sie in einer einzigen Zahl ausdrücken: dem „Intelligenzquotienten“. *Webster's Third* beschreibt das Prinzip des IQ so:
„Intelligenzquotient - eine Zahl, welche die relative Intelligenz eines Menschen ausdrückt. Sie errechnet sich aus dem geistigen Alter, geteilt durch das Lebensalter. Das Ergebnis wird zur Ausschaltung der Dezimalstellen mit 100 multipliziert.“
Der IQ drückt also die relative Intelligenz eines Menschen aus, bezogen auf sein Alter und im Vergleich zu anderen Menschen seiner Alters- und sozialen Gruppe. Man erhält diesen Wert über einen IQ-Test, oft ist es der „Stanford-Binet“ oder die „Wechsler-Skala“. Ursprünglich wurden IQ-Tests zur Beurteilung von Kindern entwickelt. Aber heute gibt es eine Vielzahl umfassender Tests für Menschen jeden Alters.

DIE ENTWICKLUNG DES IQ-TESTS

Bei „IQ-Test" denkt man zuerst an den „Stanford-Binet", den wohl berühmtesten Intelligenztest. Er entstand 1905 in Frankreich. Im selben Jahr revidierte, gerade 26 Jahre alt, das Schweizer Genie Albert Einstein die Newtonsche Physik: Er veröffentlichte eine neue Theorie, die mit ihrer rätselhaften Gleichung $e = mc^2$ für reichlich Verwirrung sorgte, und nannte sie „Die Relativitätstheorie". Wäre die Relativitätstheorie ein Test für die Intelligenz der Menschheit, so würden vermutlich 999 von 1000 Menschen diesen Test nicht bestehen.

Im Jahr 1904 beauftragte das Pariser Unterrichtsministerium die Wissenschaftler Alfred Binet, Leiter des Laboratoriums für experimentelle Psychologie an der Sorbonne, und Theodore Simon, einen Test zur Beurteilung von Schulkindern auszuarbeiten. Damit wollte man feststellen, welches Maß an Lernen für das jeweilige geistige Alter als „normal" gelten kann. Dieser ursprüngliche Test umfaßte 54 Bereiche. Nachdem Kritiker bemängelt hatten, daß der Test die verbalen Fähigkeiten zu stark betone, wurde er auf 90, dann noch einmal auf 129 Bereiche ausgedehnt - vor allem nonverbale Übungen kamen hinzu.

Der „Simon-Binet" heißt seit 1916 „Stanford-Binet", als Levis Terman von der Stanford Universität in Kalifornien den Test überarbeitete; diese Fassung wurde 1937 und noch einmal 1960 erweitert. Der Stanford-Binet umfaßt Kriterien wie Leseverständnis, Vergleichen von Ähnlichkeiten, Gegenüberstellen von Gegensätzen, Wortschatz, Gedächtnis, Vervollständigen von Bildern. Mehr über die Testkriterien später in diesem Kapitel.

Der Test wurde durch die Revisionen immer genauer und dient heute auch zur klinischen Bewertung menschlicher Intelligenz. Er stuft die Intelligenz in die Kategorien „begabt", „normal" und „retardiert" ein und wird sowohl für Kleinkinder als auch für Erwachsene angewendet.

Der andere berühmte IQ-Test ist die „Wechsler-Skala". Sie wurde 1949 entwickelt. Ursprünglich auch nur für Kinder. Die erste Fassung basierte auf Beobachtungen von 2200 Kindern aus einem zuvor sehr eng umrissenen sozialen Umfeld. Deshalb war es kaum möglich, mit diesem Test Kinder zu untersuchen, die unter anderen Bedingungen als die Basisgruppe lebten. In den letzten vier Jahrzehnten sind neue Wechsler-Tests für Men-

schen verschiedenen Alters und verschiedener sozialer Situationen eingeführt worden. Der Wechsler, oft nur WAIS („Wechsler Adult Intelligence Scale“: „Wechsler Erwachsenen Intelligenz Skala“) genannt, besteht aus einer ganzen Reihe von Tests. Jede prüft einen anderen Aspekt der Intelligenz: Allgemeinwissen, Fähigkeit zum logischen Denken, zum praktischen Denken, visuelles Verständnis, Wortschatz und anderes mehr. Die Wechsler-Skala hat einen breiteren Anwendungsbereich als der Stanford-Binet. Kritiker werfen diesen beiden meistgenutzten Tests vor, sie seien zugunsten der Kinder aus der Mittelschicht angelegt, nicht objektiv genug und basierten mehr auf dem Erlernten als auf angeborenen Fähigkeiten.
Zwei dieser Kritiker, der kanadische Psychologe Dr. John Ertl und sein Landsmann, der Elektroingenieur Dr. Bernard Elliot, weisen darauf hin, daß ein einziges Kind bei der Prüfung mit verschiedenen herkömmlichen IQ-Testverfahren sehr unterschiedliche Ergebnisse erzielt. Es gebe Abweichungen um 20 oder gar 30 Punkte und deshalb seien diese Tests unzuverlässig. Die beiden Kanadier entwickelten eine völlig neue Methode, um den Intelligenzquotienten festzustellen: Ihr Verfahren verzichtet ganz auf schriftliche oder mündliche Fragen, es spielt keine Rolle, was die Testperson in oder außerhalb der Schule gelernt hat. Alles, was der Kandidat tun muß, ist: in ein Licht schauen.
Die Versuchsperson ist dabei über Elektroden, die am Kopf angebracht sind, mit einem Computer verbunden. Ihre Gehirnwellen werden verstärkt und auf einem Oszilloskop dargestellt. Für die Dauer von zwei Minuten blitzt im Abstand von einer Sekunde ein Licht auf. Der Computer zeichnet auf, wie rasch das Auge - und damit das Gehirn - auf das Licht reagiert. Soweit zu diesem Test, von dem Dr. Elliot und Dr. Ertl behaupten, er sei völlig objektiv und liefere ein zuverlässigeres Bild der Lernfähigkeit.
Die herkömmliche Art der Intelligenztests genießt dennoch das größere Vertrauen. Aber wie funktioniert so ein IQ-Test wirklich? Wie gültig sind seine Ergebnisse? Kann ein Intelligenztest überhaupt mehr messen als unsere Fähigkeit, mit diesem einen speziellen Test umzugehen? Die besten Tests können das vermutlich. Denn zwischen den einzelnen Fragen und der durchschnittlichen Intelligenz aller Menschen besteht ja ein Zusammenhang. Und der geschulte Test-Auswerter kann Rückschlüsse auf die besonderen Fähigkeiten der Testperson ziehen.

„DAS VERSTEHEN" - WIE EIN IQ-TEST FUNKTIONIERT

Wir unternehmen eine Reise in die Vergangenheit. Es ist der März des Jahres 1887, wir stehen neben einer gewöhnlichen Wasserpumpe in Tuscumbia/ Alabama und werden einen der dramatischsten Augenblicke menschlicher Lernfähigkeit miterleben. Ein Ereignis, das oft als „Wunder" bezeichnet wurde.

Wir sehen ein kleines siebenjähriges Mädchen, blind, taub und stumm und damit ausgeschlossen von Bildung und Erfahrung. Helen Keller war ein normales, glückliches und lebhaftes Baby, bis sie im Alter von 19 Monaten durch ein geheimnisvolles Leiden mit sehr hohem Fieber ihre Sehkraft und ihr Gehör verlor.

Helen galt als „völlig unerreichbar". Bis Annie Sullivan, eine außergewöhnliche Lehrerin, die selbst nahezu blind war, in ihr Leben trat. Sie versuchte, die kleine Helen zu unterrichten. Wochenlang „buchstabierte" Annie Sullivan per Taubstummen-Alphabet die Namen vertrauter Gegenstände in die Hand der kleinen Helen. Die Lehrerin war überzeugt: Wenn sie nur das Kind zu der Erkenntnis bringen könnte, daß seine Lieblingspuppe oder seine geliebten Kekse eigene Namen hatten, wenn das Kind erkannte, daß ein bestimmtes Wort eine bestimmte Bedeutung hat, daß diese Bedeutung immer gilt und daß deshalb Worte die Werkzeuge der Verständigung sind, wenn das Kind dann mit Hilfe der Fingersprache um den Gegenstand bitten kann - wenn Annie Sullivan es schaffte, dem Kind das beizubringen, dann würde sich die Tür zu Helens dunkler Welt öffnen!

P-U-P-P-E. K-E-K-S. Diese Worte hatte Annie wieder und wieder buchstabiert. Bis jetzt hatte Helen jedoch nur begriffen, daß sie zum Beispiel ihre Puppe oder ein Stück Keks bekam, wenn sie völlig mechanisch, gehorsam, die Fingerbewegungen imitierte, die Annie Sullivan vormachte. Aber sie hatte noch nicht verstanden, daß diese Fingerbewegungen nur diesen einen Gegenstand beim Namen nennen.

März 1887. Annie und Helen arbeiteten gerade an dem Wort „Wasser". Wieder und wieder hatte Annie Sullivan W-A-S-S-E-R in Helens Handfläche buchstabiert. Annie Sullivan nahm jetzt Helen Kellers kleine Hand und hielt sie unter den kalten Wasserguß. Jahre später beschreibt Helen

Keller mit eigenen Worten, was dann passierte (in ihrer Autobiografie *Die Geschichte meines Lebens*):
„Während der kühle Strom sich über die eine Hand ergoß, buchstabierte sie in die andere Hand das Wort Wasser, zuerst langsam, dann schnell. Ich stand still, meine ganze Aufmerksamkeit war von der Bewegung ihrer Finger gefesselt. Plötzlich fühlte ich ein dunkles Bewußtsein, es war wie eine Erinnerung an etwas Vergessenes - ein Schauder des zurückkehrenden Denkens, und irgendwie enthüllte sich mir das Geheimnis der Sprache. Ich wußte nun, daß W-A-S-S-E-R das wunderbare kühle Etwas bedeutete, das gerade über meine Hand floß."
In diesem Moment trat Helen Kellers Intelligenz an die Stelle ihrer Instinkte. Sie hatte es „verstanden". Sie hatte die entscheidende Verbindung zwischen dem Klopfen auf ihrer Hand und dem Wort hergestellt, das sich W-A-S-S-E-R buchstabierte. Und sie verstand auch das alles Entscheidende: daß sie diese Verbindung immer wieder herstellen konnte.
Die verschiedenen Wege des Verstehens sind die Basis von Intelligenztests. Die Testbereiche befassen sich mit den grundlegenden Methoden des Begreifens - ob sie nun verbal, nonverbal, mathematisch, konkret oder abstrakt funktionieren, ob ein Mensch sie erlernt oder als Begabung mitbekommen hat. Wir werden sehen.

DIE GANZ SPEZIELLE INTELLIGENZ

Wie wird die ganz bestimmte Intelligenz eines Menschen gemessen? Nehmen wir wieder die kleine Helen als Beispiel. Angenommen, es gäbe drei Annie Sullivans, und jede würde mit einer anderen Methode versuchen, drei - blinde, stumme und taube - Helens zu erreichen. Die drei Helens unterscheiden sich folgendermaßen: Helen I versteht den Vorgang nur, wenn Annie das Wasser über ihre Hand fließen läßt. Helen II kann mehr: Sie verbindet nicht nur das Wasser mit dem dazugehörigen Wort, sie verknüpft auch den Geschmack des Kekses mit dem gleichzeitigen Buchstabieren von K-E-K-S. Helen III versteht den Grundgedanken, daß Gegenstände Namen haben, sogar mit allen drei Methoden, die Annie anwendet: das kalte fließende Wasser, den Geschmack des Kekses und das angenehme Gefühl beim Streicheln der geliebten Puppe, P-U-P-P-E. Helen III wäre dabei die „zugänglichste", sie wäre intelligenter als die beiden anderen, und Helen II wäre intelligenter als Helen I. Das Testen und Überprüfen der typischen Methoden des Begriffsvermögens ist ein elementarer Bestandteil eines jeden guten IQ-Tests, außerdem all die Abstufungen, wie schnell es zu diesem Begreifen kommt.

Aber es gibt noch einen Faktor, um die Intelligenz zu messen: das Alter. Nehmen wir an, Helen Keller hätte eine Zwillingsschwester: Ellen, ebenfalls taub, stumm und blind. Helen versteht es schon mit sieben Jahren, die entscheidende Verbindung zwischen Gegenständen und Worten herzustellen. Ellen aber erst mit 15. Das legt den Schluß nahe, daß Helen klüger ist als Ellen.

Der Altersvergleich ist also ein weiterer Wesenszug guter IQ-Tests. In Wirklichkeit haben wir zwar nur ein Lebensalter, aber mehr als ein „Intelligenzalter". Und jedes davon kann mit einem bestimmten Testbereich gemessen werden. Wer in einem Bereich schlecht abschneidet, mag in einem anderen Bereich ein Genie sein, ein musikalische Begabung (Mozart wäre vielleicht auf den meisten anderen Gebieten recht schlecht weggekommen) oder eine eindrucksvolle technische Begabung haben. Auf diesen starken Gebieten würde sein „geistiges Alter" beträchtlich über dem der biologisch Gleichaltrigen liegen - obwohl er in einem Standard-Intelligenztest vermutlich hinter seiner Altersgruppe zurückbleiben würde.

Das „Wunder", das der siebenjährigen Helen Keller zuteil wurde, war eine Einsicht, die ganz offenbar von den meisten Reizen und äußeren Einflüssen unbeeinflußt blieb - schließlich konnte die kleine Helen weder sehen noch hören.

Einsicht ist eine der Kategorien des Stanford-Binet-Tests. Zwar fällt es schwerer, die Wege des Verstehens bei Menschen zu unterscheiden, die sich im Vollbesitz ihrer fünf Sinne befinden. Aber es ist ja die Absicht eines IQ-Tests, die Leistungen der verschiedenen Sinne zu differenzieren.

Helen ist intelligenter als ihre hypothetische Zwillingsschwester Ellen. IQ-Tests weisen aber nicht nur aus, daß sie intelligenter ist, sie versuchen auch zu messen, um wieviel sie intelligenter ist. Und, grob gesagt, steht jeder einzelne Testabschnitt für ein anderes Mittel des Verstehens, für eine andere entscheidende Verbindung zwischen Aufgabe und Lösung.

DAS PRINZIP DES STANFORD-BINET

Nach dem Muster von Stanford-Binet sind dies die 14 wesentlichen Kategorien eines Intelligenztests für Erwachsene:

Wortschatz	Zahlen rückwärts wiederholen
Chiffren	Bilden von Sätzen
Begriffsbestimmung	Wesentliche Übereinstimmungen
Rechnerisches Denken	Übereinstimmung bei Gegensätzen
Sprichwörter	Gedanken einer Textpassage wiedergeben
Erfindungsgabe	Orientierung
Satzgedächtnis	Gegensatzanalogien

Auf den folgenden Seiten demonstriere ich Ihnen dieses Prinzip. Zunächst kommen Fragen wie aus einem klassischen Intelligenztest.
Weil Sie sich mehr mit der Form der Fragen als mit der Korrektheit der Antwort oder Lösung befassen sollen, werde ich Ihnen zu jeder Frage einen Hinweis geben. Dadurch bekommen Sie in groben Zügen eine Vorstellung davon, wie viele verschiedene Arten des Denkens, des Begreifens Ihnen zur Verfügung stehen. Und dann wird jeweils erläutert, welche Funktion die Frage hat, was dahinter steckt - welcher Teil Ihrer Intelligenz damit tatsächlich getestet wird. Später werden die Brain-Builder und die begleitenden Übungen dieses Thema vertiefen.
Jetzt brauchen Sie wieder Ihr Wörterbuch. Sind Sie bereit?

FORM UND FUNKTION

1 Wortschatz: Was ist ein Einrad?
(Hinweis: Schlagen Sie das Wort „Einrad" in Ihrem Wörterbuch nach. Stellen Sie sich das Einrad vor und notieren Sie alles, was Sie darüber wissen bzw. soeben darüber erfahren haben.)

Funktion: *Wie gut können Sie die Informationsfülle verarbeiten, die Sie in der Form von Worten erreicht?*

2 Gegensatzanalogien: Ein Spiegel ist undurchsichtig, ein Fenster ist...? (Hinweis: Schlagen Sie das Wort „undurchsichtig“ auf. Denken Sie beim Beantworten der Frage über die Eigenschaften der Undurchsichtigkeit nach.)

Funktion: *Sind Sie fähig, die empfangenen Informationen zu nutzen?*

3 Rechnerisches Denken: Sie haben in diesem Monat 200 DM gespart und die Hälfte davon für ein Paar Tennisschuhe und ein Sweatshirt ausgegeben. Die Schuhe kosten dreimal soviel wie das Sweatshirt. Wie teuer war das Sweatshirt?
(Hinweis: Anstatt mit Zahlen, Multiplikation und Division zu arbeiten: Aufgabe bildlich darstellen. Zeichnen Sie die Geldstapel und schreiben Sie „Ersparnisse“, „Sweatshirt“ und „Schuhe“ darüber. Stellen Sie mit den Stapeln das Verhältnis der Geldbeträge zueinander dar. Bei der Lösung kommt es darauf an, daß Ihnen die Grundidee der Arithmetik klar wird.)

Funktion: *Können Sie die Logik anwenden?*

4 Erfindungsgabe: Sie haben zwei Gefäße: Eines faßt 3 Liter, das zweite 2 Liter. Wie können Sie 1 Liter ausmessen?
(Hinweis: Zeichen Sie sich die Situation wieder auf, stellen Sie die Gefäße mit dem jeweiligen Fassungsvermögen bildlich dar. Anders ausgedrückt: Machen Sie sich ein Bild von dem rein mechanischen Weg der Lösung.)

Funktion: *Sind Sie in der Lage, sich im Dschungel des Denkens eine eigene Lösungsstrategie zu schaffen?*

5 Unterschiede zwischen abstrakten Worten: Was ist der Unterschied zwischen allein und einsam?
(Hinweis: Auch wenn Sie glauben, daß Sie die Bedeutung der Worte bereits kennen: Schlagen Sie „allein“ und „einsam“ in Ihrem Wörterbuch

nach und vergleichen Sie die Unterschiede. Können Sie den Definitionen noch etwas hinzufügen?)

Funktion: *Können Sie Begriffe von einander unterscheiden?*

6 Sprichworte: Repariere nicht, was nicht zerbrochen ist.
(Hinweis: Denken Sie an die Folgen - was könnte geschehen, wenn etwas, das gut funktioniert, sich verändert?)

Funktion: *Können Sie vom Einzelfall auf das Allgemeine schließen?*

7 Wesentliche Unterschiede: Was ist der Unterschied zwischen Freude und Leid?
(Hinweis: Auch wenn Sie meinen, daß Ihnen die Unterschiede dieses Paars der „Gegensätze" vertraut ist - schlagen Sie trotzdem die beiden Worte „Freude" und „Leid" nach. Kann etwas von dem einen im anderen sein? Oder schließen sich beide gegenseitig aus? Sind beide per Definition Gegensätze?)

Funktion: *Wissen Sie, warum irgendwelche Dinge als Gegensätze bezeichnet werden?*

8 Übereinstimmung von Gegensätzen: Was haben kurz und lang gemeinsam?
(Hinweis: Denken Sie über das Beispiel eines kleinen Menschen und eines großen Menschen nach. Sind „klein" und „groß" absolute oder relative Begriffe? Könnte ein großer Mensch in einer anderen Gesellschaft oder verglichen mit einem anderen Menschen als klein gelten?

Funktion: *Wer verstehen will, warum sich zwei Dinge an den gegenüberliegenden Enden der Meßlatte befinden, muß die Meßlatte selbst erkennen. Können Sie das?*

9 Wesentliche Übereinstimmungen: In welcher Haupteigenschaft sind sich Obst und Gemüse gleich?
(Hinweis: Schlagen Sie die Definitionen von „Obst" und „Gemüse" nach.)

Funktion: *Wie verhalten sich verschiedene Meßlatten zueinander? Sehen Sie es?*

10 Gründe finden: Nennen Sie drei Gründe dafür, warum wir eine Regierung brauchen.
(Hinweis: Denken Sie sich so schnell wie möglich zehn Gründe aus. Notieren Sie ein Stichwort für jeden Grund, auch wenn er Ihnen nicht ganz überzeugend erscheint. Wählen Sie dann die besten drei aus.)

Funktion: *Verstehen Sie, warum Dinge so sind, wie sie sind?*

Dieses Muster enthält einige der Kategorien, in denen unsere Intelligenz getestet und aus denen der IQ ermittelt wird. Wenn Sie die „Funktionen" auf Ihr Berufs-und Privatleben übertragen, merken Sie, wie wertvoll diese Kategorien für den Alltag sind: Umgang mit Informationen, Begriffe klären, von Einzelfällen auf die Allgemeinheit schließen, die Wechselwirkung von Gegensätzen erkennen - das ist der Stoff, aus dem die reale Welt gemacht ist.
Und daraus ist auch Brain Building gemacht. Wenn Sie die Kraft Ihres Verstandes weiter trainieren, werden Sie nicht nur mehr Wege des Denkens kennenlernen, sondern mehr Wege, Ihr ganz persönliches Leben zu lenken. Als wäre das nicht genug Anregung, zitiere ich, was der englische Philosoph Alfred North Whitehead sagt:
„Unser Gedächtnis ist begrenzt, und sogar unter diesen Bedingungen der Endlichkeit sind wir doch von Möglichkeiten umgeben, die unendlich sind. Und das Streben menschlichen Lebens ist es, soviel wie möglich von dieser Unendlichkeit zu erfassen."

KURZ-TEST

EIN TEST FÜR SAMSTAGABEND

1. Wie heissen die Plattwürmer in einer berühmten Studie über das Lernen?
2. Was hätte passieren können, wenn man den „gebildeten“ Plattwürmern Fehler beigebracht hätte?
3. Könnten Sie Informationen in sich hineinschlingen und davon nur Nachteile haben?
4. Was ist ein „Intelligenzquotient“?
5. Wie heissen die beiden berühmtesten Intelligenztests?
6. Welcher Philosoph wurde als erster in diesem Kapitel erwähnt?
7. Und welcher als letzter?
8. Wenn Sie Begriffe in Ihrem Wörterbuch nachschlagen: Haben Sie dann mehr Erklärungen im Kopf?
9. Als Sie über die Frage Nr. 6 im Muster des IQ-Tests nachgedacht haben („Repariere nicht, was nicht zerbrochen ist“): Ist Ihnen dabei aufgefallen, dass etwas gut Funktionierendes nach einer Veränderung noch besser funktionieren könnte?
10. Glauben Sie, dass Sie die Antworten der Autorin brauchen um Ihr Ergebnis in dem Intelligenztest-Muster zu überprüfen?

ANTWORTEN

1. Planarien.
2. Ein anderer Plattwurm hätte die falsche Information fressen können.
3. Und ob!
4. Eine Zahl, von der man annimmt, sie könne das Verhältnis Ihrer Intelligenz zur Intelligenz anderer Menschen ausdrücken.
5. Der Stanford-Binet und der Wechsler.
6. Heraklit.
7. Alfred North Whitehead.
8. Ich hoffe es.
9. Das hoffe ich doch sehr!
10. Ja? Dann brauchen Sie etwas mehr Zuversicht in Ihre Fähigkeiten. Lesen Sie weiter.

KAPITEL 4

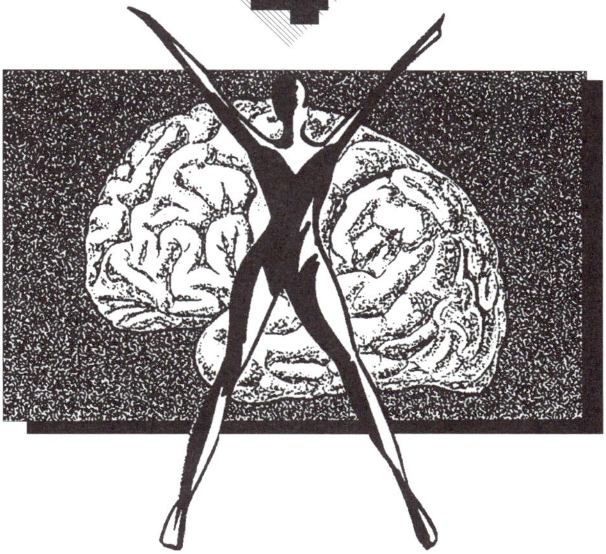

MO DI MI DO FR SA SO

ERSTE WOCHE: SAMSTAG ABEND

ZUM EINSTIEG: GEORGE

Was Sie für diesen Abend brauchen: Die Muße, sich einem Test zu stellen. Die Bereitschaft, auf ungewöhnliche Fragen ehrlich zu antworten.

„Der überwältigenden Mehrheit der Menschheit ist nichts angenehmer, als der Notwendigkeit geistiger Anstrengung zu entfliehen... Den meisten Leuten ist nichts lästiger als die Mühe des Denkens." James Bryce

Wie jedes Trainingsprogramm, so taugt auch Brain Building nicht für die Faulen. Wer keine Notwendigkeit zu geistiger Anstrengung in seinem Leben sieht, hat damit womöglich recht: Seine Lebensweise verlangt nicht danach. Wer nur vor dem Fernsehgerät herumhängt, der muß nicht unbedingt selbständig denken. So ein Mensch ist völlig zufrieden, wenn er dasitzen und zuschauen kann, wie das Leben an ihm vorüberflimmert.

Aber wirklich schwierig muß ein Trainingsprogramm auch nicht sein. Jedes Training beginnt ganz langsam mit kleinen Lockerungsübungen zum Aufwärmen - am Anfang sind es vielleicht gerade 10 oder 20 Minuten, um die bisher ungenutzten Muskeln an die größere Belastung zu gewöhnen. Dasselbe gilt für das Training Ihres Gehirns. Nicht, daß Sie Ihr Gehirn bisher nicht benutzt hätten, aber Sie haben von ihm bestimmt noch nicht die volle Leistung verlangt. Bis jetzt war ihr Verstand für Sie einfach eine Selbstverständlichkeit, auf die man keinen Gedanken verschwendet.

Sie haben jetzt die erste Woche des Programms hinter sich gebracht, haben einiges über das Gehirn, die Intelligenz und Intelligenztests erfahren. Beginnen wir also mit einer besonderen Art Test zum „Warmlaufen".

Dieser Test wird nicht ihre intellektuelle Fitneß beurteilen. Stattdessen soll er Ihnen zeigen, ob Ihr Verstand wach ist oder ob er tief, sehr tief schläft. Denken Sie selbst oder haben Sie Ihr Gehirn auf Automatik eingestellt? Lassen Sie andere für sich denken?

Sie werden so manche Überraschung erleben. Versuchen Sie aber trotzdem, jede Frage so ehrlich wie möglich zu beantworten. Und nehmen Sie sich dafür Zeit: Behandeln Sie jede Frage, auch wenn sie vielleicht etwas seltsam klingt, mit demselben Ernst. Ehrlichkeit und Ernsthaftigkeit sind entscheidend für diesen Test.

Ich empfehle Ihnen, diesen Test in den Abendstunden zu machen, weil die meisten Menschen am Morgen eine innere Abwehr gegen alles haben, was bisher nicht zur Routine gehörte. Gegen Abend wird man ein wenig offener. Um Mitternacht plaudert man nun mal mehr Geheimnisse aus als mittags (ganz abgesehen davon, daß wir Dinge, die wir geheimhalten wollen, eher um Mitternacht tun als mittags).

Die automatische Steuerung in einem Flugzeug, den Autopiloten, nennt man „George". Deshalb heißt dieser Test: George, der Lockermacher.

GEORGE, DER LOCKERMACHER

1. Lachen Sie laut, wenn Sie sich einen lustigen Film im Fernsehen oder als Video ansehen? Lachen Sie dabei so häufig und so heftig, wie Sie es im Kino tun?
2. Angenommen, Sie tragen normalerweise Schuhgröße 42: Würden Sie es ablehnen, Schuhe zu kaufen, die mit Größe 39 ausgezeichnet sind - selbst, wenn Ihnen diese Schuhe passen wie angegossen?
3. Als Sie zum ersten Mal geraucht oder Alkohol getrunken haben: Waren Sie alleine oder mit anderen zusammen?
4. Haben Sie Ihren Arzt schon jemals um einen nichtmedizinischen Rat gefragt?
5. Mögen Sie Opern?
6. Können Sie auf Anhieb sagen, ob die Nachrichtensendung, die Sie im Fernsehen oder im Radio bevorzugen, eher konservativ oder eher liberal geprägt ist?
7. Wählen Sie noch immer dieselbe Partei, der Sie bei Ihrer allerersten Wahlmöglichkeit Ihre Stimme gegeben haben?
8. Wären Sie empört, wenn die Regierung als neues Abgabensystem beschließen würde, jedem Bürger 15 Prozent seiner persönlichen Habe zu nehmen?
9. Haben Sie dieselbe Religion bzw. Konfession wie Ihre Eltern?

Ich habe Ihnen einige Überraschungen prophezeit. Nehmen Sie Ihren Bleistift. Das sagt Ihnen „George“:

1. Geben Sie sich 2 Punkte, wenn Sie zu Hause ebenso laut lachen wie im Kino. Andernfalls 0 Punkte.
   Dies ist ein klassisches Beispiel für die menschliche Neigung, das eigene Denken zu unterdrücken und das anderer Leute anzunehmen. Wir alle lassen uns mehr oder weniger dazu verleiten, mit dem Strom zu schwimmen, mit der „Herde“ zu laufen. In der Gruppe fühlen wir uns geborgen und sicher, wir fallen nicht auf. Es ist kein Zufall, daß viele Fernsehsketche mit einer Lach-Tonspur geliefert werden: Lau-

tes Lachen fällt leichter, wenn man auch andere laut lachen hört. Fernsehsketche haben oft auch noch „Seufz"- und „Ahhhh"-Tonspuren. Die Reaktion des Zuschauers ist also einer professionellen Manipulation ausgeliefert. Was wir uns als einzelne nicht zu sagen oder zu tun wagen - in der Gesellschaft mit anderen tun oder sagen wir es. Auf den eigenen Verstand hat dieses Verhalten aber eine betäubende Wirkung. Man übernimmt das gerade aktuelle „Gruppendenken", ob es nun richtig ist oder nicht. Noch schlimmer: Man entwöhnt den eigenen Verstand vom selbständigen Denken. Wer sein Denken von anderen bestimmen läßt, der hört schließlich ganz damit auf.

Übung: Wenn Sie das nächste Mal ins Kino gehen, achten Sie auf die Reaktionen der anderen. Und wenn Sie sich nächstes Mal gemeinsam mit einem Freund einen Fernsehfilm ansehen: Zeigen Sie Ihre eigenen Reaktionen nicht. Beobachten Sie umso aufmerksamer die Reaktionen des anderen.

2. Geben Sie sich 0 Punkte, wenn Sie die 39er Schuhe nicht kaufen würden. Andernfalls 2 Punkte.
„Wenn Ihnen die Schuhe passen" - in diesem Beispiel geht es um das extreme Mißtrauen vieler Menschen gegenüber ihren eigenen Wahrnehmungen. Einige von uns vertrauen sich selbst so wenig, daß sie sich sogar von etwas abbringen lassen, was ganz offensichtlich richtig ist. Ein erfahrener Schuhverkäufer sagte mir einmal: „Die meisten Leute halten nur eine bestimmte Größe grundsätzlich für *ihre* Größe. Paßt ihnen dann ein Schuh, der ihnen gefällt, in *ihrer* Größe nicht, probieren sie die nächst kleinere oder größere Nummer gar nicht erst. ‚Der Schuh paßt sowieso nicht' sagen sie - und weg sind sie. Aber selbst Leute, die Schuhe in einer anderen Größe anprobieren und merken, daß die Schuhe passen, zögern mit dem Kauf. Je weiter sie sich von *ihrer* Größe entfernen, desto seltener kaufen sie."
Der Verkäufer sagte, daß er - abgesehen von Kindern, deren Größe ja dauernd wechselt - noch nie Schuhe verkauft habe, die zwar wie angegossen saßen, aber um mehr als eine Nummer von der ursprünglich verlangten Größe abwichen!

3. Geben Sie sich 2 Punkte, wenn Sie bei Ihrem ersten alkoholischen Drink oder Ihrer ersten Zigarette alleine waren. 0 Punkte, wenn Sie in Gesellschaft waren. Falls Sie noch nie Alkohol getrunken oder eine Zigarette geraucht haben: Geben Sie sich 0 Punkte, wenn es dafür religiöse Gründe gibt, andernfalls 2 Punkte.
   Ein Anpassungsdruck, dem man in der Jugend ausgesetzt war, wirkt meist auch im Erwachsenenalter fort. Wenn Sie damals diesem Druck nachgegeben haben, dann tun Sie das sehr wahrscheinlich immer noch. Alte Gewohnheiten sind zäh - vor allem, wenn sie dem bequemeren Weg folgen. Frauen lassen sich vom Diktat der Mode immer wieder dazu bringen, Kleider zu tragen, die für sie höchst unschmeichelhaft sind. Und Männer legen oft ein Machogehabe an den Tag, damit andere sie nicht für Schwächlinge halten - sogar dann, wenn sie von diesen anderen rein gar nichts halten und das Gehabe Ihrer eigenen Natur zuwider ist.

4. Geben Sie sich 0 Punkte, wenn Sie Ihren Arzt niemals um einen Rat gefragt haben, der absolut gar nichts mit Ihrer Gesundheit zu tun hat. Andernfalls 2 Punkte. Geben Sie sich 2 Punkte, wenn Sie Ihren Arzt privat kennen und ihn außerhalb der Sprechstunde um Rat fragten.
   Viele Menschen neigen dazu, sich intellektuell minderwertig zu fühlen, wenn sie jemanden treffen, der einen Titel trägt - vor allem, wenn dieser Titel gerahmt an der Wand hängt. Akademische Grade, Diplome und Zeugnisse beeindrucken diese Menschen im allgemeinen umso mehr, je niedriger ihre eigene Schulbildung ist. Aus diesem Minderwertigkeitsgefühl heraus dehnen sie die Ehrfurcht vor dem Titelträger auf Bereiche aus, die mit dessen Fachgebiet überhaupt nichts zu tun haben. Ein Stapel gerahmter Universitätsdiplome verleiht scheinbar unbegrenzte Kompetenz. Ein Vergleich: Ihr Klempner weiß viel über Rohre und Schweißnähte, Ihr Arzt weiß viel über den menschlichen Körper. Aber Ihrem Klempner schauen Sie genau auf die Finger, reklamieren, wenn Sie mit seiner Arbeit nicht zufrieden waren, und würden beim nächsten Mal ohne Zögern einen anderen Klempner rufen. Mit derselben Wahrscheinlichkeit aber bringen Sie Ihrem Arzt grenzenloses Vertrauen entgegen. Sie wissen, daß sich

Klempner in ihren Fähigkeiten unterscheiden - warum sollte dasselbe nicht auch für Ärzte gelten? Zumal Ihr Körper doch wohl weit wichtiger ist als der Küchenausguß. Warum also dieses Vertrauen zu Ihrem Arzt, das in keinem Verhältnis zu seiner Fachkompetenz steht? Nur, weil er einen Titel vor seinen Namen gesetzt hat?

Übung: Wenn Sie Ihren Arzt das nächste Mal treffen, sagen Sie ihm irgendetwas, was er bestimmt noch nicht weiß - egal was, nur eben nichts Medizinisches. Der springende Punkt dabei: Sie sollen den Gedanken loswerden, Ihr Arzt sei Ihnen - bloß, weil er Medizin studiert hat - grundsätzlich intellektuell überlegen.

5. Mögen Sie die Oper? Wenn Ihre Antwort „nein" ist: Geben Sie sich 0 Punkte, falls Sie noch nie in einer Oper waren. Andernfalls 2 Punkte. Wenn Ihre Antwort „ja" ist: Geben Sie sich 0 Punkte, falls Sie noch nie in einer Oper waren. Andernfalls 2 Punkte. (Mit Mangel an Gelegenheit können sich nicht herausreden. Wenn es in Ihrer Stadt kein Opernhaus gibt, hätten Sie, wie jeder andere auch, genügend Opern im Fernsehen ansehen können.)
Hintergrund dieser Frage ist die beinahe automatische Abneigung gegen etwas Ungewohntes und das Zögern, intellektuelles Neuland zu betreten. Das ist nichts weiter als die Erwachsenenausgabe eines Kindes, das zum Beispiel nichts ißt, was grün ist und sich strikt weigert, auch nur davon zu probieren. Hatten Sie bei dieser Frage 0 Punkte? Das ist ein Warnzeichen dafür, daß Sie Ihrem Verstand schweren Schaden zufügen. Um die Oper selbst geht es hier nicht. Halten Sie es mit ihr, wie es Ihnen gefällt. Entscheidend ist, ob Sie über etwas urteilen, daß Sie gar nicht kennen. Und wenn Sie dem Ungewohnten instinktiv und automatisch mit Abneigung und Mißtrauen begegnen, dann steht Ihnen eine schwierige Zeit intellektueller Entwicklung bevor. Sagen Sie bloß nicht: „Ich muß nicht von einer Schlange gebissen werden, um zu wissen, daß mir das nicht gefällt." Der Vergleich hinkt. Die Leute stehen nicht für Opernkarten an, geben Geld aus, tragen ihre Sonntagskleider, bloß, um von einer Schlange gebissen zu werden - und klatschen dazu noch Beifall. Niemand läßt sich aus

Neugier und freiwillig von einer Schlange beißen (von Kleopatra vielleicht einmal abgesehen). Andererseits: Wenn Ihre Antwort „Ja" ist, obwohl Sie noch nie eine Oper gesehen haben, dann folgen Sie offensichtlich nur blind der gesellschaftlichen Meinung, Oper sei der Inbegriff von Kultur und Bildung. Und weil Sie nicht ungebildet wirken wollen, stimmen Sie lieber zu.

6. Geben Sie sich 2 Punkte, wenn Sie wissen, ob Ihre bevorzugte Nachrichtensendung liberal oder konservativ ist. Andernfalls 0 Punkte.
   Ein Beispiel dafür, daß man glaubt, was man glauben will. Nachrichtensendungen haben meist genauso eine politische Grundtendenz wie Zeitungen auch. Höchstwahrscheinlich mögen Sie Ihre Lieblingssendung gerade deshalb, weil sie Ihre eigenen Ansichten widerspiegelt. Wenn Sie ganz ehrlich nicht sagen können, wohin Ihre Sendung tendiert, dann sind Sie nicht objektiv. Sie „hören" die Tendenz nicht, weil Sie das Programm - und damit sich selbst - für vollkommen objektiv halten (wollen).

7. Wenn Sie noch genauso wählen wie mit 18 und noch nie darüber nachgedacht haben, ob Ihre Wahl gut ist: Geben Sie sich 0 Punkte. Wenn Sie schon einmal daran dachten, etwas anderes zu wählen - egal, ob Sie es dann taten oder nicht - geben Sie sich 2 Punkte.
   An dieser Frage erkennen Sie, ob Sie von Ihrer Erfahrung profitieren oder nicht. Hatten Sie 0 Punkte? Dann haben Sie sich bisher geweigert, von Ihrer Erfahrung zu profitieren. Sie haben damit leider der Entwicklung Ihres Verstandes geschadet und vielleicht sogar die Einsicht in Ihr eigenes Verhalten getrübt. Wir wären eine Nation von ewigen Teenagern, wenn wir alle noch so wählen würden wie bei unserer allerersten politischen Aktivität. Wollen Sie, daß Ihr Land von Teenie-Wünschen regiert wird? „Älter und weiser" mag zwar ein Klischee sein, trifft aber dennoch zu. Die beiden meistverbreiteten Beispiele intellektueller Starrheit sind Politik und Religion. Nutzen Sie also in Zukunft bei jeder Wahl Ihre Chance, Ihre Entscheidung zu überdenken, Ihre Stimmen an einzelne Kandidaten zu verteilen - und „neu" statt pauschal zu wählen.

8. Würden Sie Zeter und Mordio schreien, wenn Ihnen die Regierung sagt, sie werde sich ab jetzt 15 Prozent Ihres persönlichen Besitzes aneignen? Dann geben Sie sich 0 Punkte. Andernfalls 2 Punkte.
Diese Frage zeigt, wie stark Ihr Verstand auf die derzeit gültigen Bedingungen eingestellt, wie „konditioniert" er ist. Über die Steuer nimmt Ihnen der Staat schon jetzt mindestens so viel: Ihr Gehalt ist bereits besteuert, noch bevor Sie es in Kleidung, Möbel, Haushaltsgeräte, ein Auto, ein Boot, ein Haus, Schmuck, Bücher und andere persönliche Besitztümer umsetzen können. Sie können also schon jetzt davon ausgehen, daß Ihnen 15 Prozent Ihres Besitzes genommen werden. Aber Sie haben sich - nur weil Sie im Jahrhundert der Lohn- und Einkommenssteuer geboren sind - so an die Steuer gewöhnt, daß Sie sich ein anderes System gar nicht mehr vorstellen können.

9. Haben Sie dieselbe Religion wie Ihre Eltern? Dann geben Sie sich 0 Punkte, falls Sie die Lehren dieser Religion noch nie überdacht haben. Geben Sie sich 2 Punkte für jede andere Antwort.
Das ist ein Beispiel für Dogmatismus, für die blinde Billigung angenommener Ideen. Es geht hier nicht um die Religion an und für sich, sondern darum, ob sie unkritisch akzeptiert wird. Wer in allem unermüdlich dem Glauben anhängt, der ihm in der Kindheit mitgegeben wurde, und seinen Geist gegen neue - oder auch andere alte - Ideen verschließt, der läßt seinen Verstand verkümmern. Außerdem sollten Religionen nichts zu verbergen haben. Vielmehr sollten sie zu Fragen ermutigen und Antworten geben, die Zweifel ausräumen und damit den Glauben stärken.

Zählen Sie nun Ihre Punkte zusammen, damit Sie sehen, ob Ihr Gehirn auf Autopilot geschaltet ist oder ob Sie die Steuerung selbst in der Hand haben. Die Grundidee dieses Tests ist klar: Nehmen Sie die Welt um sich herum nicht - „so, wie sie nun mal ist" - als selbstverständlich hin. Sie steckt voller neuer Ideen, voller wunderbarer neuer Dinge, die einen Versuch wert sind. Das wichtigste Werkzeug beim Aufbau Ihrer Intelligenz ist ein offener Geist.

SO WACH IST IHR GEHIRN:

Bis 6 Punkte: Ihr Gehirn schläft tief und fest, und Sie verbringen so viel Zeit mit „George“, daß er die Kontrolle über Ihren Verstand übernehmen konnte. Sie müssen lernen, Ihre Augen und Ihren Geist zu öffnen. Machen Sie das zu Ihrem ersten Ziel. Fangen Sie an, zunächst die simplen Dinge und Routine-Angelegenheiten zu hinterfragen, die es in Ihrem Leben gibt. Nehmen Sie nichts als selbstverständlich hin, angefangen von Ihren Frühstücksflocken bis hin zu Ihrer Zeitung. Fragen Sie sich, fragen Sie sich, immer wieder, bis Sie zu verstehen beginnen, warum Sie etwas tun. Und entscheiden Sie dann, ob Sie es so lassen oder ändern. Machen Sie sich auf einige Überraschungen gefaßt.

Bis 12 Punkte: Sie sind bereits auf dem richtigen Weg, Ihr Verstand ist aufgeweckt. Aber Sie müssen noch an sich arbeiten. Sehen Sie sich noch einmal gezielt die Fragen an, bei denen Sie 0 Punkte für Ihre Antworten erhalten haben. So stellen Sie fest, in welchen Bereichen Sie das meiste Training benötigen. Konzentrieren Sie sich auf diese Gebiete. Dabei wird Ihnen klar, auf welche Weise Ihr Verstand funktioniert.

Ab 18 Punkte: Gratulation! Sie sind hellwach. Sie haben das Zeug zum Brain-Builder-Champion: einen offenen, forschenden, kritischen und fragenden Verstand - einen Verstand, der voll funktionsfähig ist.

KURZ-TEST

EIN TEST ÜBER DEN TEST, DEM SIE SICH SOEBEN GESTELLT HABEN

1. Was ist der Schlüssel zum Erfolg eines jeden Trainingsprogramms?
2. Was ist der erste Schritt beim Brain Building?
3. Werden im Kino Ihre Reaktionen manipuliert?
4. Würden Menschen überhaupt rauchen, wenn sie noch nie jemand anders hätten rauchen sehen?
5. Ist Ihr Arzt klüger als Ihr Anwalt?
6. Haben Nachrichten eine politische Tendenz?
7. Nimmt der Staat Ihnen Ihr persönliches Eigentum?
8. Sind Ihre religiösen Überzeugungen mehr von Ihren Eltern als von der Wirklichkeit geprägt?
9. Sind die meisten Menschen auf Autopilot gestellt?

ANTWORTEN

1. Wiederholung.
2. Selbsterkenntnis.
3. Ja.
4. Möglicherweise nicht.
5. Nicht unbedingt.
6. Ja.
7. Ja.
8. Ja?
9. Ja. Und wem gehört das Flugzeug? Den Eltern? Waren die auch schon auf Autopilot eingestellt?

KAPITEL

5

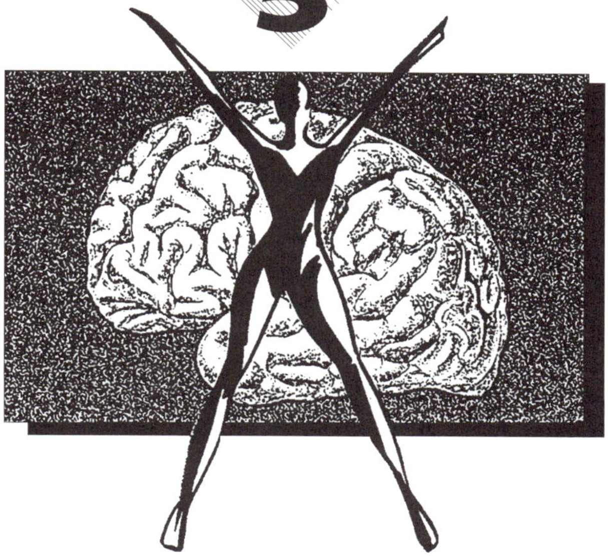

MO DI MI DO FR SA SO

ZWEITE WOCHE

AUFBAU DES WORTSCHATZES

Was Sie für die zweite Woche brauchen: Bleistift, Radiergummi, eine Tageszeitung, Ihr Wörterbuch. Und außerdem müssen Sie Geld und Zeit investieren, um bestimmte Bücher und Zeitschriften zu kaufen.

„Wer die Macht des Wortes nicht kennt, der kennt den Menschen nicht."
Konfuzius

Dieses Kapitel beginnt mit unserem ersten Brain Builder. Wie alle weiteren Brain Builder und Übungen ist er nicht nur für dieses Kapitel und dieses Buch gültig: Er hilft auch im täglichen Leben. Und noch etwas: Sie werden Regeln finden, die einander widersprechen. Das ist Absicht. Um Ihren Verstand wirklich zu bewegen.

BRAIN BUILDER NR. 1

ÜBERWINDEN SIE DIE INTELLEKTUELLE ÄNGSTLICHKEIT

Übung: Gehört Ihnen dieses Buch? Dann fangen Sie sofort damit an, auf die Ränder zu schreiben.
Überrascht Sie das? Sind Sie mit der Idee aufgewachsen, daß ein Buch irgendwie heilig sei? Empfinden Sie bei jeder Art Buch einen geradezu zwanghaften Respekt vor dessen Seiten? Denken Sie eine Minute darüber nach. Wir sprechen hier nicht über einen kostbaren Kunstband, eine seltene Erstausgabe oder eine Gutenberg-Bibel, sondern über ein ganz gewöhnliches Buch.
Wenn Sie ein lehrreiches Buch lesen, dann sollte das kein passiver Akt sein, bei dem Sie sich als Leser demütig vor dem Autor verneigen und schulmeistern lassen. Ihre eigenen Ideen sind wertvoll, also schreiben Sie sie auf. Und wenn Sie Ihre Gedanken, Ihre Eindrücke, Ihre Anmerkungen und Ihre Stellungnahmen direkt in das Buch schreiben, dann befinden Sie sich bereits im „interaktiven" Dialog mit dem Autor. Natürlich könnten Sie sich auch extra ein Notizbuch kaufen und die Buchseiten unangetastet lassen. Aber dann wären Sie wieder soweit wie in der Schule. Die Buchseiten blieben unantastbar, der Autor spielte die Rolle des Lehrers, und Sie wären der Schüler. Lesen Sie aktiv, Sie stärken damit die Selbständigkeit Ihres Verstandes.
Schreiben Sie in dieses Buch. Wir haben es mit breiten Rändern für Ihre Anmerkungen ausgestattet, machen Sie also Gebrauch davon. Wenn Sie so

etwas bisher nie getan haben, dann fangen Sie jetzt einfach damit an. Es wird Ihnen zunehmend leichter fallen. Brain Builder Nr. 1 soll Ihnen helfen, sich von einer alten fixen Idee zu befreien, einer Idee, die das volle Funktionieren Ihres Verstandes behindert.

BRAIN BUILDER NR. 2

LEGEN SIE SICH EINEN GEISTIGEN „ERSTE HILFE"-KASTEN ZU

Je weiter Sie mit diesem Buch kommen, desto häufiger werden Sie zu Ihrem „Erste-Hilfe"-Kasten greifen, und desto mehr wird er Ihnen nutzen. Was dazu gehört: ein gutes Wörterbuch, ein „Thesaurus", also ein Synonymlexikon, ein Atlas und eine Enzyklopädie. Natürlich wären die aktuellsten Bücher am besten. Wenn Sie Bücher neu anschaffen müssen, so finden Sie möglichwerweise preiswerte Ausgaben oder Second-Hand-Exemplare in Universitätsbuchhandlungen oder modernen Antiquariaten. Nehmen Sie ein großes Wörterbuch, also keine Taschen- oder Schülerausgabe. Aufgeschlagen sollte es gut auf einer flachen Unterlage liegen, und es sollte eine leicht lesbare Ausspracheanleitung enthalten. Kaufen Sie keines dieser kleingedruckten Bücher, die man ohne Lupe nicht lesen kann.
Der Thesaurus muß ungekürzt sein, in der Qualität der Originalausgabe von *Roget's*. Kaufen Sie keinen Thesaurus, der mit Zugaben wie etwa einer „Antonymenliste", also den „Gegenworten", vollgestopft ist. Sondern ein Nachschlagewerk, in dem Sie zu einem Stichwort alle damit zusammenhängenden Begriffe finden.
Die Enzyklopädie darf bis zu fünf Jahre alt sein, wenn sie mit einem kompletten Satz jährlicher Ergänzungsbände aktualisiert ist. Ideal wären zwei verschieden alte Lexika (Tip: Auf Flohmärkten werden oft günstige Enzyklopädien angeboten). Sie können dann ein Stichwort in beiden Ausgaben nachschlagen, was das Verständnis sehr erleichtert. Kaufen Sie den aktuellsten Atlas, den Sie bekommen können. Richten Sie sich schon jetzt dar-

auf ein, ihn zu ersetzen, sobald er veraltet ist. Eine Taschenbuchausgabe ist deshalb vielleicht die beste Lösung. Der Altas muß nicht schön sein, sondern vor allem aktuell und gut. Nehmen Sie den Atlas mit dem größten Register. Er muß möglichst leicht zu handhaben sein. Noch einmal: Kaufen Sie den besten, den Sie bekommen können. Ihr Verstand ist schließlich wichtiger als alles andere, was Sie besitzen.

Übung: Benutzen Sie diese Bücher jeden Tag. Verschließen Sie sie nicht im Schrank! Es sind Werkzeuge, die Sie für die tägliche Arbeit immer schnell zur Hand haben sollen. Das Wörterbuch sollte möglichst aufgeschlagen auf dem Tisch liegen. Das ist gut für den Rücken (den des Buches, nicht den Ihren) und den Einband, außerdem lädt es so zum Blättern und zum Lesen ein. Lassen Sie die Nachschlagebücher zum Bestandteil Ihrer Umgebung werden, so selbstverständlich wie die Lampe, die Sie bei Dunkelheit anschalten. Jedesmal, wenn Sie darin lesen, werden Sie ein Licht in Ihrem Geist „anknipsen".
Sie haben kein Geld für diese „Erste-Hilfe"-Ausrüstung? Überlegen Sie ernsthaft: Wie wäre es, wenn Sie etwas Überflüssiges verkaufen? Ihr Zweitfernseher bietet sich dafür geradezu an.

DIE MACHT DER WORTE

Lassen Sie uns Ihr Gehirntraining beginnen, mit einzelnen Worten. Kennen Sie die Definition von „unheilvoll", von „Frevel" oder von „Galgenstrick"? Wie steht es mit „Eisvogel" und „widerlich"? Was haben „Barbarentum" und „Heide" gemeinsam? Was bedeuten „fahl" und „mondän"?

Übung: Schlagen Sie die oben mit Anführungszeichen markierten Worte in Ihrem Wörterbuch nach - auch dann, wenn Sie deren Bedeutung zu kennen glauben. Geben Sie sich 1 Punkt für jedes Wort, das Sie selbst korrekt definiert hatten. Es waren nicht so viele wie Sie dachten, oder? 6 Punkte sind bei dieser Übung ein großartiges Ergebnis, der Durchschnitt liegt bei weniger als 3 Punkten. Und wundern Sie sich nicht, wenn Sie 0 Punkte hatten - Sie befinden sich damit in bester Gesellschaft.

Abgesehen vom viersilbigen „Barbarentum“ haben die meisten unserer Übungswörter nicht mehr als zwei Silben, sie können also kaum als „lange Wörter“ bezeichnet werden. Es sind nicht einmal besonders schwierige Worte, sie werden in der Alltagssprache gebraucht (und mißbraucht). Und trotzdem werden die meisten dieser Wörter von vielen Menschen falsch verstanden.

Ein gut entwickelter Wortschatz ist das äußere Zeichen eines gut entwickelten Verstandes. Wörter zählen genauso zu den Werkzeugen Ihres Gehirns wie Ihre Hände und Ihre Augen. Was mich betrifft: Unsere englische Sprache kommt mir hier sehr entgegen: Ihr kunterbuntes Erbe an Substantiven und Verben aus dem Griechischen, dem Lateinischen und dem Angelsächsischen (mit dessen eigenem skandinavischen und germanischen Erbe) macht sie besonders reich. Für fast alles haben wir eine exakte Bezeichnung, und es gibt kaum eine Situation, für die wir nicht ein Wort hätten. Die gesellschaftliche Entwicklung läßt ständig neue Worte in unsere Sprache einfließen - wie „shortfall“, „countdown“, „video“ -, die internationaler Sprachgebrauch werden. Wir haben Worte von allen Nationalitäten übernommen, die in unser Land kamen - „kibitz“, „pizza“, „croissant“, „cabana“ - um nur vier aus tausenden zu nennen.

Englisch ist die Sprache von Shakespeare, von Chaucer, Dickens, Henry James, Virginia Woolf, John Donne und John Dryden, von Keats, Shelley und Byron, von Samuel Johnson und Agatha Christie, von T.S. Elliot und Wallace Stevens, von Willa Cather und Sylvia Plath und Marianne Moore, von Russell Baker und James Michener, William Faulkner, F. Scott Fitzgerald, Ernest Hemingway und Katherine Anne Porter.

Was die deutsche Sprache betrifft - da muß ich nur erwähnen: Deutsch ist die Sprache von Goethe und Schiller, Deutsche gelten international als das Volk der „Dichter und Denker“. Das ist doch eine denkbar gute Ausgangsposition. Was wollen Sie mehr?

Wer sich nicht um den herrlichen Reichtum der eigenen Sprache bemüht, der wählt - an der üppig gedeckten Tafel sitzend - den Hunger.

Worte sind Ausdruck der Gedanken. Je genauer Ihre Sprache ist, desto klarer werden Ihre Gedanken, desto leichter können Sie sie ausdrücken, und desto besser können Sie sich mit anderen Menschen verständigen. Lange Worte sind dabei nicht besser als kurze - es kommt auf den Inhalt an.

BRAIN BUILDER NR. 3

LERNEN SIE, IHRE SPRACHE ZU VERSTEHEN

Übung: Schlagen Sie täglich ein ganz geläufiges Wort nach. Entscheiden Sie sich beim Zeitunglesen für ein Wort und schlagen Sie es in Ihrem Wörterbuch nach - auch wenn Sie seine Bedeutung bereits zu kennen glauben. Es kann ein gewöhnliches Wort sein, eines, das Sie viele Male gelesen und benutzt haben. Aber es sollte ein Wort sein, auf dessen exakte Bedeutung Sie neugierig sind. Wenn Sie gerade unterwegs sind und kein Wörterbuch zur Hand haben, dann stecken Sie den Zeitungsfetzen mit diesem Wort in die Tasche. Vergessen Sie aber nicht, das Wort noch am selben Tag nachzuschlagen. Schreiben Sie es nicht ins Notizbuch, und versuchen Sie nicht, es auswendig zu lernen. Lesen Sie nur die Definition. Lesen Sie ruhig zweimal, dreimal - aber lassen Sie es nicht in „Arbeit“ ausarten. Wichtig ist, daß Sie regelmäßig Wörter nachschlagen, daß Ihnen der Gebrauch Ihres Wörterbuchs so in Fleisch und Blut übergeht wie das morgendliche Zähneputzen.

BRAIN BUILDER NR. 4

LERNEN SIE IHRE SPRACHE

Übung: Schlagen Sie täglich ein Wort, bei dem Sie unsicher sind, in Ihrem Wörterbuch nach. Sprechen Sie das Wort mehrmals laut aus, bis Sie mit seinem Klang und seinem Rhythmus vertraut sind. Verzichten Sie dabei bewußt auf die hochtrabenden, vielsilbigen Worte - eine einfache Sprache ist den großmäuligen Wortmonstren an Klarheit und Deutlichkeit weit überlegen. Wählen Sie auch keine total ungebräuchlichen Wörter: Es ist sehr unwahrscheinlich, daß Sie selbst solche Wörter jemals benutzen, und ebenso unwahrscheinlich, daß Ihr Zuhörer sie verstehen würde.

Halten Sie sich an nützliche Wörter, an Wörter also, mit denen sich Gegenstände, Handlungen und abstrakte Ideen exakt beschreiben lassen. Üben Sie täglich, aber benutzen Sie das „neue" Wort bei Gesprächen nur, wenn es Ihnen wirklich passend erscheint. Machen Sie aus dem Gebrauch dieses Wortes keinen Sport, und mißbrauchen Sie Ihre neuen Wörter nicht als Fußangel, in die Sie andere stolpern lassen. Ganz egal, wie rasch Ihr Wortschatz wächst: Benutzen Sie niemals ein besonders langes oder ungewöhnliches Wort, nur um damit Ihren Zuhörer zu beeindrucken. Wer auf Eindruck aus ist, dem fehlt es an Selbstvertrauen. Und das läßt Sie nicht unbedingt klüger aussehen.

Übung: Lernen Sie täglich die exakte Aussprache eines neuen Wortes. Schlagen Sie jeden Tag ein Wort nach, auf das Sie bei Ihrer täglichen Lektüre stoßen und über dessen Aussprache Sie sich unsicher sind. Sprechen Sie das Wort mehrmals korrekt laut aus.
Es wird sich dabei um Worte handeln, die Sie bisher vielleicht nur zögernd verwendet haben: Sie kennen zwar die Bedeutung des Wortes, sind aber nicht sicher, wie es wirklich richtig ausgesprochen wird. Oft hören Sie, wie „maßgebliche" Leute, Nachrichtensprecher oder Politiker, so ein Wort anders aussprechen als Sie - und dann glauben Sie, Sie seien im Unrecht. Glauben Sie das nie! Jeden Tag metzeln Leute in aller Öffentlichkeit die Sprache und werden, weil sie als besonders kompetent gelten, kritiklos nachgeahmt.
Präsident Dwight D. Eisenhower zum Beispiel pflegte „nuklear" als „nuke-you-lar" auszusprechen (richtig heißt es aber „nu-klee-ar"), und statt „Feb-roo-ary" sagte er „Feb-you-ary" - womit er nicht die einzige maßgebliche Persönlichkeit wäre, die jemals etwas verkehrt aussprach. Wir besitzen die „göttliche Gabe zur artikulierten Rede", wie es George Bernard Shaw einmal ausdrückte - aber nur allzuoft mißhandeln wir sie.

Übung: Achten Sie von jetzt ab auf falsche Aussprache - in den Radio- und Fernsehnachrichten, bei führenden Persönlichkeiten, bei Bekannten und bei sich selbst.
Mit zunehmender Sensibilität für Wörter und ihre Verwendung werden Sie zunächst vielleicht in erster Linie bemerken, daß andere viele Fehler ma-

chen. Und mit erhöhter Aufmerksamkeit dürften Sie feststellen, daß selbst Sie nicht davon verschont sind. Die Menschen - Sie eingeschlossen - sprechen ganz alltägliche Wörter falsch aus. Und viele Leute werden böse, wenn jemand sie korrigiert. „Bessere deine Rede, soll nicht dein Geschick verderben“, schrieb William Shakespeare aus gutem Grund.

BRAIN BUILDER NR. 5

ERGÄNZEN SIE IHREN „ERSTE-HILFE“-KASTEN UM WEITERE WÖRTERBÜCHER

Übung: Besorgen Sie sich ein Wörterbuch, das Wortstämme erklärt. Lernen Sie jede Woche den Stamm eines Wortes, das Ihnen geläufig ist.
Wenn Sie Wortstämme kennen, haben Sie nahezu mühelos Einblick in ganze Familien von Wörtern. Sie lernen nicht nur das Wort selbst, sondern erfahren auch, wie alt es ist und woher es kommt. Dabei werden Sie sich zuerst ähnlich fühlen wie ein Bodybuilding-Anfänger, den nach den ersten Wochen die Euphorie überkommt, wenn er sieht, wie seine Muskeln fester werden. Danach geht es natürlich zäher voran. Aber dann haben Sie die moralische Unterstützung Ihrer ersten Erfolge.
Glauben Sie, ich mache zuviel Wirbel um die korrekte Aussprache? Was halten Sie davon, wenn jemand zu Ihnen sagt: „Heut’ moing hab’ ich vaschlaff’n.“? Das klingt schlampig, so ganz nach einer ewigen Schlafmütze. Ein klares „Heute morgen habe ich verschlafen“ hört sich dagegen an, als sei das Verschlafen für den Sprecher etwas ganz Neues.
Die Aussprache ist „eine Nebensache, die den Unterschied macht“. Sie sagt viel über einen Menschen aus. Wenn Sie zum Beispiel regelmäßig das hintere Ende Ihrer Krawatte fünf Zentimeter länger hängen ließen als den vorderen Teil, statt umgekehrt, dann müßten Sie darauf gefaßt sein, daß dies mit Geringschätzung quittiert wird. Und so verhält es sich auch mit der schlechten Aussprache: Sie werden als jemand abgestempelt, der entweder nicht ganz klar im Kopf ist oder sich um nichts schert.

BRAIN BUILDER NR. 6

VERGRÖSSERN SIE IHREN WORTSCHATZ

Übung: Schlagen Sie Wörter zu den Dingen nach, an denen Ihnen etwas liegt - zum Beispiel Blumen, Wein, Käse oder moderne Kunst. Das wird Ihnen künftig eine große Hilfe sein, wenn Sie diese Dinge suchen, kaufen, essen oder trinken und über sie sprechen. Wenn die Malerei Sie interessiert: Suchen Sie sich einen Malstil, der Ihnen besonders gefällt, egal ob „Impressionismus“, „Fauvismus“ oder „Kubismus“. Schlagen Sie den Namen dieser Stilrichtung nach, und stellen Sie fest, ob er wirklich das bedeutet, was Sie glaubten. Und schlagen Sie dann andere Worte aus demselben Bereich nach.

BRAIN BUILDER NR. 7

ERWEITERN SIE DEN WORTSCHATZ ÜBER IHR INTERESSENGEBIET

Übung: Abonnieren Sie eine Zeitschrift zu einem Thema, das Sie interessiert. Ein Thema, auf das Sie wirklich neugierig sind, nichts, über das Sie lediglich mehr wissen „sollten“. Es gibt schon zu viele „Solls“ im Leben. Sehen Sie sich nach einem Magazin um, das Ihren Interessen entgegenkommt und nicht in einem reinen Fachchinesisch geschrieben ist, das Sie gar nicht verstehen können. Abonnieren Sie es. Die Hauptsache ist, daß Sie die Zeitschrift auch wirklich lesen, sobald sie in Ihrem Briefkasten landet. Wenn das Blatt nur in dem Stapel auf Ihrem Tisch oder neben Ihrem Bett vor sich hin schmachtet, dann können Sie sich das Geld sparen. Sie werden darin Worte finden, mit denen Sie nicht vertraut sind. Erlauben Sie Ihrem eigenen Interesse und Ihrer Neugier, Ihren Wortschatz auf natürliche Weise zu bereichern.

BRAIN BUILDER NR. 8

ERWEITERN SIE IHREN ALLGEMEINEN WORTSCHATZ

Übung: Lesen Sie über Themen von allgemeinem Interesse. Abonnieren Sie eine qualitativ hochwertige Zeitschrift mit einem breiten Spektrum. Und beginnen Sie, darin zu lesen, sobald sie angekommen ist. Wichtig ist, daß Sie sich nicht auf Biegen und Brechen zum „Lernen" zwingen und schließlich vor der vermeintlich kolossalen Aufgabe kapitulieren. Entspannen Sie sich lieber: Der Schlüssel zum Erfolg heißt hier Genuß. Versuchen Sie, unbekannte Worte zunächst einfach aus dem Zusammenhang heraus zu verstehen, ohne sie gleich nachzuschlagen. Holen Sie das bei einer späteren Gelegenheit nach. Die Worte, die Ihnen am meisten bedeuten, werden Sie nicht vergessen. Die anderen sind weit weniger wichtig.

BRAIN BUILDER NR. 9

HEBEN SIE DAS NIVEAU IHRES WORTSCHATZES

Übung: Lesen Sie ab jetzt Zeitungen, Zeitschriften und Bücher, die schwieriger sind und noch größere Anforderungen an Sie stellen als Ihre bisher gewohnte Lektüre. Plagen Sie sich auch hier nicht damit, jedes einzelne, Ihnen unbekannte Wort nachzuschlagen - bemühen Sie sich sogar ganz bewußt, darauf zu verzichten. Versuchen Sie, die Worte zunächst aus dem Zusammenhang heraus zu verstehen. Gehen Sie selektiv vor. Manche Worte werden Sie, wenn nicht beim ersten Mal, so doch bei der zweiten, dritten oder vierten „Begegnung" begreifen. Und jedesmal, wenn Sie später auf dieses Wort stoßen, erschließt sich Ihnen sein Bedeutungsgehalt zunehmend besser. Lernen sollte nicht in Arbeit ausarten. Es wird zum Vergnügen, wenn Sie es ganz natürlich geschehen lassen.

BRAIN BUILDER NR. 10

BENUTZEN SIE KEINEN „SLANG“

Wenn die Sprache die „Münze des Verstandes“ ist, mit der wir unsere Gedanken untereinander austauschen, dann handelt es sich beim Slang und Straßenjargon höchstens um die Pfennige. Geben Sie solche Sprachgewohnheiten auf - vor allem die Ausdrücke, mit denen man andere Leute abwertet. Bei Worten wie „Tussi“, „Macker“, „Kaffer“ handelt es sich um ziemlich widerliche Begriffe, weil sie ein endgültiges Urteil fällen und dem Denken ein Ende setzen. Und Sie werden kaum jemals dieses Urteil nachprüfen, das Sie mit so wenigen Silben über jemanden gesprochen haben. Man wird den Slang nur schwer wieder los, wenn man ihn sich einmal angewöhnt hat. Aber machen Sie sich die Mühe, auch wenn es am Anfang besonders schwierig erscheinen mag. Ihr Wortschatz wird es Ihnen danken.
Slangwörter sind nur ein Ersatz für präzisere Worte. Haben Sie den Slang erst einmal aus Ihrem täglichen Sprachgebrauch verbannt, dann müssen Sie nämlich zwangsläufig auf die echten Worte zurückgreifen, um zu sagen, was Sie meinen. Und - um an Ihre Eitelkeit zu appellieren: Nichts legt Ihr Alter mehr fest als der Slang, den Sie sprechen. Stellen Sie sich jemanden vor, der Ausdrücke wie „echt irre“ oder „kommt nicht in die Tüte“ benutzt. Sie wissen genau, in welchem Jahrzehnt er stehengeblieben ist, oder? Viel Zeit und Mühe ist nötig, um beim Slang auf dem laufenden zu bleiben. Wenn Sie dafür Zeit haben - wieso um alles in der Welt vergeuden Sie diese Zeit für den Slang?

Übung: Hören Sie sich selbst beim Sprechen zu, hören Sie genau hin und seien Sie objektiv. Wenn Sie sich bei einem Slangausdruck ertappen, dann unterbrechen Sie sich - auch, wenn Sie das Wort bereits ausgesprochen haben - und formulieren Sie den Satz neu. Benutzen Sie einen treffenden hochdeutschen Ausdruck. Was sollten Sie stattdessen gesagt haben? Sagen Sie es. Noch ein Appell an Ihre Eitelkeit: Sie wirken ungleich interessanter und klüger, wenn Sie Ihren „eigenen“ Wortschatz präsentieren.

BRAIN BUILDER NR. 11

VERMEIDEN SIE KLISCHEES

„Der triftige Grund“, „die brennende Frage“, „ich vertrete den Standpunkt“ - es gibt tausende solcher Ausdrücke, die einfach nichts weiter sind als verbrauchte Abkürzungen. Abkürzungen, die am guten Wortschatz vorbeiführen. Sie nehmen den Platz einer treffenderen, originelleren und intelligenteren Sprache ein. Worte sind die Bausteine des Denkens - wenn Sie beim Sprechen Klischees vermeiden, zwingen Sie sich, diese auch beim Denken zu unterlassen.

Übung: Ebenso wie beim Slang: Hören Sie sich beim Reden zu, und achten Sie auf Klischees. Überlegen Sie sich für jedes Klischee, bei dem Sie sich ertappen, zwei Ersatzausdrücke. Was sollten Sie stattdessen sagen?

BRAIN BUILDER NR. 12

FRAGEN SIE NACH

Übung: Zögern Sie nicht, jemanden nach der Bedeutung eines Wortes zu fragen, das er gerade verwendet hat. Achten Sie auf die Worte genauso wie auf den Gesamtinhalt, wenn Sie jemandem zuhören. Unterbrechen Sie den anderen nicht, aber merken Sie sich das Wort und fragen Sie, sobald er zu Ende gesprochen hat. Obwohl sich nicht jede Situation dazu eignet, Fragen zu stellen - weil man nicht den Fluß der Erzählung unterbrechen will -, gibt es doch genügend Gelegenheiten. Redner fühlen sich geschmeichelt, wenn man sie bittet, etwas zu erklären. Und Sie zeigen, daß Sie ein aufmerksamer Zuhörer sind. Auch wenn die Erklärung nicht perfekt ist, so wird es vielleicht doch mehr sein, als Sie zuvor wußten. Der Weise sagt: Am Anfang der Weisheit liegt das Wissen um das, was man nicht weiß.

BRAIN BUILDER NR. 13

LASSEN SIE LATEIN LEBEN

Übung: Lesen Sie den Abschnitt über „Latein" in Ihrer Enzyklopädie, um einen Einblick in dieses Thema zu bekommen. Latein ist alles andere als eine tote Sprache: Es lebt in so vielen Wortstämmen fort, daß es Ihr Wortverständnis ganz beträchtlich steigern kann, wenn Sie sich mit Latein beschäftigen. Latein wird häufig im Abendunterricht angeboten. Wenn Sie die Gelegenheit haben, wählen Sie einen Kurs, der die lateinischen Einflüsse auf die heutige Sprache betont und, im Idealfall, auch die römische Geschichte mit behandelt. Es sollte Ihnen Freude bereiten und kein „zurück zur Schulbank" sein.

FREUNDEN SIE SICH MIT DEN WORTEN AN

Denken Sie daran, daß Ihre Gedanken nur so klar sind wie die Worte, mit denen sie ausgedrückt werden. Halten Sie die Worte nicht auf Abstand, als ob sie Fremde wären. Lassen Sie die Worte herankommen, damit sie Ihre Freunde und Diener werden. Denken Sie an Helen Keller: Es war ein einfaches Wort, „Wasser", das sie aus stummer Dunkelheit ins Licht eines nützlichen Lebens führte.

Wenn Sie Ihren Brain Buildern gefolgt sind, dann haben Sie bereits in der ersten Woche Ihrem Wortschatz mindestens 15 nützliche Wort-Werkzeuge hinzugefügt. Wissen Sie, was an diesen Worten am wichtigsten ist?

Es ist dies: Sie haben sie selbst ausgesucht. Sie wurden Ihnen nicht als eine alphabetische Liste von Vokabeln präsentiert, die Sie lernen „sollten". Stattdessen sind es Worte, die für Sie, Ihre Interessen, Ihre Lebensart und Ihre Neugierde wichtig sind. Sie haben sich diese Worte auf die denkbar natürlichste Weise angeeignet und sind so in der Lage, den größtmöglichen Nutzen aus ihnen zu ziehen..

KURZ-TEST

TEST ZUM ENDE DER ZWEITEN WOCHE

1. Warum soll es ein grosses Wörterbuch sein?
2. Welche Art von Synonymlexikon empfehle ich?
3. Warum darf die Enzyklopädie einige Jahre alt sein?
4. Warum muss der Atlas neu sein?
5. Warum sollen Sie Wortstämme lernen?
6. Warum sollen Sie keine Klischees benutzen?
7. Warum sollen Sie sich mit Latein beschäftigen?
8. Warum sollen Sie Ihren Wortschatz vergrössern?

ANTWORTEN

1. Einfach, weil es mehr Wörter enthält.
2. Einen Thesaurus.
3. Weil heute nichts Neues im antiken Griechenland und im antiken Rom passiert. Anders gesagt: Das meiste, was in der Enzyklopädie steht, ist sowieso alt, aber die Ergänzungsbände halten das Lexikon auf dem aktuellen Stand.
4. Weil sich politische Situationen ständig ändern.
5. Sie sind ein Werkzeug, das beim Lernen Zeit und Mühe spart.
6. Weil sie Sie wie einen Konformisten denken lassen.
7. Weil es Ihnen hilft, Ihre eigene Sprache besser zu verstehen.
8. Aus demselben Grund, aus dem ein Dreijähriger ihn vergrössern sollte!

KAPITEL

6

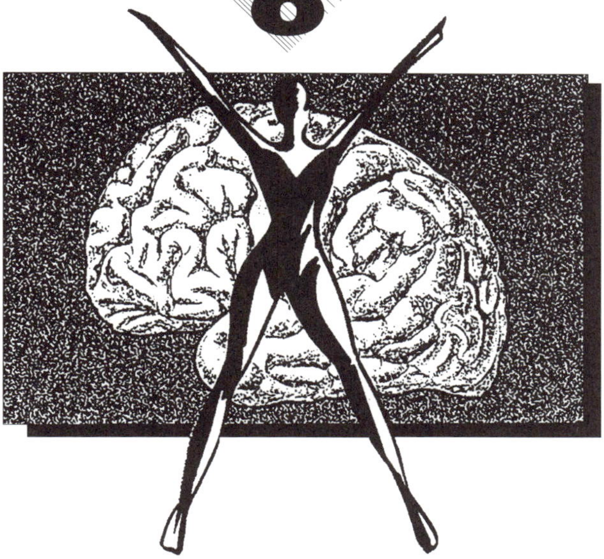

MO DI MI DO FR SA SO

DRITTE WOCHE

TRAINING DES RECHNERISCHEN DENKENS

Was Sie für die dritte Woche brauchen: Ein Thermometer mit Celsius- und Fahrenheit-Einteilung und einen Taschenrechner.

„Mathematik ist die Wissenschaft von den notwendigen Schlüssen."

Benjamin Pierce

Jetzt, da Sie schon mittendrin stecken, kann ich es ja zugeben: Dieser Abschnitt wird sich unter anderem mit Mathematik beschäftigen. Ich vermied das Wort „Mathematik" im Kapiteltitel, weil diese vier Silben vielen intelligenten Menschen Angst und Schrecken einjagen. Als Sie dieses Buch das erste Mal zur Hand nahmen, haben Sie wahrscheinlich das Inhaltsverzeichnis überflogen. Ich wollte Ihnen ersparen, daß Ihnen daraus das Wort Mathematik entgegenspringt und Sie schreiend Reißaus nehmen läßt.
Nur Mut. Sie werden Mathe in einem ganz neuen Licht sehen - in einem Licht, das Ihnen das Begreifen leicht macht.

Übung: Haben Sie schon etwas an den Rand dieses Buches geschrieben? Falls nicht, wieso nicht? Denken Sie an Brain Builder Nr. 1 (aus dem vorigen Kapitel). Er wird Ihnen helfen, Ihrer Intelligenz auf jedem Gebiet, das in diesem Buch behandelt wird, Luft zu verschaffen. Die wichtigste Funktion Ihres Verstandes ist das objektive Denken. Fällt Ihnen dazu etwas ein? Schreiben Sie es in das Buch. Falls Sie Tinte noch abschreckt, dann nehmen Sie einen Bleistift, aber schreiben Sie!

STÜRZEN WIR UNS HINEIN

Übung: Beantworten Sie die folgende Frage schnell, ohne Denkpause und ohne Papier und Bleistift zu Hilfe zu nehmen: Wieviel ergibt 12 geteilt durch $^1/_2$? Wenn Sie mit 6 antworten und gleichzeitig einem Kapitel über Mathematik mit bangem Herzen entgegensehen, sich schon Ihr ganzes Leben hindurch gesagt haben: „Mathe ist/war mein schwächstes Fach" - dann willkommen im Club der Mathe-Opfer! Fassen Sie Mut: Furcht und Abscheu vor der Mathematik sind so weitverbreitet, daß dies eher die Regel als die Ausnahme ist. (Die richtige Antwort lautet 24.)

Sogar der große englische Philosoph und Mathematiker Alfred North Whitehead mußte die Schwierigkeiten seines Fachs zugeben:
„Das Studium der Mathematik neigt dazu, mit Verzweiflung zu beginnen. Uns wird gesagt, mit ihrer Hilfe würden die Sterne gewogen und die Bil-

lionen Moleküle eines Wassertropfens gezählt. Aber wie der Geist von Hamlets Vater entzieht sich diese große Wissenschaft den Anstrengungen unseres Geistes, sie zu verstehen.“

Trösten Sie sich damit, daß ein Verständnis der Mathematik weniger mit Ihrer Intelligenz als mit Ihrer Erziehung zu tun hat. Wenn Sie die Grundlagen der Mathematik nicht verstehen, dann sind sie Ihnen wahrscheinlich nur falsch erklärt worden. Leider geraten viele Leute in Panik, wenn sie etwas nicht gelernt haben und über das Alter hinaus sind, in dem sie es hätten lernen sollen. Deshalb schrecken sie vor allem und jedem zurück, was irgendwie mit diesem Gebiet zu tun hat. Sie glauben, sie wären zu weit abgeschlagen und würden es niemals schaffen, das Versäumte nachzuholen.

SIE SIND KEINE MATHEMATISCHE NULL

Glauben Sie mir: Sie sind nicht die mathematische Null, für die Sie sich vielleicht halten. Schließlich kommen Sie in der realen Welt zurecht. Irgendwie schaffen Sie es, einen Job zu behalten, Ihr Konto auszugleichen, Kreditkarten zu benutzen und Steuern zu bezahlen. Wenn Sie meinen, Sie könnten über diese einfachen alltäglichen Rechenoperationen nicht hinauskommen, dann denken Sie nochmals darüber nach. All die Jahre über haben Sie Mathe in einem falschen Licht gesehen. Mathematisches Denken ist nämlich leichter als Sie glauben - und es kann sogar Spaß machen.

„Ja, aber“, höre ich Sie schon sagen, „wenn ich auch ohne Mathematik durchs Leben kommen kann - meine Rechnungen und Steuern bezahle, mit meinem Konto zurechtkomme und in meinem Beruf gut bin -, warum sollte ich mich jetzt damit abgeben? Warum sollte ich mein Gehirn mit diesem Zeug belasten, wenn ein Taschenrechner für 20 Mark das alles für mich erledigt und dabei sogar noch schneller ist?“

Die Antwort ist einfach: Wenn Sie sich mit der Mathematik vertraut machen, dann erweitern Sie damit Ihre Möglichkeiten, Sie stärken damit Ihren Verstand. Und außerdem ist die Mathematik enorm hilfreich für die Anwendung der Logik, die ihrerseits wiederum eine großartige Hilfe im

Leben ist. Aber es gibt noch mehr zwingende Gründe. Mathematik ist ein System zum Umgang mit Ideen, das es uns erlaubt, effizienter vorzugehen. Damit paßt sie hervorragend zu den Ansprüchen unserer Zeit. Mit Hilfe der Mathematik können wir eine Idee erfassen und sie für unsere eigenen Zwecke formen, wir können sie erproben, wir können sie im Rahmen der Vorgaben beschreiben und sie so für viele wichtige und weniger wichtige Zwecke benutzen.

MATHEMATIK GILT IMMER

Wie auch die Sprache, ist die Mathematik etwas, auf das man sich allgemein geeinigt hat. Wir alle wissen, was mit den Worten „mir ist kalt" gemeint ist. Wir haben uns auf die Definition von „kalt" geeinigt und können seine Bedeutung einem anderen mitteilen.

Zu einer ähnlichen Übereinkunft kamen die Menschen bei Zahlen. Wenn ich zu Ihnen sage: „Auf diesem Tisch liegen drei Äpfel", dann wissen Sie genau, was ich mit „drei" meine. Und Zahlen sind weit präziser als die Sprache. „Kalt" mag für Sie und mich 10° Celsius bedeuten, für einen Eskimo dagegen -23°, und der Kalahari-Buschmann mag darunter laue 21° verstehen. Wir müßten die Definition von „kalt" weiter klären, um uns besser verständigen zu können.

Ganz anders verhält es sich mit Zahlen. Ob in den USA oder in China, ob auf der Erde oder auf dem Mars: 3 ist immer 3. Wie Lancelot Hogben in seinem ausgezeichneten Buch *Mathematics for the Million* (W. W. Northon Co.) sagte: „Die Sprache der Mathematik unterscheidet sich vom Alltagsleben, weil sie im wesentlichen eine vernünftig geplante Sprache ist." Diesem Merkmal der Mathematik widme ich dieses Kapitel.

MATHEMATIK IST EIN NÜTZLICHES WERKZEUG

Mathematik erlaubt es Ihnen, Ihre geistige Reichweite zu verlängern - ganz so, wie man eine Leiter benutzt, um an eine sonst nicht zugängliche Deckenlampe heranzukommen. Mathematik ist ein Werkzeug, und Sie können es benutzen, wenn Sie erst einmal den Umgang damit erlernt haben. Auf der einen Seite sind Zahlen absolut und autoritär. Sie weichen keinen Zoll. Eine Antwort ist entweder richtig oder falsch, für Grautöne und Vielleichts gibt es in der Mathematik keinen Platz. Dieser Absolutismus erschreckt die meisten Menschen und dämpft ihr Interesse an Mathematik. Aber werfen wir einen Blick auf die andere Seite. Zahlen sind berechenbar und beruhigend. Sie schleichen sich nicht an Sie heran, wie es Worte manchmal tun. In der Mathematik haben Sie es nicht mit so heiklen Dingen zu tun wie zum Beispiel „ich habe Angst" und „mir ist angst", wo ein und dasselbe Wort einmal klein und einmal groß geschrieben wird. Oder „Höcker", „Höker", „Lerche" und „Lärche", die ähnlich ausgesprochen werden, aber völlig verschiedene Bedeutungen haben.

Übung: Schlagen Sie das Wort „Höker" nach, wenn Sie sich über seine Bedeutung nicht sicher sind (die Definition ist vielleicht ganz anders, als Sie dachten).

AUF ZAHLEN KÖNNEN SIE ZÄHLEN

Solche Unsicherheiten gibt es bei Zahlen dagegen nicht. Die Bedeutung der Zahl 5 ändert sich niemals: Gleichgültig, wo sie in der Gleichung erscheint, 5 ist immer 5. Sie verhält sich in jeder mathematischen Situation wie eine 5, niemals wie eine 4 oder eine 6. Nur wenige Dinge auf der Welt sind so beständig, unwandelbar und verläßlich wie die Zahlen.
Das ist einer der Gründe, wieso Ihnen die Mathematik große Dienste im täglichen Leben leisten wird: zu Hause, an Ihrem Arbeitsplatz und auf den vielen Gebieten des Denkens, die Sie vielleicht noch erkunden werden. Auf Mathe können Sie vertrauen: Die Zahlen sind Freunde, die dem Verstand unerschütterlich die Treue halten.

Hier folgt ein kleiner Test für sechs Minuten - mit vier Aufgaben, um festzustellen, ob Sie mathematischen Verstand besitzen. Die Antworten finden Sie am Ende des Kapitels.

Aufgabe 1 (Lösungszeit: 1 Minute)

Angaben: 2 Sterne + 1 Mond = 10, 1 Mond + 1 Sonne + 1 Stern = 9, 1 Stern + 2 Monde = 8, 1 Stern + 1 Blume + 1 Sonne = 12.
Finden Sie den Zahlenwert für jedes Symbol.

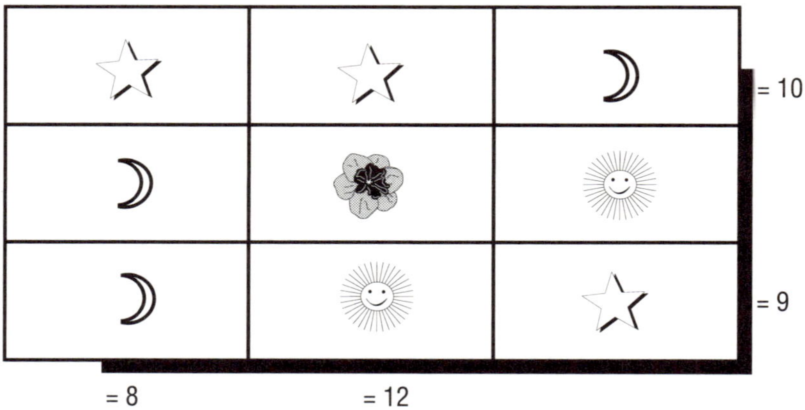

Aufgabe 2 (Lösungszeit: 2 Minuten)

Drei Männer wollen sich, um Geld zu sparen, ein Hotelzimmer teilen. Der Empfangschef sagt, das Zimmer koste 30 DM, und jeder der drei hinterlegt 10 DM. Später bemerkt der Empfangschef, daß er sich geirrt hat: Das Zimmer kostet statt 30 DM nur 25 DM. Er gibt dem Pagen 5 DM und weist ihn an, sie den drei Männern zurückzugeben. Der Page weiß aber nicht, wie er 5 DM unter drei Männern aufteilen soll, und so gibt er jedem 1 DM und behält 2 DM als Trinkgeld. Jetzt hat jeder der Männer 9 DM für das Zimmer bezahlt, und 9 DM x 3 = 27 DM. Der Page hat 2 DM, das macht zusammen 29 DM. Was geschah mit der übrigen Mark?

Aufgabe 3 (Lösungszeit: 3 Minuten)

Zwei Männer verkaufen Krawatten, der eine 2 Stück zu 10 DM, der andere 3 Stück zu 10 DM. Sie beschließen, sich zusammenzutun, und jeder steuert 30 Krawatten bei. Gemeinsam haben sie also einen Warenvorrat von 60 Krawatten, die sie zu 5 Stück für 20 DM verkaufen wollen. Warum auch nicht? Ergeben nicht „3 zu 10 DM" und „2 zu 10 DM" zusammen „5 zu 20 DM"? Wenn der erste Mann seine 30 Krawatten alleine verkauft hätte, 2 Stück zu 10 DM, so hätte er 150 DM eingenommen. Der andere hätte für seinen Krawattenvorrat beim Preis von 10 DM für 3 Krawatten insgesamt 100 DM bekommen. Zusammengerechnet ergäbe das für die 60 Krawatten 250 DM. Nachdem sie aber die Krawatten gemeinsam verkauft hatten, müssen sie feststellen, daß sie nur 240 DM eingenommen haben. Wo sind die restlichen 10 DM geblieben?

Ehe Sie am Ende des Kapitels die Antworten nachschlagen, wollen wir für eine Minute zu jenem 20-Mark-Taschenrechner zurückkehren, zu einer Szene, die Ihnen vielleicht vertraut sein dürfte:
Sie entdecken in einem Laden, in dem gerade ein Ausverkauf stattfindet, ein Kleid (oder einen Anzug), das ursprünglich 240 DM kostete und nun um 40% reduziert ist. Den Preisnachlaß rechnet die Verkäuferin selbst aus. Sie nimmt dazu ihren Taschenrechner, tippt pflichtschuldigst 240 x 0,40 ein und bekommt als Resultat 96. 96 DM ist die Preisminderung. Dann zieht sie mit ihrem Rechner 96 von 240 ab und erhält den korrekten Verkaufspreis von 144 DM.
Ja und?
Hätte die Verkäuferin etwas mehr Ahnung von Prozentsätzen, dann wüßte sie, daß sich Prozente immer auf die Grundzahl 100 beziehen. In Wirklichkeit weiß sie es vermutlich, aber sie will mit diesen Begriffen nicht „herumexperimentieren" - weil es „Mathe" ist. Wenn der Nachlaß 40% auf die 100% des Preises (240 DM) beträgt, dann muß der Kunde 60% bezahlen (wenn der Verkaufspreis 30% reduziert ist, zahlt der Käufer 70%, beim halben Preis zahlt er 50%, und so weiter). Würde die Verkäuferin 240 DM mit 0,60 multiplizieren, so kämen ebenfalls 144 DM heraus. Statt zwei Rechenschritten wäre aber nur einer nötig. Und so macht sich die Verkäufe-

rin selbst das Leben schwer. Sie kann aus einem Taschenrechner nicht mehr herausholen als sie eingibt. Und dieses Mehr wäre hier die Fähigkeit, ein Problem logisch anzugehen, um das richtige Ergebnis mit möglichst wenigen Schritten zu erreichen.

Es geht hier um zwei Dinge: Die paar Sekunden, die sie bei jedem Verkauf durch das zweimalige Rechnen verliert, können sich im Laufe des Tages zu einer ganz beträchtlichen Zeitspanne addieren. Vor allem, wenn der Laden mit Sonderaktionen lockt und entsprechend mehr Kunden kommen. Und außerdem erhöht der Streß der Verkäuferin wahrscheinlich die Zahl ihrer Fehler.

Wenn Sie verstehen, wie Zahlen mit mathematischer Exaktheit funktionieren, so werden Sie damit Zeit sparen - vom kleinsten Augenblick bis hin zu langen Zeitabschnitten. Und es hilft, Entscheidungen anhand von Fakten auf Logik zu gründen, anstatt nur „über den Daumen" zu peilen. Außerdem ist unsere Verkäuferin in ihrem Job nicht so tüchtig, wie sie es eigentlich sein könnte. Wenn sie schon mit so kleinen Dingen wie der Prozentrechnung nicht geschickt umgehen kann, dann kommt sie womöglich mit größeren, wichtigeren Vorgängen auch nicht zurecht. Und diese Vorgänge mit den größeren Dimensionen und Konsequenzen sind es, die im Leben der Verkäuferin - und in Ihrem Leben - über Wohl und Wehe entscheiden.

Das reicht beispielsweise von der Überlegung, wie Sie Ihre Zeit verbringen wollen - mehr Freizeit oder mehr Geld verdienen -, bis zu der Entscheidung, ob Sie eine Stelle in einer anderen Stadt annehmen sollten.

Ein mathematischer, logischer Standpunkt hilft Ihnen, emotionslos alle möglichen sachlichen Faktoren entsprechend ihrer relativen Bedeutung in Rechnung zu ziehen und abzuwägen, noch bevor die gefühlsmäßigen Faktoren hinzutreten. Gefühl und Verstand durcheinanderzubringen ist Gift für das klare Denken. Die Mathematik hilft Ihnen dabei, beides auseinanderzuhalten.

Es gibt nichts daran auszusetzen, Gefühl mit in Entscheidungen einzubeziehen - solange Sie sich dessen bewußt sind, solange Sie wissen, daß es Gefühle und keine Tatsachen sind. Ein trainierter mathematischer Verstand wird Ihnen dabei helfen, zu entdecken, welche Tatsachen sich wirklich auf eine gegebene Situation beziehen, und welche nichts damit zu tun haben.

Übung: Errechnen Sie mit Ihrem Taschenrechner, wieviel Zeit Sie in Ihrem Leben verlieren, wenn Sie täglich fünf Minuten vergeuden. Nehmen wir dabei an, daß Sie 80 Jahre alt werden. Beginnen Sie Ihre Berechnung beim Alter von zehn Jahren.

Nehmen wir ein weiteres einfaches Beispiel. Banken und andere Institute bieten Kreditkarten an. Die Bedingungen wie Grundgebühren, Extraleistungen und die Zeiten bis zur Abbuchung vom Konto unterscheiden sich manchmal erheblich.

Übung: Wenn Sie mehrere Kreditkarten besitzen: Wissen Sie genau, welche Ihrer Karten Sie am meisten kostet, welche am wenigsten? Welche Karte Ihnen den großzügigsten Zahlungsspielraum gewährt? Finden Sie es jetzt heraus. Falls Sie nur eine Karte besitzen: Ist es die billigste, die Sie bekommen können? Falls nicht, warum nicht? Haben Sie dafür einen guten Grund?

Aus einem Widerwillen gegen den Umgang mit Zahlen heraus übersehen Sie vielleicht wertvolle Informationen. Warum sollten Sie unnötig Geld ausgeben? Wo liegt darin die Logik?
Oder vielleicht benutzen Sie Ihr mathematisches Denken, um zu einem ganz anderen Schluß zu kommen: Sie kümmern sich nicht darum. Gewiß wollen Sie nicht unnötig Geld ausgeben, aber Sie haben sich ausgerechnet, wieviel Zeit es Sie kosten würde, kleinen Beträgen hinterherzujagen. Sie haben daraus geschlossen, daß es den Aufwand nicht lohnt, daß es Sie - vielleicht wegen des Verdienstausfalls in der dafür aufzuwendenden Zeit - in Wirklichkeit Geld kosten würde, all die Löcher zu stopfen, durch die Ihr Geld sickert. Vielleicht paßt diese Art von Denken besser zu Ihren Lebensumständen. Jedenfalls hat diese Anwendung der Mathematik ebenso ihre Berechtigung wie eine exakte Kalkulation, um möglichst jeden Pfennig festzuhalten.
Tatsächlich ist dies eine der wichtigsten Feststellungen in diesem Kapitel. Sie müssen damit aufhören, Mathematik nur mit den Dingen zu verbinden, die Sie in der Schule gelernt haben. Diese längst vergangenen Aufgaben - wie viele Äpfel Susie kaufen kann, wie lange der Frosch braucht, um aus

dem Brunnen zu kommen, wenn er zwei Schritte vorwärts und einen Schritt zurück hüpft - das sind nur die elementarsten Grundlagen. Bei weitem geistreicher geht es in der höheren Mathematik zu, die in der Wissenschaft benutzt wird. Und zwar oft in Bereichen, die man normalerweise überhaupt nicht mit Mathematik in Verbindung bringt.
Ein Beispiel aus der Medizin: Bei der Diagnose geht es häufig um einen rein mathematischen Weg. Dabei spielen nicht nur Faktoren eine Rolle, die direkt quantifiziert, also gemessen, werden können, sondern auch solche, die erst noch berechnet werden müssen, ob sie nun wirklich zu messen sind oder nicht.
Manchmal mag das mathematische Denken an seine Grenzen stoßen, weil bei unserem gegenwärtigen Wissensstand auf einem bestimmten Gebiet Schlüsselbegriffe fehlen. Selbst dann muß man auf logische Schlüsse nicht verzichten, soweit dies irgendwie machbar ist. Man geht dabei von der Annahme aus, daß eine „begründete Vermutung“ immer noch weit besser ist als eine unbegründete.

BRAIN BUILDER NR. 14

SEHEN SIE DIE MATHEMATIK MIT ANDEREN AUGEN

Übung: Nehmen Sie eine einfache Rechenaufgabe - Addition, Subtraktion, Multiplikation und/oder Division - und stellen Sie diese bildlich dar.

Wenn ein Rockstar seine Gitarre in die Hand nimmt und einen Akkord anschlägt, dann denkt er wohl nicht daran, daß er seinen Sound klaren Zahlenverhältnissen verdankt, die schon von Pythagoras beschrieben wurden. Ihm als Musiker mußte aber niemand extra beibringen, daß sich hinter den Saitenwechseln und Intervallen der E-Saite oder der G-Saite ein unveränderliches logisches Muster verbirgt. Fangen Sie damit an, mathematisches Denken als logische Entwicklung aufzufassen - denn um nichts anderes handelt es sich bei der Mathematik: Sie ist ein Ausdrucksmittel für logische Folgerungen, Schlußfolgerungen also, die mit Zahlen verknüpft werden können. Dieser Grundsatz wird mit einem Bild anschaulich. Nehmen wir an, es gäbe in England eine Stadt namens Smither in der Grafschaft Splint. Eine einfache Zeichnung davon würde so aussehen:

Wenn Sie sich die Zeichnung ansehen, dann können Sie sofort sagen, daß zwar alle „Smither" „Splinter" sind, doch nicht jeder „Splinter" auch ein „Smither" ist.
Wenn wir Ihnen aber im voraus gesagt hätten, daß es sich bei dieser simplen Zeichnung um das Diagramm einer mathematischen „Menge" samt „Untermenge" handelt und daß wir daraus einen logischen Schluß ziehen, so hätten Sie wahrscheinlich Hals über Kopf das Weite gesucht. Doch die Zeichnung ist die Einfachheit selbst, völlig verständlich, und die Lösung war kurz und schmerzlos. Lassen Sie sich dieses außerordentlich wir-

kungsvolle Denkwerkzeug nicht durch den erbärmlichen Mathematikunterricht verleiden, den Sie in der Schule hatten. Es gibt kaum eine Lebenslage, in der die Mathematik nicht Ihre geistigen Kräfte steigern könnte. Versuchen wir anhand einer Reihe von Zeichnungen ein weiteres Beispiel.

Aber zuerst lassen Sie mich die Aufgabe in arithmetischen Ausdrücken darstellen. Lesen Sie einfach nur, ohne sich schon Arbeit mit der Lösung zu machen:

Sie haben voriges Jahr 52.000 DM verdient. Ein Viertel davon ging an die Steuer. Der Rest vermehrte sich dank einer überaus profitablen Kapitalanlage um ein Drittel. Aber nachdem Sie davon Ihren Freunden erzählten, überredete Sie einer dazu, ihm die Hälfte Ihres Geldes zu borgen - und er zahlte es niemals zurück. Um nicht in Depressionen zu versinken, gönnen Sie sich selbst einen dunkelblauen Mercedes, den Sie mit der Hälfte des verbliebenen Geldes anzahlen. Wieviel haben Sie jetzt?
Wenn Sie in diesem Beispiel die Matheaufgabe aus der 6. Klasse erkennen - „Wie viele Äpfel und Orangen kann Susie kaufen?“, nur auf den Stand des Erwachsenenlebens gebracht -, sie ist es. Aber wir werden sie auf eine ganz neue Art anpacken, nämlich mit einfachen Zeichnungen.

Sie haben voriges Jahr 52.000 DM verdient. Ein Viertel davon ging an die Steuer.

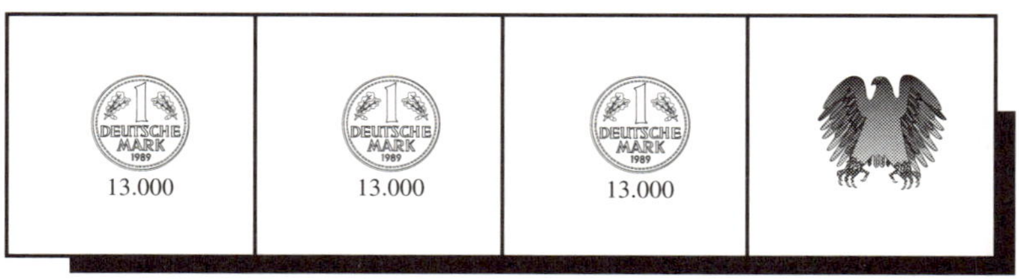

Der Rest vermehrte sich dank einer Kapitalanlage um ein Drittel.

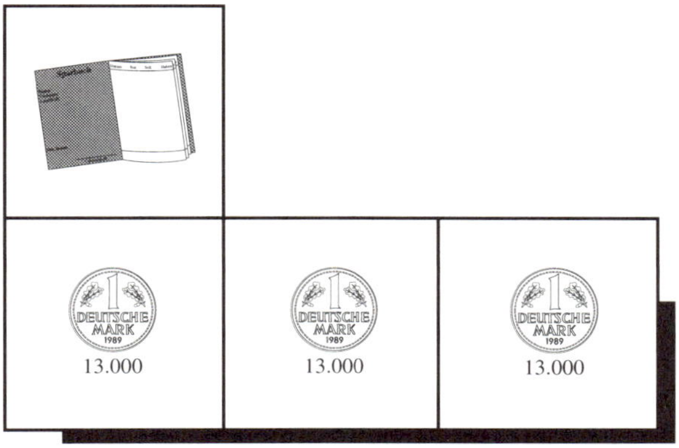

Nachdem Sie es einem Freund erzählten, borgte er sich die Hälfte Ihres Geldes, und Sie gucken in die Röhre.

Um Depressionen zu vermeiden, investierten Sie die Hälfte des Restes in den Mercedes Ihrer Träume.

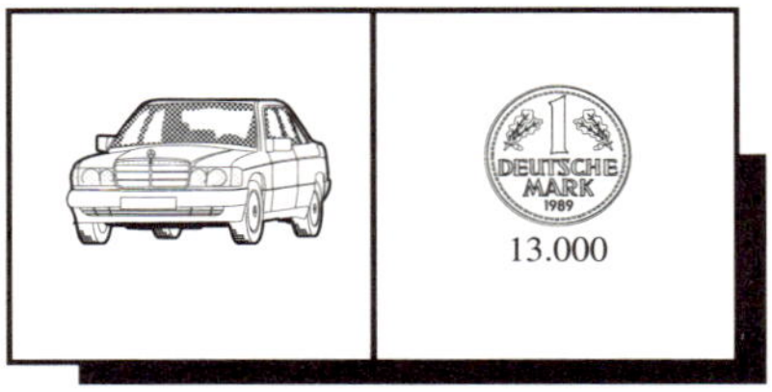

Wieviel haben Sie nun?

Übung: Versuchen Sie es mit der folgenden Aufgabe und benutzen Sie dabei die Zeichenmethode, wie ich es Ihnen oben gezeigt habe.

Aufgabe 4

Sie haben voriges Jahr 63.000 DM verdient. Ein Drittel davon ging bei der Scheidung an Ihre Ex-Frau (oder Ex-Mann), die/der Sie nur Ihres Geldes wegen geheiratet hatte. Der Rest vermehrte sich um die Hälfte, weil Sie, um mit Ihrem Geld auszukommen, Ihren Porsche verkauften. Davon liehen Sie Ihrem neuen Lebenspartner zwei Drittel. Von der verbleibenden Summe nahm der Staat nochmals zwei Drittel. Haben Sie noch Geld und/oder Verstand übrig? Wieviel? (Es kann sich nur um Geld handeln - denn Ihr Verstand war bei so einer Entwicklung offenbar von Anfang an nicht im Spiel.)

QUÄLEN SIE SICH NICHT MIT DEM PÜNKTCHEN AUF DEM *i* HERUM

Haben Sie keine Angst vor der mathematischen Logik. In anderen Lebensbereichen denken Sie subjektiv und fürchten sich weit weniger vor Fehlern. Was ist schon dabei, wenn nicht alles bis ins allerletzte Detail stimmt? Auf die Richtigkeit im großen Ganzen kommt es an, nicht auf das Pünktchen auf dem *i*. Wohl und Wehe Ihres täglichen Lebens hängen weder von hundertprozentig korrekten objektiven Entscheidungen, noch von hundertprozentig korrekten Entscheidungen der subjektiven Art ab. Mit der Mathematik sollten Sie es genauso halten. Versuchen Sie, sich in Schätzungen zu üben, bevor Sie zu Ihrem Taschenrechner oder gar zu Papier und Bleistift greifen.

Nehmen wir an, Sie wollen bei sich zu Hause einen neuen Teppichboden verlegen lassen. Sie haben mehrere Teppichfirmen angerufen und um einen Kostenvoranschlag gebeten. In neun von zehn Fällen wird ein erfahrener Teppichverleger sich kurz umsehen und Ihnen dann sagen, wieviel Quadratmeter Teppich Sie brauchen - ehe er noch seinen Zollstock aus der Tasche zieht. Und in neun von zehn Fällen wird seine Schätzung nicht weit von einer sorgfältigen Messung abweichen. Seine Erfahrung läßt ihn das „Wieviel" sehen, und er hat gelernt, seiner Fähigkeit zu vertrauen.

Mit Hilfe einiger einfacher Brain Builder können auch Sie so eine Geschicklichkeit erwerben und lernen, auf sie zu vertrauen.

BRAIN BUILDER NR. 15

LERNEN SIE, IHREN SINNEN ZU VERTRAUEN

Übung: Hören Sie sich die morgendliche Wettervorhersage nicht an, bevor Sie nicht draußen waren oder Ihren Kopf zum Fenster hinausgesteckt haben. Lassen Sie sich die Lufttemperatur von Ihrem Körper sagen. Mit anderen Worten: Schätzen Sie. Wiederholen Sie es täglich, und nach Ablauf von zwei Wochen können Sie die Temperatur schätzen wie ein Naturmensch.

Übung: Wenn Sie mit Freunden zusammen sind, versuchen Sie deren Größe und Gewicht durch einen Vergleich mit Ihren Maßen zu schätzen. Wenn Sie mutig genug sind, können Sie Ihre Freunde fragen, ob Ihre Schätzung stimmt. Aber wenn ich Sie wäre, würde ich bei den Männern ein paar Zentimeter zur Größe addieren und bei den Frauen ein paar Pfunde unter den Tisch fallen lassen.

Übung: Schätzen Sie die Zeit, bevor Sie auf die Uhr sehen.

Übung: Schätzen Sie beim Autofahren (ohne dabei auf das Armaturenbrett zu blicken), welche Entfernung Sie zurückgelegt haben.
Mit anderen Worten: Seien Sie sich jeden Augenblick bewußt, daß Zahlen das symbolische Abbild des „Wieviel?“ sind - ob es sich nun um Größe, Entfernung, Zeit oder Menge handelt.

Denken Sie daran, daß Erathosthenes, der 300 Jahre vor der christlichen Zeitrechnung geboren wurde, es schaffte, den Erdumfang, die Größe von Sonne und Mond sowie die Entfernung zu ihnen zu berechnen, ganz ohne die hochentwickelten Meßinstrumente, die erst 1500 Jahre später erfunden werden sollten - und seine Berechnungen waren nahezu richtig.

BRAIN BUILDER NR. 16

FANGEN SIE AN, NACH GEFÜHL ZU RECHNEN

Erlauben Sie mir, als Grundlage für diese Übung eine Tatsache zu nehmen, die zwar Deutschland nicht direkt betrifft. Aber auch nicht nur Amerika, sondern zum Beispiel England - und damit die Europäische Gemeinschaft. Es geht um die unterschiedlichen Meßeinheiten. Amerika und England messen Längen in „inch", „foot", „mile", Deutschland in Zentimetern, Metern, Kilometern. Immer mehr Importe, die in die USA kommen, tragen „metrische" Maße.
Deshalb rate ich meinen Landsleuten, ihr Gefühl für mathematisches Denken zu trainieren, indem sie einfach mal das eigene Maß-System vergessen und metrisch beobachten. Das Etikett an der neuen Tapete sagt zum Beispiel, daß sie 71,12 Zentimeter breit ist. Wenn man nun, anstatt auch die Zoll-Maße abzulesen, nur einen Blick auf die Tapete wirft, kann man „erfassen", wie breit 71,12 Zentimeter aussehen. Die Dinge „vergegenständlichen" sich metrisch - ohne mühsame Umrechnung. Weil durch den internationalen Handel immer häufiger beide Meßeinheiten auf Etiketten stehen, können Sie versuchen, öfter mal in „inch" und „mile" zu denken. Nicht nur Längenmaße sind unterschiedlich: Temperaturen werden in Amerika und England in „Fahrenheit" gemessen, Sie dagegen schwitzen oder frieren in „Celsius".

Übung: Besorgen Sie sich ein Thermometer mit einer Skala für Celsius und Fahrenheit (oder nehmen Sie zwei einzelne Thermometer für diese Einheiten). Verdecken Sie die Celsiusskala mit Klebeband (Amerikaner und Engländer verdecken die gewohnte Fahrenheitskala). Und schauen Sie für eine Weile nur auf die Fahrenheitskala, bis Sie völlig vertraut damit sind. Rechnen Sie nicht wirklich um! Nicht mit den Fingern, nicht auf dem Papier. Sie werden bald trotzdem ein sicheres Gefühl dafür haben, wie warm oder wie kalt es tatsächlich ist. Solche Übungen helfen Ihnen, in Zahlen zu denken (und natürlich profitieren vor allem die davon, deren Maß-System irgendwann geändert oder an ein anderes angeglichen wird).

JEDER RECHNET IN SEINER WELT: MIT MILLIONEN, FINGERN ODER LINIEN

Besuchen wir wieder unsere alten Freunde, den Kalahari-Buschmann, den Börsenmakler und die Künstlerin, und sehen wir uns jetzt einmal an, wie sie mit der Arithmetik, den Anfangsgründen der Mathematik, umgehen
Der Börsenmakler lebt offensichtlich in einer Welt, die von Zahlen beherrscht wird: 3.000 Anteile zu 220 und $^7/_8$, um ein $^1/_4$ gestiegen, um $^1/_2$ gefallen. Falls man ihm seinen Taschenrechner, seine elektrische Rechenmaschine und sein Hochleistungs-Computer-Kalkulationsprogramm wegnehmen würde, so könnte er im Prinzip immer noch arbeiten. Schließlich gab es auch schon einen Aktienmarkt, bevor der Mikrochip ein Computerterminal auf jedermanns Schreibtisch schaffte. Es gibt keine geheimnisvollen Berechnungen, keine algebraischen Formeln oder Gleichungen, die der Börsenmakler zu fürchten hätte. Papier und Bleistift sowie die guten alten Hilfsmittel Addition, Subtraktion, Multiplikation und Division stünden ihm zur Seite. Der Börsenmakler hat sich nämlich daran gewöhnt, in großen Zahlen zu denken - wenn das Marktvolumen über 185.000.000 gehandelte Aktien hinausging, so konnte er sich all diese Millionen vorstellen, weil ein Börsenmakler den Begriff der Million erfassen kann.

Ganz anders der Buschmann. Seine Welt ist so begrenzt, daß größere Zahlen bedeutungslos sind. Er handelt nicht mit Aktien, er spielt nicht Monopoly, und er braucht kein Geld. Naturvölker haben meist keine Wörter für große Zahlen - sie brauchen sie nicht. Der Kalahari-Stamm hat drei Zahlwörter: „eins“, „zwei“, „viele“. Andere Stämme benutzen „eins“, „zwei“, „drei“, „fünf“, oder „viele“, und damit sind sie für jede Eventualität gerüstet. „Fünf“ ist eine gute Zahl zum Zählen, weil es fünf Finger an jeder Hand und fünf Zehen an jedem Fuß gibt. Angenommen, der Buschmann sieht eine Herde Gnus und will seinen Stammesgenossen erzählen, wie viele es waren. Sein Auge ist schnell und geübt. Ob er es weiß oder nicht: Er kann blitzschnell addieren. Er sieht, sagen wir einmal, 18 Tiere. Diese Anzahl stellt sich ihm dar in der Zahl seiner Finger und Zehen minus zwei.

Nähme man zwei Gnus weg, so würde sein Auge diese Tatsache registrieren, ohne mit dem Zählen innezuhalten. Der Kalahari-Buschmann müßte sich darüber nicht den Kopf zerbrechen. Wie der Teppichverleger ist er mit dem, was er sieht, bestens vertraut. Wenn die Herde zu groß wäre, um sie mit seinen geistigen oder realen Fingern und Zehen zu zählen, dann könnte er Kieselsteine aufeinander häufen, einen für jedes Tier, oder er ritzt Kerben in ein Stück Holz. Beides waren tatsächlich Zählmethoden bei den alten Völkern, und sie haben der Menschheit gute Dienste geleistet.

Unsere Künstlerin ist „über Mathe erhaben", so mag sie jedenfalls meinen. Trotzdem würde sie niemals ein Gemälde für 200 DM verkaufen, wenn sie denkt, es sei 2.000 DM wert, oder es für 2.000 DM losschlagen, wenn sie der Meinung ist, sie könnte 20.000 DM dafür bekommen. Sie hat die Idee begriffen, daß Mehr sich in Zahlen fassen läßt, und das ist noch nicht alles. Ihr künstlerisch geübtes Auge erfaßt im Bruchteil einer Sekunde die räumlichen Verhältnisse zwischen Gegenständen. Sie erkennt, wo sich die Linien der Perspektive treffen und weiß, daß Parallelen sich nicht schneiden. Dies und vieles andere im Handwerk der Künstlerin gründet - ob sie es zugibt oder nicht - auf bewiesenen mathematischen Hypothesen. Die Künstlerin weiß mehr über Geometrie, als sie selbst glaubt.
Dasselbe gilt auch für Sie. Selbst wenn Sie nicht addieren oder subtrahieren, kennen Sie die Kaufkraft Ihres Gehalts. Sie wissen, wieviel davon der Staat abzieht, wieviel als Beitrag an die Krankenversicherung abgeführt wird. Sie sind mit der Höhe der Zahlungen für Ihren Wagen vertraut, mit der Hypothek auf Ihrem Haus oder mit der Wohnungsmiete, und damit, was Susies Tennisunterricht jährlich kostet. Ob Ihnen nun Ihre Verpflichtungen, die hinter diesen Zahlen stecken, passen oder nicht, die Zahlen selbst jedenfalls stellen für Sie kein Problem dar: Sie sehen sie nicht als Zahlen, weil sie für Sie nichts weiter sind als Vorstellungen, die sich in Mark und Pfennig ausdrücken.

BRAIN BUILDER NR. 17

IHRE NEUE HALTUNG GEGENÜBER ZAHLEN

Sehen Sie die Zahlen als das, wofür sie stehen. Nehmen Sie die Zahlen nicht einfach als Zahlen, sondern als wiedererkennbare Begriffe von „wieviel“ oder „wie wenig“.

Übung: Kochen Sie etwas, für das Sie viele Zutaten benötigen, aber versuchen Sie nicht, diese genau abzumessen. Benutzen Sie nicht mal einen Meßbecher. Nehmen Sie stattdessen ein unmarkiertes Glas, um die Zutaten „abzumessen“, und verlassen Sie sich auf Ihr Augenmaß.

Übung: Sehen Sie sich im Haus nach einem Problem mit mathematischen Elementen um. Lösen Sie es mit Zeichnungen, anstatt Ihren Taschenrechner zu benutzen.

BRAIN BUILDER NR. 18

AUCH MATHE-BÜCHER GEHÖREN IN IHRE BIBLIOTHEK

Übung: Ergänzen Sie Ihren geistigen „Erste-Hilfe-Kasten“ um ein gutes Buch, das die Grundzüge der Mathematik erklärt (wie *Mathematics for the Million* von Lancelot Hogben, W. W. Northon Co.) und benutzen Sie es, wie Sie auch die anderen Nachschlagewerke benutzen, die ich Ihnen empfohlen habe. Lesen Sie jede Woche fünf Minuten in diesem Buch irgendetwas, was Sie interessiert. Sie können natürlich auch länger darin lesen, aber setzen Sie sich ein wöchentliches Miniumum von fünf Minuten.

Mathematics for the Million ist eine amüsante Lektüre. Je vertrauter Sie mit Worten sind, desto eher werden Sie sie benutzen, und dasselbe gilt auch für die Mathematik. Je geläufiger Ihnen die mathematischen Begriffe werden, desto leichter können Sie diese neuerworbene Fähigkeit auf nichtmathematische Gebiete übertragen.

Warum ich Sie gebeten habe, jedesmal nur für fünf Minuten in Hogbens Buch zu lesen? Nur aus diesem Grund: Womöglich hätte Sie schon der bloße Gedanke, eine Stunde täglich oder auch nur wöchentlich in einem Mathematikbuch zu lesen so sehr abgeschreckt, daß Sie überhaupt nicht damit anfangen würden. Fünf Minuten sind aber ganz erträglich, sogar verlockend. So können Sie die Sache mit Leichtigkeit in Angriff nehmen. Und wenn Sie nach fünf Minuten nicht mehr weiterlesen wollen, dann hören Sie einfach auf, ohne deshalb ein schlechtes Gewissen haben zu müssen. Aber wiederholen Sie es in der folgenden Woche.
Diese Taktik half mir dabei, jede Woche zwei- oder dreimal ins Sportstudio zu kommen. Ich nahm mir vor, an drei ausgewählten Tagen für nur fünf Minuten hinzugehen - und wenn ich wollte, so konnte ich aufhören. Ich entdeckte, daß ich beinahe jedesmal eine ganze Weile blieb, wenn ich erst einmal dort war. Aber ich wußte immer, daß ich - wenn erst einmal fünf Minuten herum waren - jederzeit ohne schlechtes Gewissen fortgehen konnte.

BRAIN BUILDER NR. 19

LÖSEN SIE ÜBLICHE MATHEAUFGABEN AUF UNÜBLICHE ART

Wenn Dividieren die übliche, naheliegende Methode wäre, dann versuchen Sie es auch mit der Subtraktion oder irgendeiner anderen Methode, um das Ergebnis „wieviel“ zu erhalten. Auf je mehr Wegen Sie zum richtigen Ergebnis gelangen können, desto besser werden Sie das mathematische Denken verstehen. Probieren Sie es mit Addition, Subtraktion, Multiplikation, Division, Brüchen und Dezimalbrüchen.

Übung: Erinnern Sie sich an die kleine Aufgabe auf der ersten Seite des Kapitels? Was ergibt 12 geteilt durch $^1/_2$? Auf wie viele verschiedene Arten können Sie zum richtigen Ergebnis 24 kommen?

BRAIN BUILDER NR. 20

LÖSEN SIE AUFGABEN AUF IHRE ART

Nehmen Sie irgendeine einfache Mathematikaufgabe aus einem Lehr- oder einem Rätselbuch (eine Aufgabe aus der elementaren Algebra würde sich gut eignen), und arbeiten Sie sich vom letzten Satz der Aufgabe (also der Stelle unmittelbar vor der Lösung) zurück bis zum ersten Satz. Lehrbuchaufgaben sind oft so aufgebaut, daß sie durch zunehmend mehr Information langsam zur Lösung hinführen. Das mag aber vielleicht nicht ganz zu Ihrer Denkweise passen. Versuchen Sie es deshalb genau andersherum.

Übung: Falls das bei Ihnen nicht klappt, beginnen Sie mit der Lösung selbst. Verbinden Sie die Lösung mit dem letzten Satz und arbeiten Sie dann logisch rückwärts weiter. Das wird Ihnen eine Perspektive bieten, die Sie nicht bekommen, wenn Sie die Lösung auf die übliche Methode angehen. Je mehr Lösungswege Sie für eine Aufgabe finden, desto besser werden Sie sie verstehen.

KURZ-TEST

UND HIER IHR TEST ZUM ENDE DER DRITTEN WOCHE

1. Wie viele Stücke erhalten Sie, wenn Sie eine Torte durch $^{1}/_{2}$ teilen?
2. Wie viele Stücke erhalten Sie, wenn Sie 12 Stücke durch $^{1}/_{2}$ teilen?
3. Und wieviel ist 12 geteilt durch $^{1}/_{2}$?
4. Auf welche Weise nützt mathematisches Denken auch auf nichtmathematischen Gebieten?
5. Was bedeutet das Wort „Höker“?
6. Was bedeutet das Wort „Höcker“?
7. Warum sollen Amerikaner „in Metern denken“, statt im Kopf umzurechnen?
8. Warum sollen Sie „in Fahrenheit denken“, statt im Kopf umzurechnen?
9. Welches Mathematikbuch habe ich Ihnen als Lektüre empfohlen?
10. Ruinieren Sie grundsätzlich Ihre Fähigkeit, die Mathematik zu verstehen, wenn Sie einen Taschencomputer benutzen?

ANTWORTEN

1. ZWEI (FÜR IHRE DIÄT SIND SOLCHE STÜCKE DER UNTERGANG!).
2. 24.
3. 24.
4. ES STEIGERT IHRE FÄHIGKEIT ZUM LOGISCHEN DENKEN.
5. „KLEINHÄNDLER".
6. „BUCKEL".
7. UM DAS ANDERE SYSTEM ZU LERNEN. AUF DIESE WEISE HABEN SIE AUCH DAS GEGENWÄRTIGE SYSTEM ERLERNT.
8. DIESELBE ANTWORT WIE BEI NUMMER 7 - UND UM ZU „FÜHLEN", WIE ES IST.
9. *MATHEMATICS FOR THE MILLION* VON LANCELOT HOGBEN.
10. NEIN. UND DER GEBRAUCH EINER ARMBANDUHR SCHADET AUCH NICHT GRUNDSÄTZLICH IHRER FÄHIGKEIT, DIE ZEIT ZU VERSTEHEN.

LÖSUNGEN DER AUFGABEN

Aufgabe 1 (Seite 72). In der Aufgabe heißt es: „Zwei Sterne und ein Mond = 10" und „Ein Stern und zwei Monde = 8". Haben Sie die einfache Algebraaufgabe erkannt? 2x plus y = 10; 2y plus x = 8.

Welchen Wert haben x und y? Die Lösung zu dieser Rechenaufgabe:

 = 4  = 3  = 5  = 2

Aufgabe 2 (Seite 72). Sind Sie auch nach über zwei Minuten nicht auf die Lösung gekommen? Falls das so ist, dann brauchen Sie nicht nur weitere Grundlagen in Logik und Mathematik: Sie müssen außerdem lernen, die vorgegebenen Daten eines Problems zu analysieren. Die Antwort lautet natürlich: Es gibt keine „übrige" Mark. Sie haben sich dazu verleiten lassen, an die 30 DM zu denken, die das Zimmer ursprünglich kostete. Aber das hat mit der Aufgabe weiter nichts mehr zu tun. Tatsächlich sieht die Lösung so aus: Das Zimmer kostet 25 DM, die drei Männer haben 27 DM bezahlt, 2 DM über dem Preis, und diese 2 DM liegen in der Trinkgeldkasse. Wenn Ihnen das innerhalb der ersten zwei Minuten - oder überhaupt - auffiel, dann können Sie mathematische Aufgaben mit größerer Leichtigkeit lösen, als Sie glauben.

Aufgabe 3 (Seite 73). Hier gibt es keinen versteckten Trick, nur logisches Rechnen. Zwei Krawatten für 10 DM und 3 Krawatten für 10 DM addieren sich für eine Weile zu 5 Krawatten für 20 DM. Aber nur so lange, bis der Anteil jener 30 Krawatten aufgebraucht sind, die der „3 für 10 DM"-Mann einbrachte. Ab dann schlägt der Vorrat des „2 für 10 DM"-Mannes negativ zu Buche, denn er muß nun einige für 3 zu 10 DM verkaufen - also billiger, als wenn er sie auf eigene Rechnung verkauft hätte.

Aufgabe 4 (Seite 80). Die Lösung lautet: 7.000 DM

K A P I T E L

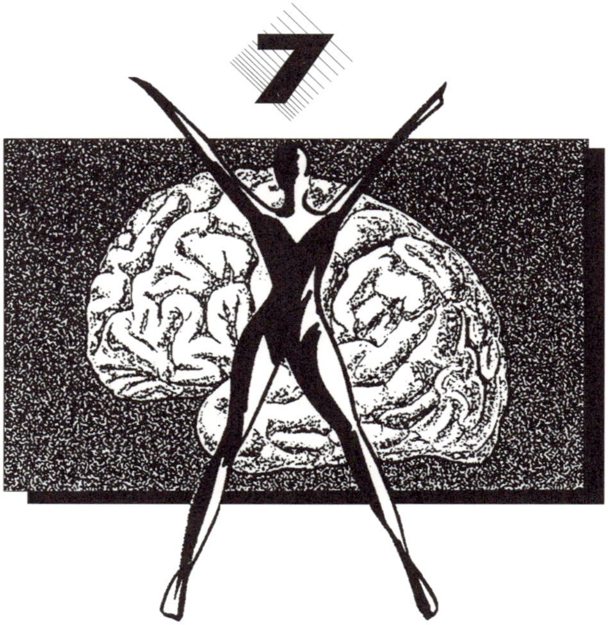

MO DI MI DO FR SA SO

VIERTE WOCHE

TRAINING DES LOGISCHEN DENKENS

Was Sie für die vierte Woche brauchen: Papier, Bleistift und einen offenen Geist.

„Das logische Denken ist ein so natürlicher und vertrauter Vorgang wie das Atmen, aber zugleich ist es eine Fähigkeit, die ein jeder, selbst wenn er kein Genie ist, unendlich vervollkommnen kann."

Max Black, *Critical Thinking*

WIESO KLAMMERN SICH DIE MENSCHEN SO VERBISSEN AN FALSCHE IDEEN?

Warum beginne ich das Logikkapitel mit der Frage nach diesem Rätsel? Weil ich hier dem unlogischen Denken auf den Grund gehen und klären will, warum so viele Leute sich trotz gegenteiliger Beweise an ihre alten Ansichten klammern.

Wird ein logisch denkender Mensch mit einem Lösungsvorschlag konfrontiert, der sich von seiner eigenen Auffassung unterscheidet, so sagt er: „Hmm. Mal sehen, ob die Schritte der anderen Lösung zu einem Ergebnis führen. Kann man's wissen?"

Der unlogische Mensch erwidert in derselben Situation: „Ich bin soundso alt, und ich kenne die Antwort seit Neunzehnhundertsowieso. Ich habe es nicht nötig, darüber noch nachzudenken, ich weiß es ja schon!" Es geht hier um eine alltägliche Lebenssituation: Man klammert sich an etwas, was man bereits kennt, anstatt seinen Geist dem frischen Wind zu öffnen.

Dieses Kapitel wird sich nicht in ein Logik-Lehrbuch verwandeln. Aber es beschreibt die logischen Methoden der Wahrheitsfindung und vermittelt Ihnen eine Vorstellung davon, wie Sie die Regeln der Logik im ganz normalen Alltag und zur Problemlösung anwenden können.

Logik gehört nicht zu den Dingen, die Sie nach der Schulzeit einfach wieder vergessen. Zumindest will ich das hoffen. Andernfalls hätten Sie große Probleme, durch den Tag zu kommen, geschweige denn, auch nur Ihre bescheidensten Ziele zu erreichen. Eine ganze Menge Irrtümer im Leben lassen sich mittels Logik ausschalten.

In seinem Buch *How We Think* zählte der Philosoph und Erzieher John Dewey Schritte auf, mit denen man zum Kern eines Problems vordringen und es schließlich lösen kann:

Der erste Schritt ist, sich des Problems überhaupt bewußt zu werden. Der zweite, es abzugrenzen, es zu zerlegen und seine Konstanten, die Tatsachen zu bestimmen. Beim dritten Schritt geht es darum, es von verschiedenen Seiten rational zu untersuchen und dabei mehrere Möglichkeiten für seine Lösung zu berücksichtigen. Und dann werden die Lösungsmöglichkeiten auf ihre Wirksamkeit überprüft.

BRAIN BUILDER NR. 21

DENKEN SIE SELBST

Übung: Lesen Sie die Aufgaben nicht nur, lösen Sie sie selbst. Hier eine Aufgabe für den Anfang: Ein Mann blickt auf ein Portrait an der Wand und sagt:

„Ich habe weder Brüder noch Schwestern, aber dieses Mannes Vater ist meines Vaters Sohn".

Vor wessen Bild steht er?

Wenn Sie auf „ein Bild von ihm selber" tippen würden: Herzlich willkommen im Club! Er hat tausende von Mitgliedern, und alle haben sie unrecht. Der Mann steht vor einem Portrait seines Sohnes.
Als ich diesen Rätsel-Klassiker in meiner Kolumne in *Parade* veröffentlichte, habe ich einfach kommentarlos die richtige Antwort hinzugefügt, ohne freilich zu ahnen, welchen Sturm der Entrüstung ich damit entfesseln würde. Ich wurde mit hunderten von Briefen überschüttet, in denen - teilweise sehr hitzig - nachdrücklich behauptet wurde, der Mann stehe vor seinem eigenen Bild. Hier zwei Proben im Originalton:

„FALSCH!!! Gerade dieses Semester nehme ich an einem Universitäts-Kurs mit dem Titel 'DENKEN' teil. Vor ein paar Wochen gab uns unser Professor dasselbe Rätsel auf. Zuerst verwirrte es mich, aber ich löste es. Außerdem ging unser Professor mit uns zusammen die Lösung durch, und sie lautet: DER MANN STEHT VOR SEINEM EIGENEN BILD!!!! Probieren Sie es mit einer Zeichnung, dann kommen Sie leichter dahinter. Ich hoffe, in Ihrer Kolumne bald eine Berichtigung zu finden."

B.K.

„Die Auflösung dieser harten Nuß heißt nicht: der Sohn des Mannes - es ist ein Bild von ihm selber! Die gleiche Frage bekam ich 1941 bei meinem

Eintrittstest für Krankenpflege vorgelegt. Bitte berichtigen Sie Ihre Lösung, bevor deshalb noch jemand bei einem Test durchfällt."

V.N., R.N

Übung: Wenn Ihre Antwort verkehrt war, lösen Sie das Rätsel nochmals! Lesen Sie nicht erst die Antwort - auf diese Weise lernt man nicht.

Und wenn Sie damit fertig sind, hier die Erklärung:

Ich nenne den Sprecher „John" und den Mann auf dem Portrait „Mr. X." Formulieren wir nun den Satz in einem Stil, der etwas geläufiger ist - ohne dabei die Bedeutung zu ändern:
John sagt: „Ich bin ein Einzelkind, und der Vater von Mr. X. ist der Sohn meines Vaters."
John könnte fortfahren: „Und wer ist der Sohn meines Vaters? Da ich keine Brüder habe, kann das nur ich sein! Dann bin ich Mr. X.'s Vater, und Mr. X. ist mein Sohn."
Wir können es auch so sagen: Wenn John ein Einzelkind ist, und wenn der Vater von Mr. X. gleichzeitig der Sohn von Johns Vater ist, dann muß Mr. X.'s Vater John sein. Und wenn Mr. X.'s Vater John ist, dann ist Mr. X. Johns Sohn.

BRAIN BUILDER NR. 22

UNTERSCHEIDEN SIE PROBLEME UND SYMPTOME

Übung: Werfen Sie einen Blick auf die folgenden alltäglichen Lebenssituationen und entscheiden Sie, welche davon ein Symptom und welche ein Problem darstellen:

1. Sie sind 40 Jahre alt und müssen ein Buch weiter von sich weghalten, um es deutlich lesen zu können.

2. Sie sind 40 Jahre alt und werden schneller müde, als Sie es gewohnt sind.
3. Sie haben zwei Kinder, und Ihr Ehemann verbringt weniger Zeit mit Ihnen, als er es früher tat.
4. Sie haben zwei Kinder und wiegen 20 Pfund mehr als vor Ihrer ersten Schwangerschaft.

Die Antworten? Nr. 1 und Nr. 3 sind Probleme, Nr. 2 und Nr. 4 sind Symptome. Und zwar deshalb:

1. Eine Veränderung der Scharfeinstellung des Auges ist zwar ein problematischer, aber normaler Bestandteil des Alterungsprozesses.
2. Mit 40 schneller müde zu werden ist nicht normal und sollte als Symptom eines anderen Problems angesehen werden.
3. Bei zwei Kindern ist es nahezu unmöglich für Ihren Ehemann, so viel Zeit wie früher mit Ihnen zu verbringen. Schon deshalb, weil vermutlich Sie weniger Zeit für ihn haben. Und wenn er sich selbst mit den Kindern beschäftigt, dann geht auch das von der Zeit ab, die Sie beide füreinander haben. Die Situation mag ein Problem darstellen, aber sie ist kein Symptom für etwas außerhalb der gegebenen Umstände.
4. Die Geburt eines Kindes erhöht nicht Ihr Gewicht, und wenn Sie jetzt zu viel wiegen, so kann es sich nur um das Symptom eines anderen Problems handeln.

BRAIN BUILDER NR. 23

GRENZEN SIE DAS PROBLEM AB, UND ANALYSIEREN SIE ES

Ein großer Teil dieser Mühe besteht darin, die Existenz des Problems überhaupt zuzugeben. Ein Grundsatz für die erfolgreiche Anwendung der Logik im Leben lautet: Entweder lernen wir es, Probleme rational statt emotional anzugehen - oder wir werden sie nicht lösen können. Ein Problem wird nicht gelöst, indem man es haßt.

Übung: Nehmen Sie die Beispiele aus Brain Builder Nr. 22 und bestimmen Sie kurz das Problem. Bei Nr. 1 und Nr. 3 hatten Sie bereits Hilfe, bei Nr. 2 und Nr. 4 sind Sie auf sich selbst gestellt.

1. Sie sind 40 Jahre alt und müssen ein Buch weiter von sich weghalten, um es deutlich lesen zu können.
2. Sie sind 40 Jahre alt und werden schneller müde, als Sie es gewohnt sind.
3. Sie haben zwei Kinder, und Ihr Ehemann verbringt weniger Zeit mit Ihnen, als er es früher tat.
4. Sie haben zwei Kinder und wiegen 20 Pfund mehr als vor Ihrer ersten Schwangerschaft.

Nun vergleichen Sie Ihre Antworten mit den folgenden:

1. Sie werden ganz einfach älter.
2. Wenn Sie nicht krank sind, dann bewegen Sie sich zu wenig. Wenn Sie sagen: „Ich bin nicht mehr so jung wie früher", dann wollen Sie das Problem nur nicht zur Kenntnis nehmen. Wenn Sie 100 Jahre alt wären, dann wäre es etwas anderes. Aber das sind Sie nicht.
3. Es gibt jetzt weniger Zeit, die Sie miteinander verbringen können. „Er achtet mich nicht mehr", wäre eine emotionale, keine rationale Reaktion. Kein Umstand in der ursprünglichen Problemstellung deutet diese Möglichkeit an.
4. Wenn Sie nicht krank sind, dann essen Sie zu viel. Zu sagen: „Die Mutterschaft verändert die weibliche Figur", bedeutet auch hier, das Problem und die Notwendigkeit seiner Lösung nicht sehen zu wollen. Die Mutterschaft mag zwar die Figur einer Frau verändern, aber mit einer Gewichtszunahme ist sie nicht zwingend verbunden.

BRAIN BUILDER NR. 24

PACKEN SIE PROBLEME VERNÜNFTIG AN

Übung: Betrachten Sie ein Problem von verschiedenen Seiten. Gehen Sie wieder die vier Beispiele durch, finden Sie für jedes einige Lösungen, notieren Sie sich diese Ideen und markieren Sie diejenigen, die Sie für brauchbar halten. Hier nochmals die Beispiele, aber jetzt bereits mit der Abgrenzung der Probleme:

1. Sie sind 40 Jahre alt und müssen ein Buch weiter von sich weghalten, um es deutlich lesen zu können. Sie werden älter.
2. Sie sind 40 Jahre alt und werden schneller müde, als Sie es gewohnt sind. Wenn Sie nicht krank sind, dann bewegen Sie sich zu wenig.
3. Sie haben zwei Kinder, und Ihr Ehemann verbringt weniger Zeit mit Ihnen, als er es früher tat. Sie haben jetzt weniger Zeit füreinander.
4. Sie haben zwei Kinder und wiegen 20 Pfund mehr als vor Ihrer ersten Schwangerschaft. Wenn Sie nicht krank sind, dann essen Sie zu viel.

Vergleichen Sie Ihre Lösungen mit den folgenden:

1. A. Lesen Sie weniger.
   B. Gewöhnen Sie sich daran, Bücher weiter weg zu halten.
   C. Besorgen Sie sich eine Brille.
2. A. Richten Sie es so ein, daß Sie möglichst viele Ihrer Tätigkeiten im Sitzen verrichten können.
   B. Meiden Sie alle anstrengenden körperlichen Aktivitäten.
   C. Beginnen Sie mit einem Trainingsprogramm.
3. A. Sehen Sie sich anderweitig nach Gesellschaft um.
   B. Verbringen Sie mehr Zeit mit Ihren Kindern.
   C. Nehmen Sie öfter einen Babysitter für die Kinder.
4. A. Schauen Sie nicht so oft in den Spiegel.
   B. Kaufen Sie sich Ihre Kleider eine Nummer größer.
   C. Machen Sie eine Schlankheitskur.

BRAIN BUILDER NR. 25

DIE LÖSUNGEN UND IHRE WIRKSAMKEIT

Die Lösungen im Brain Builder Nr. 24 sind nach ihrer Wirksamkeit sortiert.

Gruppe A: Lesen Sie weniger; richten Sie es so ein, daß Sie möglichst viele Ihrer Tätigkeiten im Sitzen verrichten können; sehen Sie sich woanders nach Gesellschaft um; sehen Sie nicht so oft in den Spiegel - sind alle auf ihre Art eine Lösung, aber sie sind nur ein kurzfristiger Ersatz, und sie werden das Problem mit der Zeit nicht lösen, eher verschlimmern.

Gruppe B: Gewöhnen Sie sich daran, Bücher weiter weg zu halten; meiden Sie alle anstrengenden körperlichen Aktivitäten; verbringen Sie eben mehr Zeit mit Ihren Kindern; kaufen Sie sich Ihre Kleider eine Nummer größer - sind wahrscheinlich die Lösungen, für die sich im wirklichen Leben die meisten Menschen entscheiden. Der Hauptgrund für dieses Verhalten dürfte darin liegen, daß man sich bei diesen Lösungen ganz gut mit dem Status quo arrangiert.

Gruppe C: Besorgen Sie sich eine Brille; beginnen Sie mit einem Trainingsprogramm; nehmen Sie öfter einen Babysitter für die Kinder; machen Sie eine Schlankheitskur - sind die wirksamsten Lösungen, da sie einen dauerhaften Wandel zum Besseren herbeiführen.

Übung: Ordnen Sie Ihre eigenen Lösungen entsprechend dieser Gruppen nach ihrer Wirksamkeit.

Dabei ist es weniger wichtig, wie stichhaltig Ihre Lösungen sind. Vielmehr kommt es darauf an, in welcher Gruppe - A, B oder C - sich die meisten Ihrer Ideen häufen. Neigen Sie zu Lösungen, die eine Lage eher verschlechtern? Zu solchen, die alles beim alten lassen? Oder zu denen, die eine Verbesserung einleiten?

DIE LOGISCHE LÖSUNG VERBESSERT DIE UMSTÄNDE

Kein Tag, an dem Sie die Logik nicht brauchen werden. Je logischer Sie vorgehen, desto weniger drückend werden die Probleme, desto schneller und müheloser gelingt eine Lösung. Was Sie über das mathematische Denken gelernt haben, kann man leicht auf das logische Denken übertragen. Beides funktioniert in derselben Weise.

BRAIN BUILDER NR. 26

LESEN SIE STATISTIKEN KRITISCH

Bei Statistiken handelt es sich um die Umsetzung von Zahlen in Begriffe. Sehen Sie sich zum Beispiel die folgenden Ergebnisse einer - fiktiven - Erhebung über die Einstellung des Durchschnittsbürgers gegenüber der Haushaltspolitik der Regierung an:

Übung: Können Sie diese Statistik auch anders aufschlüsseln?
- 15% der Befragten antworteten, sie würden der Haushaltspolitik entschieden zustimmen.
- 2O% der Befragten antworteten, sie würden der Haushaltspolitik zustimmen.
- 30% der Befragten antworteten, sie hätten dazu keine Meinung.
- 20% der Befragten antworteten, sie würden die Haushaltspolitik der Regierung ablehnen.
- 15% der Befragten antworteten, sie würden die Haushaltspolitik entschieden ablehnen.

Mathematisch gesehen sind die Meinungen gleichmäßig verteilt, es überwiegen weder Zustimmung noch Ablehnung. Man könnte also sagen, daß die Befragten gegenüber der Haushaltspolitik der Regierung insgesamt eine neutrale Position einnehmen.

Aber man könnte aus dieser Statistik auch die folgende Behauptung herausziehen:
„65% der Befragten antworteten, sie stimmten der Haushaltspolitik nicht zu.“ Hierbei hätte man 15% entschiedene Mißbilligung, 20% Mißbilligung und die 30% ohne Meinung zusammengezählt - letztere sagten ja tatsächlich nicht, daß sie der Haushaltspolitik zustimmen würden.
Das ist nicht nur ein ausgezeichnetes Beispiel für Fehler in der Logik - es ist auch die Art, in der mit solchen Umfragen und mit statistischen Untersuchungen überhaupt umgegangen wird. Immer wieder wurde bewiesen, daß man mit Statistiken lügen kann. Es hängt nur davon ab, wie man addiert, subtrahiert, multipliziert oder dividiert.
Wenn Sie sich das nächste Mal statistische Zahlen ansehen, dann probieren Sie aus, auf wie viele verschiedene Arten Sie das Zahlen-Material interpretieren können. Der beste Weg, es richtig zu machen, ist oft, Fehler zu erkennen und aus ihnen zu lernen.
Ein starker mathematischer Verstand kommt Ihnen auf praktisch allen Gebieten zugute, wenn Sie eine Analyse brauchen. Der Schlüssel zur Problemlösung liegt in der Analyse des Problems sowie in der Trennung von Tatsache und Irrtum. Und Sie müssen über Mathematik nichts wissen, um einen mathematischen Verstand zu haben.

BRAIN BUILDER NR. 27

GEHEN SIE MIT DER LOGIK GENAUSO UM WIE MIT DER MATHEMATIK

Wenn Sie mit einem Problem konfrontiert sind, das Logik verlangt, dann behandeln Sie es so wie die Mathematikaufgabe im Brain Builder Nr. 19: Ordnen Sie es neu, suchen Sie einen neuen Ansatzpunkt. Denken Sie mathematisch, das ist der Schlüssel zur logischen Lösung von Problemen.
Im Brain Builder Nr. 14 haben Sie geübt, die Mathematik logisch aufzufassen. Jetzt sollen Sie die Logik mathematisch begreifen. Denn zwischen

den beiden Gebieten besteht eine vollkommene Wechselbeziehung. Die Klarheit des Denkens kann aus der Klarheit der Zahlen abgeleitet werden, und wenn Sie statt an „30 Orangen“ eher an „eine Kiste Orangen“ denken, dann nehmen dabei lediglich Begriffe den Platz von Mengen ein.
Wenn Sie im täglichen Leben mit einem Problem konfrontiert werden, das logische oder mathematische Elemente enthält, dann bringen Sie seine Faktoren in eine logische Reihenfolge.
Dafür gibt es viele Methoden. Also finden Sie die, mit der Sie am besten zurechtkommen. Vielleicht versuchen Sie es zuerst mit einer chronologischen Ordnung. Und wenn sich das Problem dafür nicht eignen sollte, dann ordnen Sie einfach seine einzelnen Elemente in der Reihenfolge vom Allgemeinen zum Besonderen hin. Oft hilft das, weil Probleme üblicherweise auf diese Art entstehen.

BRAIN BUILDER NR. 28

NEHMEN SIE DIE LOGIK LEICHT: SIE IST ES

Denken Sie über den Umgang mit der Logik nicht so, wie Sie früher einmal über die Mathematik dachten: nämlich als eine schwierige Sache, die man erst erlernen muß. Gehen Sie stattdessen von Anfang an „persönlicher“ damit um, wenden Sie sie im Alltag an. Ihre gefühlsmäßige Einstellung gegenüber der Logik sollte sich genauso verändern wie die gegenüber der Mathematik.
Werfen wir einen Blick auf die sogenannte „moderne deduktive Logik“, die auf vielen Gebieten Ihres Alltags eine Rolle spielt. Die deduktive Logik - manchmal wird sie auch als „symbolische Logik“ oder (halten Sie sich fest!) „mathematische Logik“ bezeichnet - handelt von den Bemühungen, Beweise für eine Schlußfolgerung zu erbringen. Diese Art der Logik führt vom Allgemeinen zum Besonderen und legt ihre Beweisgründe in der Form von Behauptungen vor („Prämissen“), die zwingend zum richtigen Schluß führen müssen.

Hier ist ein Beispiel für die einfachste Form einer logischen Deduktion:

Prämisse: Alle lebenden, gesunden und normalen menschlichen Wesen atmen durch ihre Nase.
Prämisse: Dorothy atmet nicht durch ihre Nase.
Schluß: Dorothy ist ein totes menschliches Wesen, ein krankes oder verletztes menschliches Wesen, ein abnormales menschliches Wesen, oder sie ist überhaupt kein menschliches Wesen (vielleicht ist sie ein Goldfisch?).

Zugegeben: Das ist ein ziemlich primitives Beispiel, weil wir immer noch nicht wissen, wer oder was Dorothy ist. Sollen wir ihre Verletzungen heilen, sollen wir sie begraben, oder sollen wir sie mit Ameiseneiern füttern? Außerdem kann die erste Prämisse, daß alle menschlichen Wesen durch die Nase atmen, wahr oder falsch sein. Aber wenn sie wahr ist, und wenn die zweite Prämisse wahr ist, dann ist auch der Schluß wahr (obwohl wir mehr Daten benötigen, um das Wesen von Dorothy zu bestimmen). „Der Beweis ist gültig" - wie es Logiker ausdrücken.

Übung: Stellen Sie sich vor, Sie stehen in einer langen Schlange vor einem Kino, um einen sehr populären, gerade neu angelaufenen Film zu sehen. Es ist zehn Uhr abends, kalt und stürmisch. Im Kino ist die vorige Vorstellung noch nicht zu Ende, und die nächste beginnt erst um 23.15 Uhr. Das Warten scheint schier endlos. Kann Sie ein „logischer Beweis" dazu bringen, aus der Reihe zu treten und einen Kaffee zu trinken oder in Ihre schöne, warme Wohnung zurückzukehren?

Hier ein Beispiel für die logische Auflösung dieses Problems:

Prämisse: Im Gegensatz zu einer Theatervorstellung ist beim Film eine Aufführung wie die andere.
Prämisse: Dieser Film wird auch künftig noch oft laufen, und dann werden Sie ihn ohne Mühe sehen können. Eine andere Vorstellung dieses Films ist ebenso gut wie diese eine.
Prämisse: Jeder, der ohne guten Grund Kälte und Enttäuschung auf sich nimmt, sollte sein Gehirn schleunigst zum Kundendienst bringen.

Schluß: Jeder, der ungeduldig in der Kälte ausharrt, nur um denselben Film zu sehen, den er auch zu einer weit besseren Zeit sehen könnte (wenn es angenehmer ist, Karten zu kaufen, oder wenn sich der Ansturm gelegt hat), sollte sein Gehirn schleunigst zum Kundendienst bringen.

Der Vorteil: Logik kann man bei allen Arten von Fragestellungen einsetzen. Sie wird überall gleich gut funktionieren. Wenn die Prämissen genügend Daten enthalten, dann werden Ihre Schlüsse gültig sein.
Nicht nur die Detektive in Kriminalstücken, auch Computer arbeiten mit deduktiver Logik - „wenn das und das wahr ist, dann muß dieses der Schluß sein."

BRAIN BUILDER NR. 29

SETZEN SIE NIE EINE PRÄMISSE ALS ERWIESEN VORAUS

Wenn Sie mit einem logischen Problem Schwierigkeiten haben, dann prüfen Sie, ob Sie irgendetwas als allzu selbstverständlich vorausgesetzt haben. Nicht nur bei theoretischen Logikaufgaben, auch im täglichen Leben kann die kritiklose Übernahme von Prämissen Sie auf Abwege führen. Wenn Sie es schaffen, damit aufzuhören, können Sie sowohl privat als auch beruflich nur gewinnen.

Übung: Wenn alle Männer namens Ernst sich nur mit Frauen verabreden, die Ernestine heißen, und ein Mann mit dem Namen Edwin eine Party organisiert hat, zu der er drei Männer namens Edwin eingeladen hat, dazu vier Frauen mit dem Namen Edwina, einen Mann, der Ernst heißt, und zwei Frauen mit dem Namen Ernestine - und wenn jede Frau, die Ernestine heißt, einem Mann begegnet, der sie hinterher zum Dinner ausführt, wie heißen die Leute beim Dinner, wenn wir annehmen, daß einer von ihnen Ernst ist?

Haben Sie Schwierigkeiten mit der Lösung? Wenn ja, dann gehen Sie die Aufgabe nochmals durch, um festzustellen, ob Sie irgendetwas ungeprüft vorausgesetzt haben.

Hier ist die Antwort: Die Teilnehmer des Dinners heißen Ernst, Ernestine, Edwin und Ernestine. Ich sagte nicht, daß Frauen mit dem Namen Ernestine sich nur mit Männern namens Ernst verabreden und ich sagte auch nicht, daß die Edwins sich nur mit den Edwinas treffen.
Und wer nun jedoch behauptet, daß Ernst sich zum Dinner mit beiden Ernestines verabredet, der zeigt damit eine Neigung zur Spitzfindigkeit. Vor allem für kluge Leute liegt darin eine echte Schwierigkeit: Sie werden manchmal derart von übergenauen Auslegungen beherrscht, daß sie das Problem im ganzen aus den Augen verlieren. Lehrer bezeichnen das oft als „sich zu sehr in die Frage hineinlesen".

LOGIK GIBT'S IN ZWEIERLEI AUSFÜHRUNG

Manchmal werden statt der Ausdrücke „deduktive Logik" und „induktive Logik" die lateinischen Bezeichnungen „a priori" und „a posteriori" gebraucht - es sind zwei Arten der Erkenntnis.
Das lateinische a priori heißt wörtlich übersetzt „aus dem, was vorher kommt". Es bezieht sich auf bereits erworbenes Wissen, auf Tatsachen, die wir aus früheren Erkenntnissen voraussetzen können. Beispiele: Katzen miauen, Hunde bellen. 2 und 2 ergibt nicht 5, sondern 4. Eine a priori-Erkenntnis (ein anderer Name dafür ist „deduktives" Denken) gründet auf einer Reihe von Annahmen, die wir bereits als wahr akzeptiert haben.
A posteriori heißt übersetzt soviel wie „aus dem, was danach kommt". Bei dieser Form der „induktiven" Schlußfolgerung müssen wir zuerst empirische Daten sammeln, aus denen wir dann auf das Allgemeine schließen können. Zum Beispiel: Jedes Mal, wenn ich durch diese Türe gegangen bin, habe ich mir den Kopf gestoßen. Offensichtlich bin ich zu groß. Ich kann durch diese Türe nur gehen, wenn ich mich bücke.

BRAIN BUILDER NR. 30

SUCHEN SIE EINEN ANDEREN ZUGANG ZUR LOGIK

Wenn Sie mit einem logischen Problem Schwierigkeiten haben, ob in der Schule, im Beruf oder zu Hause, dann versuchen Sie es mit einem anderen Zugang: Zeichnen Sie.

Übung: Lösen Sie mit einfachen Zeichnungen die folgende Frage: Welchen Fahrer trifft es bei einem Zusammenstoß härter? Den, der mit seinem Wagen frontal bei Tempo 50 km/h auf ein anderes, gleichschnelles Fahrzeug prallt? Oder den, der mit 50 km/h gegen eine Steinmauer fährt?
Hier sind zwei Bilder, mit deren Hilfe man die Frage lösen kann.

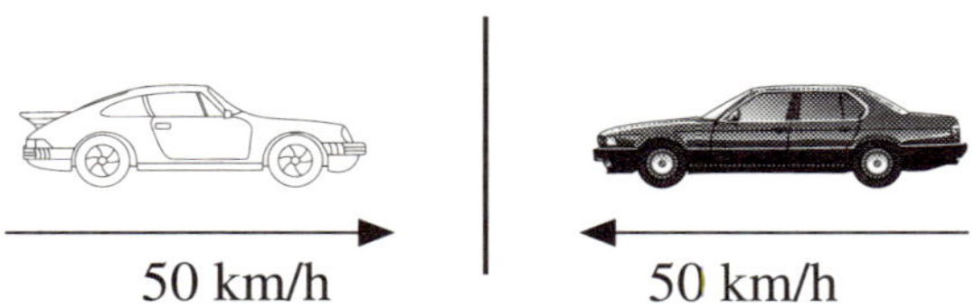

Als Fahrer des dunklen Wagens würden Sie sich den 100 km/h-Zusammenstoß mit dem hellen Wagen „teilen". Auf jeden entfielen also 50 km/h.

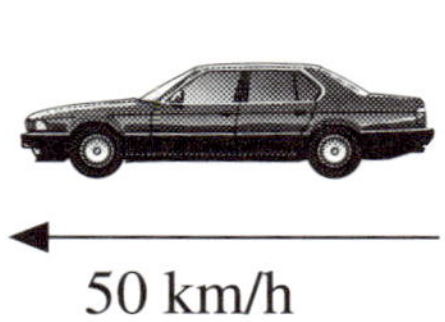

Wenn Sie mit dem dunklen Wagen gegen eine unnachgiebige Wand prallen, dann würden Sie die 50 km/h für sich alleine „behalten".
In beiden Fällen wäre also die Härte des Aufpralls ungefähr gleich.
Es dauert ein wenig länger, alles aufzuzeichnen oder zu schreiben. Aber man arbeitet viel müheloser mit Begriffen, die man schwarz auf weiß vor sich hat. Man muß sich dafür nicht schämen. Die meisten von uns nutzen diese Art Hilfestellung, wenn sie damit beginnen, ihren Verstand zu trai-

nieren - schließlich hatten wir auch Hilfe nötig, als wir lernten, mit unserem Körper umzugehen. Später können Sie, wenn Sie wollen, alles im Kopf lösen, aber das wird selten nötig sein. Die richtige Antwort auf ein Problem im Leben ist viel zu wichtig, als daß Sie es sich leisten sollten, andere mit reiner Kopfakrobatik zu beeindrucken. Ärzte tragen ihre medizinische Handbibliothek auch nicht im Kopf spazieren, und das ist gut so. Wenn ein Arzt eine schwierige Diagnose lediglich auf sein übervolles Gedächtnis stützt, ohne dabei auf andere Quellen zurückzugreifen, dann sollte uns das nicht imponieren. Das ist ein Grund, schleunigst das Weite zu suchen.
Und auch von uns selbst sollten wir diese Art „Sofortgutachten" nicht erwarten. Bis jetzt habe ich in diesem Buch an mehreren Stellen betont, wie wichtig es ist, etwas nicht aufzuschreiben: Schreiben Sie keine Wortbedeutungen auf. Schätzen Sie, aber rechnen Sie nicht auf dem Papier Fahrenheit in Celsius um usw. Das waren Übungen zur Stärkung Ihrer Geisteskraft, Übungen zur Entwicklung eines objektiven, unabhängigen Denkens. Aber wenn es ans Lösen von Problemen geht, dann greift ein intelligenter Mensch zu jeder Waffe, die ihm zu Gebote steht: Einsicht, Intuition, logisches Denken, Erfahrung - und Papier und Bleistift.

BRAIN BUILDER NR. 31

BESCHAFFEN SIE SICH GENUG INFORMATIONEN

Man kann selbst nur schwer erkennen, ob man nun alle verfügbaren Informationen hat oder nicht. Und selbst wenn man weiß, daß man sie nicht hat, dann fehlen vielleicht die Mittel, an sie heranzukommen. Aber eine Entscheidung muß man trotzdem treffen. Würde jeder warten, bis er alle Informationen beisammen hätte, ehe er handelt, dann gäbe es zwar weit weniger Fehler, aber andererseits brächten wir dann überhaupt nichts mehr zustande. Das erklärt viele wissenschaftliche Irrtümer. In der Teilchenphysik beispielsweise fehlen zu den wichtigsten Schlußfolgerungen Infor-

mationen, die man nur durch Geräte gewinnen könnte, die überhaupt noch nicht erfunden sind.
Aber für uns alle ist es natürlich ein Vorteil, vor einer Entscheidung so viele Informationen wie irgend möglich zu sammeln. Zumindest sollte die Informationsmenge der Bedeutung der Entscheidung angemessen sein. Und wenn es ratsam ist, eine Entscheidung so lange aufzuschieben, bis Sie genug Fakten zu deren Begründung in Händen halten, dann tun Sie es - ohne Zögern und ohne Scham.

Übung: Wenn alle Hunde ein blaues Fell haben und alle Katzen ein gelbes Fell, wie nennen Sie dann ein Geschöpf mit grünem Fell?
Okay, eine Mischung aus blauer und gelber Farbe ergibt grüne Farbe. Aber es geht hier nicht darum, den Hund und die Katze auf eine Leinwand zu pinseln. Von den Informationen in dieser Aufgabe ausgehend wäre es nur klug, dem Geschöpf überhaupt keinen Namen zu geben - auch nicht „Kund" oder „Hatze". Lassen Sie sich nicht dazu verleiten, aufgrund unzureichender Beweisgründe ein Urteil zu fällen. Unglücklicherweise produzieren täglich viele von uns solche Ruckzuck-Urteile, und dann klammern wir uns daran fest. Denn wir hassen es zutiefst, unrecht zu haben.

BRAIN BUILDER NR. 32

LASSEN SIE SICH DOCH VON PRÄMISSEN LEITEN

Vergessen Sie nicht: Der Schluß muß einzig und allein logisch aus seinen Prämissen folgen. Ob die Prämissen wahr sind oder nicht.
Aber welchen Sinn sollte es machen, einen Schluß aus falschen Prämissen zu ziehen? Diesen: Man kann damit einen anderen Blickwinkel gewinnen. So wie hier: „Ich bin Sergeant bei der Marine-Infanterie, und ich führe meine Männer einen Hügel hinauf, aber *wenn* ich der Anführer der gegnerischen Truppen wäre, und *wenn* ich einige Männer in dem Gehölz dort verstecken würde, könnte ich *dann* die Marines auf dem Hügel angreifen?"

Übung: Wenn Diamanten kein Glas ritzen, Glas aber Glas ritzt, und wenn der Stein in Ihrem Verlobungsring kein Glas ritzt - welche der folgenden Behauptungen über Ihren Stein ist dann auf jeden Fall wahr?

A) Es ist ein Diamant.
B) Es ist kein Diamant.
C) Es ist Glas.
D) Es ist kein Glas.
E) Es ist weder ein Diamant noch Glas.

Richtig ist D. Hier ist die Erklärung:

A) Daß der Stein in Ihrem Verlobungsring kein Glas ritzt, macht ihn noch lange nicht zum Diamanten. Es könnte irgend etwas anderes sein, das kein Glas ritzt.
B) Wenn Ihr Stein kein Glas ritzt, dann besteht die Möglichkeit, daß er ein Diamant ist.
C) Ihr Stein kann kein Glas sein, weil er kein Glas ritzt: Glas ritzt Glas.
D) Laut C MUSS DAS DIE LÖSUNG SEIN.
E) Laut B kann ein Diamant nicht ausgeschlossen werden, aber wir brauchen mehr Information für die Schlußfolgerung, daß es wirklich ein Diamant ist.

Hier gleich noch eine Übung - vorausgesetzt, die vorherige hat Sie noch nicht um den Verstand gebracht:

Übung: Wenn Diamanten Glas nicht ritzen, Glas aber Glas ritzt, welche der folgenden Behauptungen *könnte* wahr sein, wenn Ihr neuer Verlobungsring Glas nicht ritzt?

A) Es ist ein Diamant.
B) Es ist kein Diamant.
C) Es ist Glas.
D) Es ist kein Glas.
E) Es ist weder Glas noch Diamant.

Die Antwort lautet: A, B, D und E könnten wahr sein, und zwar deshalb:

A) Wenn Ihr Ring kein Glas ritzt, und ein Diamant tut es auch nicht, dann könnte es ein Diamant sein.
B) Ihr Ring könnte irgendetwas anderes als ein Diamant sein, das ebenfalls kein Glas ritzt.
C) IHR RING KANN KEIN GLAS SEIN, DENN GLAS RITZT GLAS, UND IHR RING RITZT KEIN GLAS.
D) Laut C muß dies wahr sein.
E) Laut B und C könnte auch dies stimmen.

BRAIN BUILDER NR. 33

WENDEN SIE DIE LOGIK IM ALLTAG AN

Je mehr Sie üben, desto leichter fällt es Ihnen. Fragen Sie sich: „Wenn dies wahr ist, und wenn das stimmt, ist dann meine Konsequenz ein logischer Schluß daraus?“

Übung: Lassen Sie das nächste Mal im Restaurant alles auf Ihrem Teller liegen, was Ihnen nach den ersten Bissen nicht schmeckt (vorausgesetzt, Sie leiden nicht gerade an Heißhunger oder Untergewicht). Legen Sie Messer und Gabel auf den Teller, damit der Kellner sieht, daß Sie fertig sind. Wenn Sie schon Geld für dieses Essen ausgegeben haben, und wenn es kein Genuß für Sie ist: Ist es dann logisch, daß Sie wertwolle Kalorien mit etwas zu sich nehmen, das Sie nicht mögen? Diese Kalorien können Sie sich entweder ganz sparen oder Sie essen dafür zu Hause Ihre Lieblingsspeise. Und falls der Kellner Sie fragt, ob etwas nicht stimme, dann antworten Sie ihm ruhig und sachlich: „Ja, es hat mir nicht geschmeckt.“ Sie werden überrascht sein, wie bereitwillig er Ihnen etwas anderes bringen wird, das Ihnen mehr zusagt - ohne zusätzliche Berechnung.

KURZ-TEST

EIN TEST FÜR IHRE LOGIK

1. WIE HEISSEN DIE BEIDEN ERWÄHNTEN METHODEN DES LOGISCHEN SCHLUSSFOLGERNS?
2. WIE HEISSEN DIE BEIDEN ENTSPRECHENDEN ARTEN DER ERKENNTNIS?
3. WAS IST EIN WICHTIGER SCHRITT, UM EIN PROBLEM ABZUGRENZEN UND ZU ZERLEGEN?
4. WARUM SOLLTE EINE LOGISCHE LÖSUNG DIE DINGE VERBESSERN?
5. WORIN UNTERSCHEIDEN SICH MATHEMATISCHES UND LOGISCHES DENKEN?
6. KANN MAN MIT STATISTIKEN LÜGEN?
7. KENNEN SIE ZWEI WEITERE BEZEICHNUNGEN FÜR DIE DEDUKTIVE LOGIK?
8. EINE TOURISTIN IST UNTERWEGS NACH DELHI. AN EINER ABZWEIGUNG WEISS SIE NICHT, WELCHEN WEG SIE NEHMEN SOLL. DA KOMMEN ZWEI MÄNNER HINZU. DER EINE SAGT NIEMALS DIE WAHRHEIT, UND DER ANDERE KANN NICHT LÜGEN. DAS WEISS DIE TOURISTIN. SIE WEISS ABER NICHT, WER WELCHER IST. WIE KANN SIE MIT EINER EINZIGEN FRAGE DEN RICHTIGEN WEG NACH DELHI ERFAHREN?
9. EIN KLASSIKER: EIN BAUER HAT 17 PFERDE UND WILL SIE UNTER DREI FREUNDEN AUFTEILEN. WIE SCHAFFT ER DAS, WENN ER DEM EINEN $^1/_2$, DEM ZWEITEN $^1/_3$ UND DEM DRITTEN $^1/_9$ DER 17 PFERDE GEBEN WILL?

ANTWORTEN

1. Deduktion und Induktion.
2. A priori und a posteriori.
3. Zugeben, dass es existiert.
4. Wenn nicht, dann wäre es doch keine Lösung, oder?
5. Die erstere verwendet normalerweise Zahlen, die letztere nicht.
6. Ja.
7. Symbolische Logik und mathematische Logik.
8. Die Touristin sollte auf den einen Mann zeigen, während sie den zweiten fragt: „Was, würde er sagen, ist der richtige Weg nach Dehli?“ Ist sie an den Ehrlichen geraten, so würde er auf den falschen Weg zeigen - er weiss ja, dass der Lügner nie die Wahrheit sagt. Und war es der Lügner, so würde auch er ihr den falschen Weg weisen, weil er die Aussage des Ehrlichen als Lüge bezeichnen würde. Egal wen sie fragt, unsere Touristin kennt nun den falschen Weg. Sie weiss jetzt, dass sie auf der anderen Strasse nach Delhi kommt.
9. Der Bauer leiht sich ein Pferd von einem Nachbarn und hat nun insgesamt 18 Pferde. Der erste Freund bekommt $^1/_2$, also 9 Pferde. Der Zweite bekommt $^1/_3$, also 6 Pferde. Der dritte Freund bekommt $^1/_9$, also 2 Pferde. Daraufhin gibt der Bauer das übrige Pferd seinem Nachbarn zurück. Doch halt! Ist Ihnen aufgefallen, dass mit der Frage und der Antwort etwas nicht stimmt? Gut gemacht.
   Die Frage und die Lösung waren jahrelang im Umlauf, aber der Fehler steckt in der Aufgabe selbst:

Man kann nicht irgendetwas verschenken, indem man es in $^{1}/_{2}$, $^{1}/_{3}$ und $^{1}/_{9}$ aufteilt - zusammen ergibt das nämlich nur $^{17}/_{18}$ des Ganzen. Und ebenso steckt ein Fehler in der Antwort. Wenn man in die Rechnung etwas Zusätzliches mit hinein nimmt, dann bekommen die Freunde mehr, als ihnen der Bauer ursprünglich geben wollte. Von seinen 17 Pferden sollte der erste Freund ($^{1}/_{2}$) 8 $^{1}/_{2}$ Pferde bekommen, der zweite ($^{1}/_{3}$) 5 $^{2}/_{3}$ Pferde, und der Dritte ($^{1}/_{9}$) hätte 1 $^{8}/_{9}$ Pferde bekommen sollen. Dem Bauern wären sogar noch $^{17}/_{18}$ Pferde geblieben. Die Lösung mit dem geliehenen Pferd gibt den Freunden mehr, als ihnen zusteht. Und dem Bauern bleibt gar nichts. Trotzdem glaube ich, dass mit dieser Lösung alle glücklicher werden - vor allem die Pferde. Manchmal besteht die Logik gerade darin, im richtigen Augenblick „fünf gerade sein zu lassen“. Und allein die Anwesenheit von Zahlen macht die Aufgabe nicht zu einem rein mathematischen Problem - ebenso, wie die Anwesenheit von Pferden sie nicht zu einem rein zoologischen Problem macht.

K A P I T E L

8

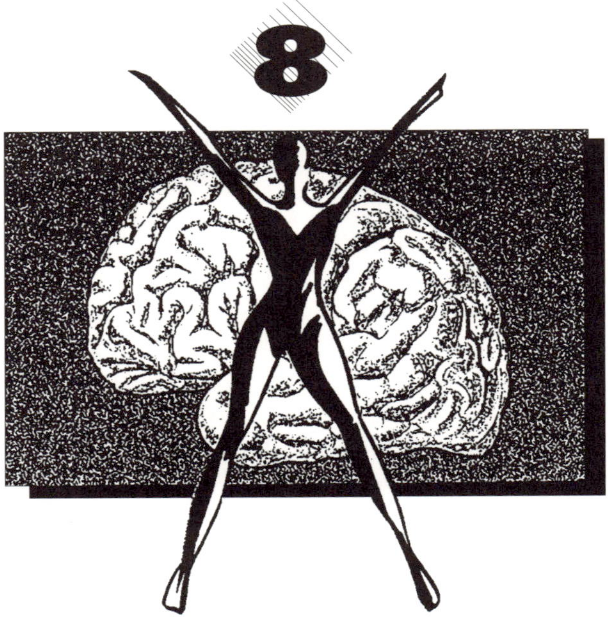

MO DI MI DO FR SA SO

FÜNFTE WOCHE

TRAINING VON EINSICHT UND INTUITION

Was Sie für die fünfte Woche brauchen: Ihr Wörterbuch, einige Rätsel-Sammlungen, die auch einfache Aufgaben mit Buchstaben- und Zahlencodes enthalten, einen Detektivroman, den Sie noch nicht kennen. Auch den Thesaurus können Sie jetzt gut gebrauchen.

„Heureka!“ Archimedes

Stellen Sie sich vor: Wir sehen uns einen „Road Runner"-Zeichentrickfilm an. Der Vogel, der einfach nicht einzufangen ist, rast unten durch den Canyon, während Willy Kojote ihn mit knurrendem Magen von einer Klippe herab beobachtet.
Plötzlich sehen wir über dem Kopf des bedauerlichen Willy eine Glühbirne aufleuchten. Wir als Zuschauer wissen schon im voraus, daß Willy bald wieder eine große Schachtel von der Acme Company erhalten wird: mit Utensilien für einen weiteren - zum Scheitern verurteilten - Versuch, den Road Runner zu fangen. Diesmal hat Willy Vogelfutter bestellt, das mit Eisenfeilspänen gemischt ist, dazu einen riesigen Magneten. Er schüttet das Futter auf den Weg, stellt ein Schild mit dem Hinweis „Gratisfutter" daneben und legt sich mit dem Magneten auf die Lauer. Wir können dar- über lachen, denn wir wissen, daß es hoffnungslos ist, nur ein neuer vergeblicher Versuch, an das Unerreichbare heranzukommen.

Der Road Runner schnuppert nur kurz an dem Futter, aber er rührt es nicht an - obwohl er ja nicht wissen kann, daß es Willy Kojote war, der das Futter ausgestreut hat. Ohne daß er den Magneten sieht oder vom Futter gekostet hätte, ist er irgendwie davon überzeugt, daß diese großzügige Gabe verdächtig nach Kojote „aussieht". Irgendetwas rät ihm davon ab.
Dieses Etwas ist die „Intuition". Der Road Runner braucht weder Logik noch Überlegung, um zu wissen, daß hinter dem Gratisfutter ein hungriger, verzweifelter Kojote steckt: Die Intuition sagte es ihm. Man möchte es seinen „Instinkt" nennen, aber das stimmt nicht. Instinkt und Intuition sind leicht zu verwechseln, da beide denselben physiologischen Ursprung haben: Sie verhalten sich zueinander wie das „autonome" zum „zentralen" Nervensystem. Der Instinkt arbeitet nahezu unabhängig von unserem Willen und Denken, während die Intuition an unsere Wünsche gekoppelt ist. Über angeborene Instinkte verfügen sowohl Sie, der Road Runner und der Kojote - aber nur Sie können Ihre Intuition wirklich entwickeln: zu einem weiteren höchst wichtigen Werkzeug, mit dem Sie Probleme anpacken.
Und die Glühbirne, die über Willys Kopf aufleuchtete? Das war die „Einsicht", eine Einsicht, die der Intuition des Zuschauers signalisierte, daß das Säugetier zum hundersten Mal keine Chance hat und sich wieder Hals über Kopf in eine Situation stürzt, in der es weder Sieg noch Fressen gibt.

EINSICHT UND INTUITION: WAS IST DER UNTERSCHIED?

Obwohl die beiden - wie Instinkt und Intuition - etwas gemeinsam haben, so gibt es doch auch hier einen Unterschied: „Einsicht" ist die deutliche Wahrnehmung des Grundgerüsts, ein erster Zugang zum Verständnis der Dinge. Obwohl auch sie unserem Inneren entspringt, nährt sie sich doch von äußerlichen Faktoren: von Logik, Überlegung, der Erfahrung gleicher oder vergleichbarer Situationen. Die „Intuition" erfordert weder Überlegung noch Logik noch überhaupt irgendein rationales Denken. Sie ist die unmittelbare innere Erkenntnis, die Ahnung, mit der wir erfassen, wie, warum und auf welche Weise etwas geschieht.

Die Einsicht nimmt offenkundige Reize wahr und kombiniert sie auf eine Weise, die zuvor nicht ersichtlich war. Ein einfaches Beispiel: Ein Affe will mit seinem Teddybären spielen, kann aber an das Spielzeug nicht herankommen, weil der Wärter es auf ein Regal gestellt hat. Doch im Käfig liegt ein Besen, den der Wärter beim Putzen vergessen hat. Diesen Besen nimmt nun der Affe und stößt damit den Teddy vom Regal. Die Verbindung, die der Affe zwischen dem Problem und seiner Lösung herstellte, nennen wir Einsicht. Sie kann so simpel sein wie bei Affe und Teddy oder so kompliziert wie Archimedes' Entdeckung des spezifischen Gewichts.

Archimedes saß in der Badewanne, als er sein berühmtes „Heureka!" („Ich hab's!") ausrief. Der Grund dafür war die Einsicht, daß feste Körper eine meßbare Flüssigkeitsmenge verdrängen. Eine Einsicht, die kam, weil Archimedes eine gedankliche Verbindung zwischen seinem eigenem Körper und dem Wasser im Badezuber herstellte. Und was veranlaßte Millionen von Menschen dazu, für Rubiks Zauberwürfel Geld auszugeben und dieses zur Raserei treibende kleine Ding mit wahrer Besessenheit zu bearbeiten? Sie suchten nach Einsicht, nach der richtigen Kombination der Farben.

Manche mögen die Einsicht Kreativität nennen oder einen „Sprung der Erkenntnis". Ich bezeichne sie als eine Kombination aus innerer Bereitschaft, harter Arbeit und Ausdauer. Wenn die Notwendigkeit die Mutter der Erfindungsgabe ist, dann ist Einsicht gewiß die Hebamme.

Es ist natürlich möglich, daß man zwar eine Reihe kleiner Einsichten hat, aber die wichtigste verpaßt. Das beste Beispiel dafür ist wieder Willy Ko-

jote. In jeder Folge der Filmserie kommt er zu einer neuen Einsicht (so glaubt er zumindest), wie der Road Runner zu fangen wäre, und so bestellt er bei Acme ein weiteres Stück Ausrüstung.
Aber wie viele bittere Lektionen die Enttäuschung ihm auch erteilen mag: Die wichtigste Einsicht entwischt ihm immer wieder. Würde der arme Willy sich mehr auf seine Intuition statt auf Acme verlassen, dann liefe er schnurstracks zur nächsten Pizzeria und bekäme dort wenigstens etwas zu essen.
Die Einsicht bestünde darin, daß der Road Runner einfach zu schlau für ihn ist und daß Willy ihn nie als Festessen bekommen wird. Außerdem wird Willy selbst unvermeidlich von seinen eigenen verworrenen Komplotten eingeholt, stürzt von Klippen, wird von absurden Explosionen in Stücke gerissen und gerät unter die Räder rasender Züge.
Ihm fehlt genau die Einsicht, die wir Zuschauer besitzen, und das ist der Grund, wieso wir lachen.

BRAIN BUILDER NR. 34

LÖSEN SIE PROBLEME AUF IHRE WEISE

Das soll heißen: auf die Art, die Ihnen am meisten liegt, die Ihnen am geläufigsten ist.

Übung: Sind Sie ein verbaler Typ, packen Sie Probleme sprachlich an? Dann nehmen Sie Wörterbuch und Thesaurus, um Ihre Argumente mit den treffendsten und überzeugendsten Worten auszustatten, die Sie finden können. Suchen Sie gerne Zuflucht bei Autoritäten? Dann suchen Sie in Ihrer Enzyklopädie die Artikel zu Ihrem Problemthema, um Ihre Argumente mit Fakten zu untermauern. Oder haben Sie gerne alles sauber aufgelistet schwarz auf weiß vor sich? Dann listen Sie alle prägnanten Argumente, die zu Ihren Gunsten sprechen, ordentlich auf. Achten Sie darauf, daß Sie die Argumente in der Reihenfolge ihrer Bedeutung ordnen.

BRAIN BUILDER NR. 35

LÖSEN SIE PROBLEME AUF UNGEWOHNTE ART

Übung: Wenn Sie mit einem Problem konfrontiert werden, dann versuchen Sie, es auf eine Art zu lösen, die Ihnen bisher nicht geläufig war. Mit anderen Worten, nicht „auf Ihre Weise“. Es ist dieselbe Übung wie oben - nur eben umgekehrt. Wenn es Ihnen grundsätzlich liegt, erst einmal alles aufzuschreiben, dann gehen Sie stattdessen einmal ausschließlich verbal vor. Wenn Sie sonst gerne Autoritäten zitieren, dann bringen Sie nun eine Liste mit eigenen Argumenten zu Papier, ohne vorher um Rat zu fragen, weder Bücher noch Menschen.
Diese Übung soll nicht nur Ihre bereits vorhandenen Einsichtsmethoden trainieren. Sie sollen darüber hinaus noch weitere nützliche Techniken kennenlernen.

BRAIN BUILDER NR. 36

LÖSEN SIE JEDES RÄTSEL, DAS SIE BEKOMMEN

Übung: Werden Sie sich bewußt, wie Sie bei der Lösung vorgehen, welche Einsichten Sie entwickeln und wie erfolgreich Sie damit sind. Schon eine knifflige Lücke in einem Kreuzworträtsel wird Ihnen Einsicht in Ihre Einsicht vermitteln. Zögern Sie, es einfach zu raten? Schlagen Sie das Wort nach, weil Sie sich lieber auf eine Autorität verlassen? Übergehen Sie die Lücke und hoffen Sie, daß mit der Zeit genug Buchstaben aus anderen Lücken hineinwachsen und Sie zur richtigen Antwort führen werden? Treffen alle drei Möglichkeiten zu? Oder machen Sie es ganz anders?
In Intelligenztests gibt es eine Kategorie für Einsicht und Erfindungsgabe. Daraus könnte die folgende Frage entnommen sein. Können Sie die Aufgabe lösen, ohne Papier und Bleistift zu Hilfe zu nehmen?

Übung: Eine Mutter schickt ihren Sohn zum Fluß, um genau 3 Liter Wasser zu holen. Sie gibt ihm zwei Kannen mit: Die eine faßt 7 Liter, die andere 4. Wie kann der Junge mit diesen beiden Kannen genau 3 Liter Wasser ausmessen?
Gut, das war ziemlich einfach, aber Sie haben eine Einsicht in den Lösungsweg bekommen. Nehmen wir noch andere Beispiele für diese Art Rätsel:
Wie mißt man mit einer 8-Liter-Kanne und einer 5-Liter-Kanne genau 11 Liter aus? Und wie mißt man 3 Liter, wenn man eine 4-Liter-Kanne und eine 9-Liter-Kanne hat? (Die Lösungen stehen am Ende des Kapitels)

Und jetzt eine Situation aus dem wirklichen Leben, die einiges an Einsicht erfordert

Übung: Ihr reicher Onkel August kommt in einer Stunde zum Dinner. Sie sind sein Alleinerbe, und Sie stellen mit Entsetzen fest, daß Sie das kleine gerahmte Portrait des Onkels, das er Ihnen zu Weihnachten schenkte, nicht aufgehängt haben. Sie suchen Hammer und Nägel, aber beides scheint Ihnen kürzlich abhanden gekommen zu sein. In den nächsten zehn Minuten wird es läuten, und Onkel August erwartet sicherlich, daß er sein Bild an einem Ehrenplatz vorfindet.

Was tun Sie?

Bestimmt gibt es hier mehrere Lösungen. Sie könnten zum Beispiel den Kaminsims oder einen kleinen Tisch abräumen und das Bild dort in die Mitte stellen - ganz so, als wäre das der Ehrenplatz, und nicht die Wand. Oder Sie könnten eines Ihrer anderen Bilder abhängen und August an dieser Stelle aufhängen. Sie könnten starke Stecknadeln als Ersatz für die Nägel benutzen und Ihren Schuhabsatz als Hammer. Was würde Ihnen sonst noch einfallen?
Es kommt nicht darauf an, ob Ihr Onkel August sich an der Wand, auf dem Tisch oder wo auch immer besonders gut macht. Wichtig ist, wie Sie das Problem anpacken, wie schnell und wie erfolgreich Sie es lösen. Auf wie viele brauchbare Lösungen sind Sie gekommen?

BRAIN BUILDER NR. 37

SEHEN SIE SICH „UNÄHNLICHE“ DINGE GENAUER AN

Schenken Sie solchen Dingen mehr Aufmerksamkeit als sonst, und finden Sie heraus, worin sie einander gleich oder ähnlich sind. Diese Übung soll Sie anregen, an den Dingen Aspekte wahrzunehmen, die Ihnen noch nie zuvor aufgefallen sind. Das hat beim Training der Einsicht sehr große Bedeutung. Und ist übrigens auch eine Fragenkategorie in Intelligenztests. Hier wieder ein Beispiel:

Übung: Was haben ein Affe und eine Banane gemeinsam? Hier sind drei mögliche Antworten:

Beide sind lebendig.
Beide kommen sehr häufig in Zentral- und Südamerika vor.
Beide werden von den Eingeborenen als Nahrung betrachtet.
Können Sie sich noch mehr vorstellen?

Stellen Sie, wenn Sie diese Übung für sich fortsetzen, eine möglichst lange Liste von Antworten auf. Aber vermeiden Sie Lösungen, die zu sehr an den Haaren herbeigezogen sind (also nicht etwa: „Sie können beide auf dem Käfig-Boden im Zoo liegen“).

Versuchen Sie sich dann daran:

Übung: Was haben ein Messer und eine Gabel gemeinsam?
Übung: Was haben eine Sauna und ein Dampfbad gemeinsam?
Übung: Was haben schwarz und weiß gemeinsam?

Beginnen Sie bei all diesen Fällen mit den Gemeinsamkeiten, die auf Anhieb offensichtlich sind, und fahren Sie mit den weniger deutlichen fort. Gebrauchen Sie Ihre Einsicht, um eine möglichst lange Liste von Gemeinsamkeiten aufzustellen.

BRAIN BUILDER NR. 38

SEHEN SIE SICH „ÄHNLICHE“ DINGE GENAUER AN

Achten Sie mehr als sonst auf Dinge in Ihrer Umgebung, die einander sehr ähnlich sind. Finden Sie heraus, worin sie sich überhaupt nicht ähneln. Das bringt Sie auch dazu, die unterschiedlichen Eigenschaften von Dingen wahrzunehmen, die Sie vielleicht Ihr ganzes Leben lang als ganz selbstverständlich hingenommen haben. Hier ist eine Beispielfrage:

Worin unterscheiden sich „Licht“ und „Glanz“? Drei Antworten:

1 Zu „Licht“ gibt es zwei allgemein bekannte Gegensätze, zu „Glanz“ nur einen.

2 „Licht“ ist ein eher denotatives Wort, mit objektiver, sachlicher Bedeutung. „Glanz“ mehr konnotativ, seine Deutung hängt mehr von subjektiven Vorstellungen ab.

3 Ein „Licht“ kann man in die Hand nehmen, einen „Glanz“ nicht.

Welche anderen Antworten fallen Ihnen ein?

Stellen Sie auch bei den folgenden Fragen wieder eine möglichst lange Liste von Antworten auf:

Übung: Worin unterscheiden sich ein Hummer und eine Krabbe?
Übung: Worin unterscheiden sich Kätzchen und Katzen?
Übung: Worin unterscheiden sich Zwiebel und Knoblauch?

Wenn Sie die Brain Builder Nr. 37 und 38 täglich trainieren, dann sollten Sie darauf achten, daß Sie sich bei den Ähnlichkeiten und Unterschieden nicht wiederholen. Führen Sie nicht mehr als eine Eigenschaft derselben Grundklasse auf. Beispiel: Wenn Sie bereits geschrieben haben, das Gemeinsame zwischen Rotkehlchen und Collie sei, daß beides Tiere sind, dann fahren Sie bitte nicht mit „sie sind beide Lebewesen“ fort - bei Tieren setzt man ja bereits voraus, daß sie Lebewesen sind.

BRAIN BUILDER NR. 39

BEOBACHTEN SIE, WAS ZUR EINSICHT FÜHRT

Richten Sie Ihr Augenmerk darauf, wie Sie im täglichen Leben Informationen „abtasten" und wie dieses „Tasten" zur Einsicht führt. Dieses Tasten nach dem nächsten Element einer Reihe ist ein wichtiger Bestandteil der Einsicht. Schon jetzt lassen Sie im Alltag diesen „Tast"-Prozeß ablaufen, wenn Sie sich zum Beispiel einen Namen oder ein Wort ins Gedächtnis zurückrufen wollen. Das sieht dann so aus: „Ich bin mir sicher, daß der Name mit B oder D anfängt", sagen Sie sich - dann „rasten" Sie auf dem ein, was Sie finden - Barbara? Doris? Betty? - bis Ihnen der richtige Name plötzlich einfällt. Dies ist ein unkomplizierter „einstufiger" Abtastprozeß. Meist sind mehrere Stufen bis zur Einsicht nötig.
Aber es ist eine nützliche Übung. Wesentlich dabei ist, daß Sie mit dem Ablauf des Abtastens vertraut werden und merken, wie oft Sie es im Alltag anwenden und wie schnell es Sie zum Erfolg führt. Sie müssen sich nur bewußt machen, wie Sie damit zum Erfolg kommen, dann können Sie diesen Erfolg wiederholen.

Übung: Wenn Sie das nächste Mal nach einem Namen suchen, der Ihnen zwar „auf der Zunge liegt", Ihnen aber im Augenblick partout nicht einfallen will, dann versuchen Sie es so: Gehen Sie im Geist die Buchstaben des Alphabets durch. Verweilen Sie einen Augenblick bei jedem Buchstaben, stellen Sie fest, ob er die gesuchte Erinnerung auslöst: A? B? C? D? E? F? G? GEORGE!
War der erste Durchgang durchs Alphabet erfolglos, dann versuchen Sie es noch einmal. Und wenn es nach einigen Versuchen noch immer nicht klappt, dann konzentrieren Sie sich auf die Buchstaben, die Ihnen besonders vielversprechend erscheinen. Gehen Sie bei diesen Buchstaben weiter ins Detail. J? Jürgen? Jim? Johann? Julian? K? Klaus? Karl? Kurt? M? Mathias? Michael? G? Günter? Gerhard? GERD!

BRAIN BUILDER NR. 40

LÖSEN SIE ZAHLENRÄTSEL

Rätsel mit Zahlenreihen (man findet sie in den meisten Intelligenztests und in Rätselheften) sind eine gute Grundübung, weil sie das „Tasten" eng konzentrieren und damit die Suche ein wenig erleichtern. Sie helfen Ihnen, den Vorgang zu bestimmen und ihn zu vervollkommnen.
Solche Zahlenrätsel unterscheiden sich von der Einsicht im allgemeinen dadurch, daß es bei Zahlen schwerer ist, ein Element zu finden, bei dem Sie „einhaken" können. Und dann müssen Sie es überprüfen. Stellt sich die Lösung als falsch heraus, muß man nach anderen Elementen suchen - wieder und wieder, bis endlich einmal eines den Anforderungen der Reihe entspricht.
Mit dieser Übung können Sie lernen, das System zu erkennen und Ihre Tastmethode entwickeln. Hier ein Beispiel für ein Zahlenrätsel - wie heißt die gesuchte Zahl?

Übung: 4 9 25 49 121 (?)

Die richtige Antwort lautet 169, also 13 x 13. Und so kommt man zu dieser Lösung:
Der erste erfolgreiche Schritt Ihres Tast-Prozesses, also Ihre erste Einsicht in die Lösung der Aufgabe, ist die Erkenntnis, daß es sich bei den Zahlen ausnahmslos um Quadratzahlen handelt:
4 ist 2 x 2; 9 ist 3 x 3, 25 ist 5 x 5; 49 ist 7 x 7; 121 ist 11 x 11.

Folglich lautet die Reihe der Quadratwurzeln:
2 3 5 7 11 (?)
Ihre zweite Einsicht beim Abtasten dieser Reihe: Es handelt sich um Primzahlen, um Zahlen also, die nur durch sich selbst und durch 1 teilbar sind. Logisch folgt daraus, daß die nächste Zahl in dieser Reihe die sechste Primzahl sein muß, also 13. Wenn wir zur ursprünglichen Reihe zurückkehren, so ergibt sich als Lösung das Quadrat von 13, also 169.

Die folgenden Zahlenreihen werden Ihnen Gelegenheit zum Üben bieten. Sie wissen nun, daß der erste Schritt (und damit die erste Einsicht) aus der Feststellung besteht, was die vorgegebenen Zahlen gemeinsam haben. Aus diesem Gemeinsamen können Sie dann auf die unbekannte, die gesuchte Zahl schließen. Rechnen Sie Möglichkeiten am besten schriftlich durch. Die Lösungen stehen am Ende des Kapitels. Aber Sie sollten dort überhaupt nicht nachsehen, weder jetzt noch später. Wenn Sie die Aufgaben jetzt nicht lösen, dann versuchen Sie es morgen und am Tag darauf nochmals. Es geht hier nicht bloß darum, daß Sie lernen, wie man Zahlenrätsel löst. Diese Übung soll Ihre Einsicht stärken und Ihnen zeigen, wie sie zustandekommt.

Übung:	2	9	28	65	126	(?)
Übung:	5	25	61	113	181	(?)
Übung:	7	22	52	102	180	(?)

Eine Aufgabe, zu der Sie die Lösung bereits bekommen haben, hatte mit Primzahlen und Quadraten zu tun. Ein Hinweis: Bei diesen neuen Übungen geht es um Quadrate, ungerade Zahlen, Kubik, Primzahlen und gerade Zahlen (natürlich nicht in dieser Reihenfolge).

BRAIN BUILDER NR. 41

ERKENNEN SIE DAS MUSTER

Üben Sie, Buchstaben-Codes zu entschlüsseln und Kreuzworträtsel zu lösen. Wenn Sie sowieso lieber mit Buchstaben als mit Zahlen umgehen, macht Ihnen das bestimmt Freude. Außerdem ist es immer ein kleiner Sieg, wenn man einen Code knackt: Man ist stolz auf den eigenen Verstand. Kryptogramme, Codes und Kreuzworträtsel finden Sie in vielen Zeitungen, Zeitschriften und Rätselbüchern. Wie bei jedem Training gilt auch hier: Der Anfang ist schwer, aber mit Übung wird es leichter.

GEHEIMCODES – „TRIMM-DICH"-MUSTER FÜR DEN VERSTAND

Codes sind Botschaften, die absichtlich unlesbar gemacht wurden. Lesbar nur für Eingeweihte. Über Jahrtausende hinweg spielten sie eine wichtige Rolle in der Geschichte, besonders in der Militärgeschichte. Drei von vielen Beispielen, die den Lauf der Geschichte änderten: 1917 schickte der deutsche Außenminister ein verschlüsseltes Telegramm, das sogenannte „Zimmermann-Telegramm", an die deutsche Botschaft in den USA. Der Minister empfahl darin ein Bündnis mit Mexiko, falls Amerika auf der Seite von Großbritannien und Frankreich in den Ersten Weltkrieg eintreten würde. Das zweite Beispiel sind die codierten japanischen Botschaften, die von der US-Marine abgefangen wurden und in denen es um den Überraschungsangriff auf die US-Flottenstützpunkte im Dezember 1941 ging. Und drittens gab es noch den berühmten „Enigma-Code", der im Zweiten Weltkrieg von den Deutschen benutzt und von den Engländern geknackt wurde.

Ein verschlüsselter Text mag zwar auf Anhieb wie ein totales Wirrwarr aussehen, in Wirklichkeit steckt aber ein sorgfältig durchdachtes und ausgeklügeltes Muster dahinter. Es wird schrittweise entschlüsselt, decodiert - und dieses Herantasten an die Lösung ist eine ausgezeichnete Übung auf dem Weg zur Einsicht.

Hier ein grob vereinfachter Code als Beispiel. Achten Sie beim Decodieren darauf, in welchen Schritten Sie zu Ihrer Einsicht kommen.

Übung: S SULH C SRE TZTEL TIEHS IE WREDT HC INTSIS AD

Haben Sie die Lösung gefunden? Und wie? Haben Sie sofort das Muster erkannt? Oder haben Sie die Buchstaben Gruppe für Gruppe durchgearbeitet? Was hat den entscheidenden Anstoß für die Lösung gegeben? Welche Erkenntnis war es? An welcher Stelle, bei welchem „Wort" ist es „passiert"? Alle Lösungen der Codes finden Sie am Ende des Kapitels. Das nächste ist ein einfacher „Ersetzungs-Code", bei dem Zahlen die Stelle von

Buchstaben einnehmen. Eine Zahl steht immer für einen bestimmten Buchstaben. Was liefert Ihnen den ersten Hinweis?

Übung: 19-26-25-22-13 8-18-22 8-24-19-12-13 22-7-4-26-8 26-13 23-22-13 9-26-13-23 20-22-8-24-19-9-18-22-25-22-13?

Und noch zwei Ersetzungs-Codes. Statt durch Zahlen wurden aber hier die Buchstaben des Originaltextes durch andere Buchstaben ersetzt. Bei diesen beiden Übungen werden zwei verschiedene Codes benutzt. Wichtig für Sie ist, jeweils das Muster zu erkennen.

Übung: JRAA AVPUG, JNEHZ AVPUG?

Übung: CBMM XJQC'T YFJS, CBTT TJF CBNJS BMEBMHFM!

BRAIN BUILDER NR. 42

ERINNERN SIE SICH AN IHRE ERFOLGE

Übung: Denken Sie täglich an ein kniffliges Problem, das Sie gelöst haben: Eine Vereinbarung, die für beide Seiten zufriedenstellend war, eine erfolgreiche Zusammenarbeit mit jemandem. Führen Sie sich sowohl das Problem wie die Lösung so deutlich vor Augen, wie Sie nur können. Welche Einsicht brachte den Erfolg? Wie können Sie diesen Vorgang in anderen Situationen wiederholen?

Übung: Werden Sie sich der Art Ihrer Einsicht bewußt: Haben Sie eine besondere Spürnase für das Seelenleben anderer? Sind Sie gut darin, das Kleingedruckte in einem Vertrag zu deuten, können Sie zwischen den Zeilen lesen? Oder liegt es Ihnen besonders, die äußeren Einflüsse auf eine Situation zu analysieren? Wie auch immer Ihr Einsichtsvermögen aussehen mag: Bemühen Sie sich, das Muster Ihres Denkens zu entschlüsseln. Denn dann können Sie immer wieder bewußt - und noch erfolgreicher - mit diesem Muster umgehen.

BRAIN BUILDER NR. 43

DENKEN SIE DARÜBER NACH, WAS SIE NICHT WOLLEN

Wenn Sie vor einem Problem stehen, bei dem Ihnen selbst nicht ganz klar ist, was Sie wollen, dann stellen Sie eine Liste mit allen Möglichkeiten auf, die Sie bestimmt nicht wollen. Das Negative ist nämlich beim Formen der Einsicht ebenso nützlich wie das Positive. Bildhauer sagen oft, sie könnten schon die Statue sehen, die im noch unbehauenen Marmorblock „gefangen" sei. Nach diesem Prinzip können Sie auch verfahren: Beginnen Sie damit, in Ihren Gedanken den „überschüssigen Stein" zu beseitigen, wegzuschlagen, um so das Kunstwerk aus dem Marmor zu befreien: Das Kunstwerk ist die blanke Einsicht, die Lösung des Problems.

Übung: Schreiben Sie jetzt an den Rand? Gut, verwenden Sie den Rand dieser Seite für eine Liste all der Dinge, die Sie wirklich nicht tun wollen, wenn zum Beispiel Ihre Tante zu Besuch kommt. Wenn Sie diese Liste vor sich sehen, dann wird Ihnen klarer werden, was Sie wirklich wollen.

INTUITION: DAS ZUSAMMENSETZEN VON SIGNALEN

Intuition: Wir empfangen Signale und setzen sie zusammen. Manchmal geschieht das im Unterbewußten, scheinbar instinktiv.

Ein Beispiel für so einen Vorgang: Eine Hausfrau hängt ihre frischgewaschene Wäsche in den Hof und geht zum Einkaufen. Als sie zurückkehrt, findet sie die Wäsche überall auf dem Hof verstreut. „Ich wußte doch, daß heute etwas schiefgeht"! sagt sie. Oder: „Ich hatte so ein Gefühl ...". Was Sie wußte? Daß ihr Nachbar einen jungen Hund hatte. Ihr Instinkt warnte

sie zwar. Aber ihr bewußter Verstand hatte nicht rechtzeitig die Verbindung zwischen dem übermütigen Welpen und der Wäsche hergestellt. Als es passiert war, wußte sie natürlich, was sie vorher beunruhigt hatte.
Intuition ist das Muster von Wahrnehmung, die jemanden zum Beispiel dazu veranlaßt, ein Kind von der Straße wegzureißen, kurz bevor ein Wagen um die Ecke schießt. Intuition ermöglicht es einem Orthographie-Champion bei einem Buchstabierwettbewerb, ein sehr schwieriges, ihm völlig unbekanntes Wort richtig zu buchstabieren. Intuition - nach einer Warnung im Traum - veranlaßte Calpurnia, ihren Mann Julius Cäsar an jenem verhängnisvollen Märztag im Jahre 44 v. Chr. anzuflehen, nicht zum Senat zu gehen (wo er dann tatsächlich ermordet wurde). In Urzeiten war die Intuition ein lebenswichtiges Werkzeug für die Menschen. Irgendwo liegt es noch ungenutzt herum. Sie können dieses Werkzeug wiederfinden und gehörig schärfen, um Ihre Intelligenz zu bearbeiten.
Aber kann man dieses Werkzeug überhaupt schärfen? Ja. Auch die Intuition, die Sensibilität, läßt sich durch Übung entwickeln. Das Training der Intuition lohnt sich: Immerhin verleiht Ihnen die Verbindung von Intuition und Einsicht die Fähigkeit, das „Kleingedruckte" des Lebens zu lesen.

DIE DREI SÄULEN DER INTUITION

Denken Sie an die Elemente der Intuition: gesunder Menschenverstand, Sensibilität und Glück. Am allerwichtigsten ist die Sensibilität. Nehmen wir das Beispiel mit dem jungen Hund und der nassen Wäsche: Der gesunde Menschenverstand sagt, daß Welpen verspielt sind und Unheil anrichten können. Das Glück war auf der Seite des Hundes. Und die Sensibiliät sagte der Hausfrau, daß „irgendeine Gefahr" droht.
Hätte die Hausfrau ihre Intuition „gebildet", dann hätte sie vielleicht ihren Gefühlen vertraut: Sie hätte ihre Einsicht angewendet und den jungen Hund nicht nur unterbewußt, sondern auch bewußt wahrgenommen. Sie hätte die Verbindung hergestellt, wäre auf eine andere Lösung gekommen - und mit einem Korb sauberer Wäsche belohnt worden. Sie müssen also die Sensibilität so entwickeln, daß sie auch wirkt.

BRAIN BUILDER NR. 44

STIMMEN SIE SICH AUF DIE ZEIT EIN

Übung: Tragen Sie eine Woche lang keine Uhr. Sehen Sie während dieser Zeit überhaupt nicht auf die Uhr.

Im Mathekapitel haben Sie geübt, die Zeit zu schätzen, die verstrichen ist: Sie sollten die Zeit abschätzen, bevor Sie auf die Uhr sehen. Jetzt verlange ich von Ihnen, daß Sie eine ganze Woche überhaupt auf alle Zeitmesser verzichten. Machen Sie sich für diese Woche einen Plan aller Ihrer Termine - ob eine Verabredung, eine Besprechung, die Sie nicht versäumen dürfen, oder das Flugzeug, das Sie erreichen müssen. Stellen Sie fest, wie pünktlich Sie diese Termine einhalten, wenn Sie sich ausschließlich auf Ihren geschärften Zeitsinn verlassen. Damit Sie aber nicht doch noch etwas versäumen, sollten Sie Schritt für Schritt vorgehen: Am ersten Tag dürfen Sie die Zeit sechsmal kontrollieren, aber nicht öfter (schätzen Sie zuerst, bevor Sie auf die Uhr schauen). Am zweiten Tag nicht öfter als fünfmal. Am dritten Tag viermal und so weiter - bis Sie bei Null sind. Wie die Tiere haben auch wir eine „innere Uhr", nur können wir nicht mehr so gut damit umgehen. Wir haben sie nicht mehr aufgezogen, weil wir uns nur noch auf die Zeitanzeiger aus der Fabrik verlassen. Erobern Sie sich Ihre „innere Zeit" zurück!

GEISTIGE WERKZEUGE FÜR MEHR GEISTIGE REICHWEITE

Erinnern Sie sich, daß ich sagte, ein Taschenrechner schade Ihren mathematischen Fähigkeiten nicht? Und eine Uhr soll Ihrem Zeitsinn schaden? Ist das nicht dasselbe?
Nein. Mathematik ist eine Funktion des logischen, vernünftig urteilenden Verstandes, und dem Verstand sind Werkzeuge nichts Fremdes. Ihre innere Uhr aber ist ein Teil Ihrer intuitiven Funktionen. Sie sollten sich von

äußeren Mechanismen unabhängig machen und Ihrer Intuition erlauben, sich im vollen Umfang zu entfalten. Mathematik ist absolut. Ihre Intuition aber ist ein geschmeidiges, sinnliches Instrument, das nach einem ganz anderen Schliff verlangt. Während sich Ihr Zeitsinn schärft, werden Sie ein triumphierendes Gefühl empfinden: die „Schärfung" Ihrer Sensibilität. Und Sie werden diese Entwicklung auch auf anderen Gebieten fortsetzen. Es gibt zwei Stufen der Sensibilität. Die erste ist vergleichsweise einfach zu erreichen: Es ist die „äußere" Sensibilität, die Empfänglichkeit für Vorgänge in Ihrer Umgebung. Dazu eine Lern-Methode.

BRAIN BUILDER NR. 45

STIMMEN SIE SICH AUF DAS WETTER EIN

Übung: Ignorieren Sie den Wetterbericht. Im Mathematikkapitel haben Sie schon mit einer einfachen Version dieser Übung gearbeitet: Sie haben die Temperatur geschätzt. Dort ging es darum, das „Wieviel" zu erfassen. Jetzt setzen wir diese äußere Übung fort, um die Sensibilität für die Umgebung zu schärfen. Wenden Sie Ihre Aufmerksamkeit dem Himmel, den Wolken und dem Wind zu, anstatt auf die Wetteransage zu hören. Schon nach kurzer Zeit werden Sie feststellen, daß Sie nützliche Hinweise aus Ihrer Umwelt empfangen, die anderen gar nicht auffallen. Sie können denselben Mechanismus bei vielen Vorgängen Ihrer Umgebung anwenden - ob Sie nun Kunst und Musik oder das menschliche Verhalten auf diese Weise beobachten und besser verstehen. Sie müssen dafür nur die angeblich so maßgeblichen Stimmen der Uhr, der Wetteransage und der fremden Kritik „abschalten" und stattdessen auf die Stimme Ihrer Intuition hören.

Übung: Notieren Sie, welches Wetter Sie jetzt gerade haben - nicht nur, ob es regnet, sondern wie die Wolken aussehen, welcher Wind weht und dergleichen. Machen Sie das jeden Tag. Sie werden überrascht sein, wieviel Sie sich selbst über die Sprache des Wetters beibringen.

BRAIN BUILDER NR. 46

LESEN SIE DIE BESTEN KRIMINALROMANE

Übung: Arbeiten Sie als Detektiv: Notieren Sie sich im Krimi am Ende eines jeden Kapitels, welche der Romanfiguren Sie aus welchem Grund verdächtigen. Und wenn Sie den Roman durchgelesen haben, blättern Sie zurück: Schauen Sie, in welchen Punkten und weshalb Sie recht hatten oder sich geirrt haben.

Mit Krimis meine ich natürlich nicht brutale Thriller, sondern jene eleganten, intelligenten Detektivgeschichten, in denen die Fälle durch Logik statt durch Pistolen gelöst werden. Sie sind voller Hinweise und Spuren, die es dem Leser erlauben, mit dem Detektiv Schritt zu halten. Wenn Sie versuchen, dem Detektiv in einem Roman von Agatha Christie, Josephine Tey oder P.D. James um eine Nasenlänge voraus zu sein, so wird dies Ihre Intuition schärfen. Die Sherlock Holmes-Geschichten von Arthur Conan Doyle erfreuen sich zu Recht ewiger Beliebtheit: Holmes Methoden sind zum Leben erweckte Brain Builder.

BRAIN BUILDER NR. 47

STIMMEN SIE SICH AUF SICH SELBST EIN

Übung: Schreiben Sie Ihre Vermutungen und Ahnungen auf. Machen Sie sich einen Monat lang täglich kurze Notizen über die unmittelbare Zukunft. Wird der Klempner morgen auftauchen, wie er es versprochen hat? Wird Ihre neue Sekretärin oder Assistentin sich am Telefon geschickt verhalten? Diese Notizen haben eine doppelte Wirkung: Erstens erhöht sich durch die tägliche Übung Ihre Trefferquote bei den Vorhersagen. Und zweitens werden Sie ehrlicher mit sich selbst, weil Sie sowohl die Fehlschläge als auch Ihre Erfolge überprüfen können. Gerade das Nachdenken über Ihre falschen Voraussagen ist ein gutes Mittel, um Ihrer Intuition zur vollen Blüte zu verhelfen. Führen Sie Buch über alles, was Ihrer Meinung nach geschehen wird, sei es Weltpolitik, der Schluß eines Krimis, das Auf und Ab des Aktienmarktes. Und überprüfen Sie immer wieder: Wie oft behielten Sie recht? Wie weit lagen Sie daneben, wenn Sie unrecht hatten? Warum haben Sie Ihrer Meinung nach nicht die richtige Vorhersage getroffen? Können Sie genau bestimmen, was Sie ablenkte oder beeinflußte? Diese Übung ist eine Fortsetzung von Brain Builder Nr. 42 - dort ging es darum, daß Sie sich Ihre erfolgreichen Einsichten ausführlich ins Gedächtnis zurückrufen. Beides ist für das Training der Intuition wichtig.

BRAIN BUILDER NR. 48

WERDEN SIE IHR EIGENES MESSINSTRUMENT

Versuchen Sie, bevor Sie zu einem Meßinstrument greifen, sich das „Wieviel" vor Ihrem geistigen Auge vorzustellen. Benutzen Sie dazu nur Ihre Sinne. Schätzen Sie immer, bevor Sie etwas messen, zum Beispiel eine Entfernung oder Höhe. Erst danach überprüfen Sie Ihre Schätzung. Achten Sie genau auf die Abweichung zwischen Ihrer Schätzung und dem korrekten Ergebnis. Schätzen Sie immer zu wenig? Immer zu viel? Manchmal zu viel, manchmal zu wenig? Stellen Sie sich das richtige Maß als Ziel vor, und Ihr Auge als den Pfeil. Verfeinern Sie Ihre Schätzungen, bis Sie nahe ans Ziel herankommen. Sie werden überrascht sein, wie schnell es geht, daß Sie immer besser treffen, vielleicht sogar mitten ins Schwarze. Schon bald werden Sie die Vorteile eines gesteigerten Bewußtseins und eines schärferen Verstandes genießen können.

Übung: Schätzen Sie im Auto (ohne auf das Armaturenbrett zu blicken), welche Strecke Sie seit Ihrer letzten Schätzung zurückgelegt haben.

„Innere“ Sensibilität ist im Unterschied zur äußeren etwas schwieriger zu erreichen, aber sie wird Ihnen intellektuelle Brillianz und Scharfsinn verleihen. Es handelt sich dabei um die intellektuelle Empfänglichkeit für Ihre eigenen Denkprozesse. Diese zweite höhere Stufe der Sensibilität können wir erklimmen, wenn wir unserem Verstand dieselbe Aufmerksamkeit schenken, die wir beim Training der äußeren Sensibilität dem Himmel, den Wolken, dem Wetter und dem „Wieviel“ gewidmet haben.

BRAIN BUILDER NR. 49

DIE RECHTSCHREIBUNG DES LEBENS

Erinnern Sie sich, daß ich den Rechtschreib-Champion erwähnte, der bei einem Buchstabierwettbewerb ein bestimmtes kniffliges Wort zum ersten Mal hörte und es dann intuitiv richtig buchstabierte? Natürlich gibt es Regeln für die Rechtschreibung, aber es ist unwahrscheinlich, daß irgendjemand alle diese Regeln kennt. Nicht einmal Lehrer können das. Zumal diese Regeln mit Ausnahmen gespickt sind. Unser Rechtschreib-Champion hat einfach ein geschultes „Ohr“ für Wörter, und dieses „Ohr“ ist Teil der Intuition.

Ich halte die Beschäftigung mit der Rechtschreibung für den besten Weg, zur „inneren“ Sensibilität zu kommen. Suchen Sie sich selbst den Weg (besser noch: mehrere verschiedene Wege), der Sie am meisten reizt. Sie können Regeln lernen, ganze Wortlisten auswendig lernen, einen Kurs belegen oder alles zusammen. Je vielfältiger Sie vorgehen, desto besser ist es. Aber wahrscheinlich besteht der einfachste und billigste Weg darin, daß Sie Papier und Bleistift griffbereit halten, um sich schwierige Wörter zu notieren, wenn Sie sie hören. Raten Sie zuerst, und schlagen Sie dann die korrekte Schreibweise im Wörterbuch nach. Die Rechtschreibung ist sofort überprüfbar - bei den anderen Spielarten der Intiution ist das nicht möglich. Aber denken Sie daran: Hier geht es um die richtige Schreibweise, nicht um einen größeren Wortschatz.

Übung: Suchen Sie die Konfrontation mit neuen Wörtern. Nehmen Sie zum Beispiel an Führungen in Kunstgalerien und technischen Museen teil. Besuchen Sie Gerichtsverhandlungen. Unterhalten Sie sich mit Leuten, die auf irgendeinem Gebiet Spezialisten sind und häufig Fachausdrücke verwenden. Notieren Sie sich jedes Wort, das Sie mehr als einmal hören. Schlagen Sie es zu Hause nach.
Nach einer Weile werden Sie bemerken, wie Sie ein „Gefühl" für die richtige Schreibweise bekommen. Sie wissen nicht weshalb, aber Sie „spüren" es. Genauso werden Sie auch falsch geschriebene Wörter erkennen, noch bevor Sie genau wissen, wo der Fehler steckt. Am Ende können Sie diese intuitive Fähigkeit, dieses Gefühl für das Richtige, auch auf andere Lebensbereiche übertragen.

DAS KLEINGEDRUCKTE DES LEBENS

Bis jetzt haben Sie Einsicht und Intuition trainiert. Um das „Kleingedruckte des Lebens" lesen zu können, müssen Sie beides verbinden. Jeden Tag werden Sie von Werbeleuten, Politikern, Geistlichen und anderen mit Versprechungen bombardiert. Immer wieder müssen Sie Entscheidungen treffen, die nur auf dem gründen, was Ihnen andere erzählen. Aber fast immer ist das, was diese Leute in Ihren Reden weglassen, ebenso wichtig wie das, was sie aussprechen. Lassen Sie sich von Ihrer Intuition und von Ihrer Einsicht enthüllen, was Ihnen der Marktschreier verschweigt.

BRAIN BUILDER NR. 50

NEHMEN SIE NICHTS FÜR BARE MÜNZE

Hören Sie auf Ihre Intuition, wenn Sie Ihnen „rät", etwas nicht für bare Münze zu nehmen. Benutzen Sie Ihre Einsicht, um das Kleingedruckte zu deuten oder zwischen den Zeilen zu lesen.

Übung: Konzentrieren Sie sich einen Abend mehr auf die Werbespots im Fernsehen als auf das Programm. Versuchen Sie, genau festzustellen, was die Werbung wirklich sagt, und ob es ehrlich ist oder in die Irre führt.

VERBINDEN SIE EINSICHT UND INTUITION

Stellen wir uns einen typischen modernen Fernsehspot vor und den Weg, auf dem er Ihre Einsicht und Intuition beansprucht. (Es versteht sich von selbst, daß es sich hier um einen rein fiktiven Fall handelt und die Produktnamen frei erfunden wurden.)

Die Annahme: Einer Gruppe von zehn Ärzten wird gesagt, daß sie, sollten sie auf einer verlassenen Insel stranden, einen Vorrat von nur einem Schmerzmittel mitnehmen könnten. Sie haben die Wahl zwischen Amalgamated Aspirin, einem Präparat mit dem Namen „Extra-stark-heilt-alles", und einem Präparat namens „Schmerz weg".

Die Behauptung im Werbespot: Neun von den zehn Ärzten entscheiden sich für Amalgamated Aspirin. Und wir wissen, daß der Fernsehspot von Amalgamated Aspirin bezahlt wurde.

Ihre Intuition sagt Ihnen, daß hier etwas fehlt. Sie wissen, daß es strenge Auflagen für die Arzneimittel-Werbung gibt. Deshalb zweifeln Sie nicht daran, daß die Testbehauptung, neun von zehn Ärzten würden sich für Amalgamated entscheiden, von Amalgamated durch eine nachprüfbare Statistik belegt werden kann. Aber zugleich hegen Sie den Verdacht, daß die Geschichte „getürkt" ist. Jetzt kommt Ihre Einsicht ins Spiel. Sie wissen, daß Aspirin ein nützliches Medikament gegen viele Beschwerden ist. Aber die Einsicht sagt Ihnen auch, daß Aspirin - sei es Amalgamated oder eine andere Marke - immer dasselbe ist: nämlich Salizylsäure. Man kann es in verschiedenen Formen anbieten. Doch Aspirin bleibt Aspirin.

Das Kleingedruckte dieses Fernsehspots lautet etwa so: Die Chancen sind ausgezeichnet, daß neun von zehn Ärzten Aspirin auf jene sagenhafte verlassene Insel mitnehmen. Aber würden sie sich unbedingt für Amalgamated Aspirin entscheiden? Würden Sie nicht stattdessen ein anderes Aspirin-Produkt bevorzugen, das ebenfalls vorschriftsmäßig hergestellt wurde, aber nur einen Bruchteil des Preises von Amalgamated kostet? Ach ja, aber unseren gestrandeten Ärzten wurde in dem Test gar keine andere Aspirinmarke angeboten: Wenn sie Aspirin wollten, dann gab es Amalgamated - oder gar nichts. Weil Amalgamated wußte, daß die Ärzte Aspirin nicht nur zum Schmerzlindern alleine verwenden, zinkte es die Karten. Der Trick: Amalgamated verglich sich im Test mit Schmerzmitteln, die einen viel kleineren Anwendungsbereich als Aspirin haben. Hätten sie sich mit anderen Aspirinmarken oder mit No-Name-Aspirin gemessen, dann wäre das Testergebnis vielleicht ganz anders ausgefallen.

DAS KLEINGEDRUCKTE IN DER POLITIK

Auch in den gegenseitigen Beschuldigungen von unseren Politikern finden Sie eine Menge „Kleingedrucktes". Die Schwarzen (oder die Roten) werden Ihnen sagen, daß die Roten (oder die Schwarzen) das größte Haushaltsdefizit seit Beginn der Menschheitsgeschichte angerichtet haben. Und beide Seiten werden eine Zahl in Milliardenhöhe zitieren, groß genug, um Ihnen Schrecken einzujagen - besonders, wenn Sie etwas gegen Schulden haben. Und wenn Ihnen jemand etwas erzählt, was mit seinen persönlichen Zielen zu tun hat, dann stellen Sie sich intuitiv dieselbe Frage, die uns durch Cicero überliefert ist: „Cui bono?" - „Wem nützt es?"

Bringen wir also unsere Einsicht ins Spiel und sehen wir uns die Sache genauer an. Zahlen können ebenso leicht manipuliert werden wie Worte. Sie bemerken das, wenn Sie die Zahlen im Zusammenhang prüfen. Was die amerikanische Situation betrifft: Zwar ist tatsächlich das Defizit seinem Betrag nach das größte in der Geschichte der Nation, aber dasselbe gilt auch für den Haushalt. Wenn man das Defizit in Prozenten ausgedrückt, ist es das bisher geringste. Die Politiker vertrauen darauf, daß nur sehr wenige Amerikaner eindrucksvolle Statistiken in Frage stellen. Und das ist keine Spezialität der USA. Einer der wichtigsten Aspekte beim Training Ihres Verstandes ist also die Fähigkeit, die richtigen Fragen zu stellen.

Wenn Sie öfter mit den Brain Buildern dieses Kapitels arbeiten, werden Sie Ihren eigenen Fertigkeiten und Anlagen immer mehr vertrauen. Und Sie werden feststellen, daß Sie innerhalb Ihres Lebensbereichs alles begreifen und anwenden können.

KURZ-TEST

EIN QUIZ ZUR FÜNFTEN WOCHE

1. Was kennzeichnet immer wieder Willy Kojotes Verhalten?
2. Was kennzeichnet das Verhalten des Road Runners?
3. Ist Einsicht Zauberei?
4. Ist Intuition Zauberei?
5. Was entdeckte Archimedes, während er in seinem Badezuber sass?
6. Verdankte er diese Entdeckung der Einsicht oder der Intuition?
7. Was wird in diesem Buch als der bedeutendste Bestandteil der Einsicht bezeichnet?
8. Was wird in diesem Buch als der bedeutendste Bestandteil der Intuition bezeichnet?
9. Wie heissen die beiden erwähnten Stufen der Sensibilität?
10. Wie lautet das Zitat, das wir von Cicero kennen?

ANTWORTEN

1. Einsicht.
2. Intuition.
3. Nein.
4. Nein.
5. Das Prinzip des spezifischen Gewichts.
6. Einsicht.
7. Innere Bereitschaft, harte Arbeit und Ausdauer.
8. Sensibilität.
9. Äussere und innere Sensibilität.
10. „Wem nützt es?“

LÖSUNGEN ZU DEN AUFGABEN DIESES KAPITELS

Seite 119: Um mit einer 7-Liter-Kanne und einer 4-Liter-Kanne 3 Liter auszumessen, füllen Sie erst die 7-Liter-Kanne, gießen dann ihren Inhalt in die 4-Liter-Kanne. Der Rest in der 7-Liter-Kanne beträgt genau 3 Liter.

Um mit Hilfe einer 8-Liter-Kanne und einer 5-Liter-Kanne 11 Liter auszumessen, füllen Sie erst die 8-Liter-Kanne und gießen ihren Inhalt in die 5-Liter-Kanne. Leeren Sie dann die 5-Liter-Kanne, Sie haben nun 3 Liter in der 8-Liter-Kanne, die Sie nun in die 5-Liter-Kanne gießen. Dann füllen Sie die 8-Liter-Kanne erneut.

Um mit Hilfe einer 4-Liter-Kanne und einer 9-Liter-Kanne 3 Liter auszumessen, füllen Sie dreimal die 4-Liter-Kanne und leeren diese jeweils in die 9-Liter-Kanne. Die ersten beiden Male ergeben 8 Liter. Beim dritten Mal wird nur noch 1 Liter in die 9-Liter-Kanne passen. In der 4-Liter-Kanne bleiben 3 Liter zurück.

Seite 124: Die Zahlenreihen

2 9 28 65 126 (?)

Die richtige Lösung lautet 217. Man erhält sie, wenn man jede Zahl der Reihe 1, 2, 3, 4, 5, 6 in die dritte Potenz erhebt und dazu 1 addiert.

5 25 61 113 181 (?)

Die richtige Lösung lautet 265. Man erhält sie, wenn man die ungeraden Zahlen von 1 bis 11 (1, 3, 5, 7, 9, 11) quadriert und jeweils das Quadrat der folgenden geraden Zahlen von 2 bis 12 (2, 4, 6, 8, 10, 12) hinzuzählt.

7 22 52 102 180 (?)

Diese Reihe ist bedeutend schwieriger als die vorherigen Zahlenreihen. Aber wenn Sie sich anstrengen, wird Ihnen die Einsicht auch hier ein regelmäßiges Muster enthüllen. Die richtige Lösung lautet 288 und entwickelt sich folgendermaßen:

2	3	5	7	11	13	(die ersten 6 Primzahlen)
plus						
1^2	2^2	3^2	4^2	5^2	6^2	(die ersten 6 Zahlen zum Quadrat)
plus						
1^3	2^3	3^3	4^3	5^3	6^3	(die ersten 6 Zahlen im Kubik)
plus						
1	3	5	7	9	11	(die ersten 6 ungeraden Zahlen)
plus						
2	4	6	8	10	12	(die ersten 6 geraden Zahlen)
=						
7	22	52	102	180	288	

Seite 125: Die Zahlen- und Buchstabencodes

S SULH C SRE TZTEL TIEHS IE WREDT HC INTSIS AD.

Lösung: DAS IST NICHT DER WEISHEIT LETZTER SCHLUSS.
Dieser Code wird entziffert, indem man einfach die Reihenfolge der Buchstaben umkehrt und dabei auch die Wortzwischenräume entschlüsselt. Was brachte Sie bei dieser Lösung zur ersten Einsicht? War es TZTEL, das einzige Wort im Code, das auch in seiner Umkehrung dem Original „ähnlich sieht"?

19-26-25-22-13 8-18-22 8-24-19-12-13 22-7-4-26-8
26-13 23-22-13 9-26-13-23 20-22-8-24-19-9-18-22-25-22-13?

Die Lösung lautet: HABEN SIE SCHON ETWAS AN DEN RAND GESCHRIEBEN?
Bekanntlich hat das Alphabet 26 Buchstaben. Von den Zahlen oben ist keine größer als 26, also können wir davon ausgehen, daß jede Zahl für einen Buchstaben des Alphabets steht. Aber womit sollen wir beginnen? Ihre er-

ste Vermutung lautet A=1, B=2 usw., aber damit kommen Sie nicht weiter. Ihre nächste Vermutung wird dann vielleicht so aussehen: A=26, B=25, C=24 usw. bis hinab zu Z=1, und das ist richtig. Aber vielleicht haben Sie ja einen ganz anderen Auslöser der Einsicht gehabt ...

JRAA AVPUG, JNEHZ AVPUG?

Lösung: WENN NICHT, WARUM NICHT?
Hier ist schon das Fragezeichen eine große Hilfe. Außerdem fallen zwei gleiche Worte auf. Der Code ist etwas schwieriger: Zum einen beginnt das Code-Alphabet in der zweiten Hälfte des Klartext-Alphabets (A=N, B=O, C=P usw.), zum anderen haben Sie hier weniger Buchstaben zur Verfügung, mit denen Sie arbeiten könnten. Aber das Muster des Codes selbst wird für die nötige Einsicht sorgen.

CBMM XJQC'T YFJS, CBTT TJF CBNJS BMEBMHFM!

Die Lösung: DANN WIRD'S ZEIT, DASS SIE DAMIT ANFANGEN!
Der erste Hinweis, den Sie vielleicht erhalten, ist das Muster von XJQC'T. Für einen Buchstaben mit Apostroph gibt's im Deutschen fast nur eine Möglichkeit: 'S. Versuchen Sie es also mit S - und wenn Code und Klartext so nahe beieinander liegen, wie T und S, dann könnte ja B auch A bedeuten. Wenn B=A und T=S, dann wird das Muster offensichtlich: A=B, B=A, C=D, D=C, E=F, F=E usw. - und führt uns zur vollständigen Lösung. Wir müssen also stets nach einem Muster Ausschau halten. Suchen Sie nach allem, das ein Muster andeutet (wie XJQC'T) und arbeiten Sie von dort aus weiter.

KAPITEL

9

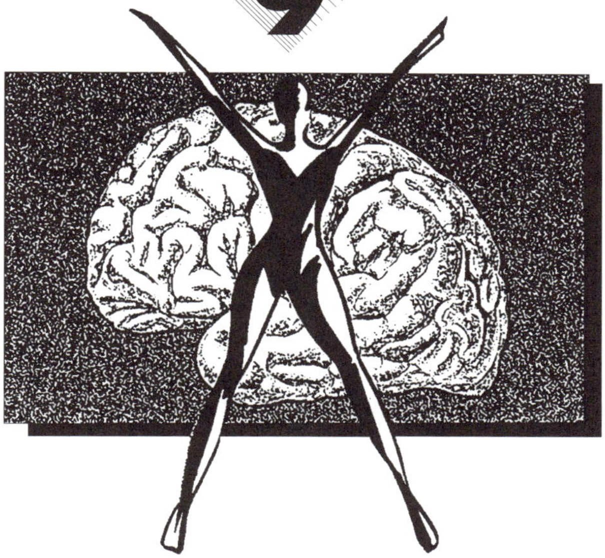

MO DI MI DO FR SA SO

SECHSTE WOCHE

ORIENTIERUNGSTRAINING

Was Sie für die sechste Woche brauchen: Einen großen Plan Ihrer Stadt (oder der Gegend, in der Sie leben), Ihr Adreßbuch, einen Taschenkompaß, ein altes Elektrogerät, um das es nicht schade ist.

„...Die feste Erde? Die wirkliche Welt! Der gesunde Menschenverstand! Kontakt! Kontakt! Wer sind wir? Wo sind wir?“

Henry David Thoreau, *The Maine Woods*

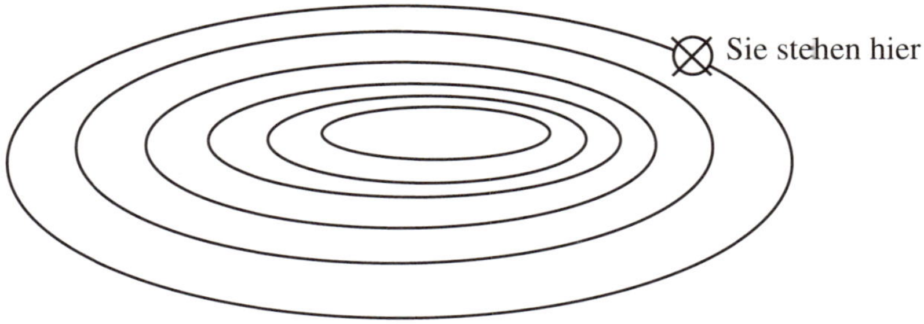

Haben Sie damals in der Schule Ihren Namen und Ihre Adresse auch mal ungefähr so in Ihr Notizbuch geschrieben?

Andrea Simons
Dudelstraße 76
8292 Breiten
Bayern
Deutschland
Europa
Westliche Hemisphäre
Planet Erde
Sonnensystem
Milchstraße
Galaxis

Haben Sie? Ja? Nein? Ich schon, und ich wette, daß viele das getan haben. Kinder sind neugierig auf ihren Platz in der Weltordnung, und sie haben einen Instinkt dafür, ihre Position in ihrer Umgebung relativ genau zu bestimmen - einen Instinkt, den sie später zu verlieren scheinen. Und das ist wirklich schade, da der Orientierungssinn intellektuelle Fitneß und Selbstvertrauen fördert. In einer Stadt, die Ihnen vertraut ist, kennen Sie wahrscheinlich nicht jeden Platz, aber Sie wissen zumindest ungefähr, wo Sie stehen. Das Wichtigste dabei ist, daß Sie das Gesamtbild erfassen und fähig sind, Ihre eigene Position darin zu bestimmen.

VERBRINGEN SIE IHR LEBEN NICHT ALS PASSAGIER

Kennen Sie das? Sie besuchen einen bestimmten Ort zwar regelmäßig, aber Sie werden bis dorthin immer chauffiert. Ob im Bus, Taxi, in der Bahn oder im Flugzeug. Sie wissen unterwegs nie genau, wo Sie gerade sind, weil man als Passagier die Orientierung verliert.
Deshalb müssen Sie selbst auf dem Fahrersitz Platz nehmen. Wenn Sie dann einen ortskundigen Mitfahrer haben und seine Hinweise nicht nur blind befolgen, sondern aufmerksam nachvollziehen, dann lernen Sie mehr, als wenn Sie nur der Passagier eines ortskundigen Fahrers sind.
Das ist ein weiterer Grund, warum Sie an den Rand dieses Buches schreiben sollen: Sie rücken damit immer näher an den Fahrersitz heran, bis Sie schließlich selbst das Lenkrad in Ihren Händen halten.
Verbringen Sie Ihr Leben nicht als Passagier. Folgen Sie nicht nur den Anweisungen anderer. Diese Anweisungen können noch so gut sein - aber es sind nicht Ihre eigenen Orientierungen. Irgendwann lernen Sie es wieder, auf eigene Faust loszugehen (auch wenn Sie ab und zu die falsche Abzweigung erwischen).
Im Rahmen des Brain Building-Programms gibt es drei Schwierigkeitsgrade der Orientierung: Körperliche Orientierung, geistige Orientierung und intellektuelle Orientierung.

DIE SCHRITTE ZUR INTELLEKTUELLEN ORIENTIERUNG

Mit der körperlichen Orientierung erkennen Sie, wo in Ihrer Umgebung Sie sich befinden. Das bedeutet, daß Sie zuerst Ihre Umgebung kennenlernen müssen, ehe Sie Ihren Platz darin bestimmen können.
Die geistige Orientierung ist etwas schwieriger. Sie erfordert eine Aufmerksamkeit, die über das hinausgeht, was Sie mit den Augen wahrnehmen können, nämlich die Orientierung in Zeiten, in Tagen und Terminen. Sind Sie sich nicht sicher, welcher Tag heute ist, dann sind Sie, bildlich gesprochen, am Rand des Waldes, in dem Sie sich verirren können. Wenn Sie

nicht wissen, welchen Monat wir schreiben, dann haben Sie sich bereits verirrt und ein Baum sieht wie der andere aus. Und wenn Sie noch im Februar die Jahreszahl vom Vorjahr auf Ihre Schecks schreiben, dann sind Sie absolut in den Wald geraten. (Aber Sie können noch heraus!)
Bei der intellektuellen Orientierung handelt es sich um eine Kombination aus den ersten beiden, und das Ergebnis wollen wir „Lageorientierung" nennen. Bei dieser Art Orientierung sind Sie sich sowohl der sichtbaren als auch der unsichtbaren Umgebung bewußt. Und dieses Bewußtsein erlaubt es Ihnen, der Situation mit voller Kraft zu begegnen.

DIE SCHRITTE ZUR VOLLSTÄNDIGEN ORIENTIERUNG

Dazu drei Beispiele:
Ein Hund ist normalerweise körperlich sehr gut orientiert. Da er nicht die Fähigkeit zur geistigen Orientierung besitzt, konzentriert er sich mit seiner ganzen Energie auf die körperliche Umgebung. Er bemerkt die geringste Bewegung, und er findet auch von einem fremden Ort besser nach Hause, als Sie es können. Seine geistige Orientierung dagegen ist schwach. Wenn Sie ihm ein neues Spielzeug zeigen, so wedelt er mit dem Schwanz und bettelt. Aber wenn Sie das Spielzeug hinter Ihrem Rücken verbergen, dann weiß er nicht, wo er es suchen soll: Aus den Augen, aus dem Sinn.
Wir kennen alle irgendeinen Menschen, der geistig sehr gut orientiert ist. Jemanden, der das Datum aller wichtigen Ereignisse im Kopf hat. Er weiß Adressen und Telefonnummern auswendig und muß deshalb kein Adreßbuch mit sich herumschleppen. Er rechnet in der Uni mühelos eine Mathematikaufgabe vor 200 Komilitonen an der Tafel vor. Doch so gebildet er auch zu sein scheint: Bei seiner Kleidung paßt nichts zusammen, und das sitzt auch noch besonders schlecht, er wird schon müde, wenn er Sportlern beim Training nur zusieht, und nur höchst selten hat er eine Verabredung mit anderen Menschen. Aus dem Sinne, aus den Augen.
Lassen Sie sich von Herrn Stubenhockers Gedächtnisakrobatik nicht allzusehr beeindrucken. Wenn einem im Leben so wenig interessante Dinge widerfahren, dann kann man sich leicht an deren Daten erinnern - sogar wenn man die historischen Ereignisse mit hinzunimmt. Fragen Sie sich

mal, wie schwer es sein muß, sich Telefonnummern und Adressen bloß von einem halben Dutzend Ihrer Bekannten zu merken. Und was die geniale Lösung von Matheaufgaben betrifft: Klar, in einer Reihe langer, einsamer Samstagabende kann man es schon zu einiger Übung in Mathe bringen. Geistige Orientierung für sich ist - ebenso wie körperliche Orientierung allein - nur eine halbe Sache. Der Trick liegt darin, beide zu verbinden und zu Ihrem eigenen Vorteil zu benutzen.
Wer sowohl der körperlichen als auch der geistigen Orientierung mächtig ist, der verfügt über echte intellektuelle Orientierung. Dieser Mensch weiß, wo genau der eigene Standpunkt im Kosmos ist. Er weiß zu nehmen, was ihm das Leben bietet, und er kann die meisten Situationen und Widrigkeiten mit ruhiger Sicherheit handhaben. Dieser Mann oder diese Frau kann den ganzen Tag über an einer wichtigen geschäftlichen Besprechung teilnehmen, um dann abends ganz andere Leute zu unterhalten. Er oder sie kann über Millionengeschäfte verhandeln, und genausogut können Sie mit ihm über eine neue Skipiste diskutieren.
In welche Himmelsrichtung blicken Sie, während Sie das lesen? Wenn Sie sich auf vertrautem Terrain befinden und es trotzdem nicht wissen (bzw. schnell dahinterkommen können), dann gibt es noch viel zu tun. Beginnen wir mit dem Training Ihrer körperlichen Orientierung:

BRAIN BUILDER NR. 51

ORIENTIEREN SIE SICH IN IHRER STADT

Übung: Besorgen Sie sich den besten Plan, den es von Ihrer Stadt gibt. Ideal wäre ein Plan mit „axometrischer“ Projektion, die alle Gebäude und Formen dreidimensional erscheinen läßt. Hängen Sie den Plan an einer gut zugänglichen Stelle auf, in Reichweite Ihres Schreibtisches, Ihres Telefons oder eines anderen Platzes, an dem Sie ihn täglich betrachten können. Suchen Sie Ihre Wohnung auf dem Plan und orientieren Sie sich. Schauen Sie jetzt nach Nordosten oder Südwesten? Wo befindet sich Ihre Wohnung im

Verhältnis zum Rathaus? Und im Verhältnis zu Ihrem Lieblingskino- oder Restaurant? Welches Ihrer Fenster ist direkt nach Osten ausgerichtet? In welche Richtung öffnet sich Ihre Haustür?

Übung: Gehen Sie Ihr Adreßbuch durch und stellen Sie fest, in welcher Richtung Ihre Bekannten wohnen - von der Lage Ihrer Wohnung aus gesehen. Und: Praktiziert Ihr Zahnarzt im Nordosten oder im Nordwesten? Trifft sich Ihr Club im Osten? Oder im Westen?

BRAIN BUILDER NR. 52

ORIENTIEREN SIE SICH IN IHRER WELT

Übung: Kaufen Sie sich einen kleinen Taschenkompaß und tragen Sie ihn eine Weile bei sich. Orientieren Sie sich zunächst grundsätzlich, wie ein Seemann, nach dem Nordpol: Behalten Sie immer im Sinn, wo Norden ist und in welche Richtung Sie gerade gehen - vor allem, wenn Sie in eine ungewohnte Gegend kommen. Benutzen Sie den Kompaß so lange, bis Ihnen die Himmelsrichtungen in Fleisch und Blut übergegangen sind und Sie den Kompaß dafür nicht mehr brauchen. Bei dieser Übung kommt es nicht darauf an, wo Norden liegt, sondern darauf, daß Sie sich in jeder Umgebung - egal, ob sie Ihnen vertraut oder fremd ist - orientieren können.

Übung: Erklären Sie einmal wöchentlich jemandem den Weg, indem Sie - anstelle solcher Hinweise wie „Tankstelle an der Ecke" - die Himmelsrichtungen als Anhaltspunkte verwenden. Sagen Sie nicht: „Biegen Sie an der ersten Ampel links ab." Sondern: „Biegen Sie an der ersten Ampel nach Süden ab." Damit zwingen Sie sich selbst zum Orientieren. Spielen Sie die Orientierungsübung mit Ihren Kindern oder Freunden, sagen Sie: „Geh' zur Haustür hinaus, halte dich nördlich, nimm' den Gartenschlauch, wende dich nach Süden und gieße die Blumen dort." Sie können gespannt darauf sein, ob tatsächlich die Blumen gegossen werden, die Sie meinten.

BRAIN BUILDER NR. 53

GEWINNEN SIE HÖHE

Dreidimensionale Orientierung ist besser für Ihr Verständnis als die zweidimensionale. Begeben Sie sich, wann immer Sie können in die oberste Etage hoher Gebäude. Blicken Sie zum Fenster hinaus, sehen Sie sich nach vertrauten Wahrzeichen um und stellen Sie fest, in welche Himmelsrichtung Sie blicken. Nutzen Sie alle Gelegenheiten, hoch hinaufzukommen und freie Sicht in alle Richtungen zu haben: das Flugzeug, gläserne Aufzüge in Gebäuden, Seilbahn, Riesenrad und Aussichtstürme.

Übung: Raffen Sie sich zumindest einmal im Monat dazu auf, vom Boden weg und so hoch hinaufzukommen, wie es gerade geht. Gibt es in Ihrer Nähe ein Restaurant im obersten Geschoß eines Hochhauses? Nehmen Sie dort Ihren Imbiß und schauen Sie dabei soviel wie möglich aus dem Fenster. Gibt es in Ihrer Stadt irgendeine sehr hohe Touristenattraktion, die Sie sich schon immer einmal ansehen wollten? Was Sie aber nie getan haben, weil Sie ja ohnehin hier leben? Gehen Sie hin. Und wenn Ihre Stadt so etwas nicht bieten kann, dann nehmen Sie zumindest den Aufzug zum obersten Geschoß des höchsten Gebäudes, das Sie finden können - und schauen Sie für eine Weile aus den Fenstern. Sehen Sie es einmal so: Was wäre, wenn Sie in einem zweidimensionalen Universum lebten, einer Welt ohne Täler und Berge, und Sie würden dort ständig nur vor- oder zurückgehen, nie hoch oder runter? Sie hätten eine ganze Dimension weniger. Aber wir sind keine Schachfiguren, wir können uns in alle Richtungen wenden. Und wenn wir hinaufsteigen und auf unsere Nachbarschaft, unsere Stadt, unsere Welt hinab blicken, dann fügen wir unserer Orientierung die Tiefe hinzu und verleihen ihr damit feste Umrisse.

BRAIN BUILDER NR. 54

GEHEN SIE INS FREIE

Übung: Betreiben Sie draußen Sport oder betätigen Sie sich anderweitig im Freien. Ein Home-Trainer nutzt vielleicht Ihrer körperlichen Gesundheit, aber eine Radfahrt durch den Park, über Land oder rund um die Stadt ist ungleich besser für Ihren Orientierungssinn. Und damit für Ihren Verstand und Ihre Urteilskraft. Genauso trainiert das Joggen im Freien Ihre Gehirnkräfte besser als es Aerobic im Sportstudio kann, und das Schwimmen im Meer stimuliert den Geist mehr als das Plantschen in einem Pool. Sport unter freiem Himmel verlangt wesentlich mehr Körperorientierung als Hallensport.

Übung: Trainieren Sie mindestens zweimal im Monat im Freien.

BRAIN BUILDER NR. 55

SUCHEN SIE UNGEWOHNTE SITUATIONEN

Eine guter Freund von mir, der auf dem Land lebt, probiert mit dem Wagen ständig neue, ihm unbekannte Seitenstraßen aus - er weiß ja, daß sie schließlich irgendwo wieder zurück auf die gewohnten Hauptstraßen führen. Er kennt deshalb nicht nur jede Abkürzung und jeden sehenswerten Flecken der hiesigen Landschaft, er weiß auch immer bestens Bescheid, wo er sich befindet. Er kann jederzeit sagen, ob die Straße nach Nordosten abbiegt, nach Süden oder direkt nach Westen führt.
Nehmen wir an, Sie befinden sich in einem Boot auf einem See, Sie fischen hier zum ersten Mal: Legen Sie gegen Ende des Tages, wenn es noch hell genug ist, Ihre Angelrute beiseite, und fahren Sie eine halbe Stunde mit dem Boot herum, um den Ort zu erkunden.

Übung: „Verirren“ Sie sich einige Male im Jahr, ganz bewußt. Eine gute, ungefährliche Methode dazu ist, sich von einem ortskundigen Freund begleiten zu lassen. Machen Sie einen Waldspaziergang mit diesem Freund, aber bitten Sie ihn, Sie nicht zu führen. Stellen Sie fest, ob Sie ohne Hilfe den Rückweg finden können, verlassen Sie sich dabei nur auf die Beobachtung der Landmarken, markanter Punkte und der Umgebung. Auf diese Weise werden sie empfänglicher für Ihre Umwelt - und kommen trotzdem wieder nach Hause.

Übung: Wenn Sie sich das nächste Mal verlaufen, bleiben Sie stehen, und entspannen Sie sich, bevor Sie jemanden um Hilfe bitten (vorausgesetzt natürlich, Sie befinden sich nicht irgendwie in Gefahr).
Das Verirren kann so erschreckend sein wie das nächtliche Erwachen an einem fremden Ort: Man weiß nicht, wo man sich befindet, und man ist völlig verwirrt. Doch je unbekümmerter Sie sich in einer fremden Umgebung verhalten, desto selbstsicherer werden Sie und desto besser können Sie nachvollziehen wo Sie sind. Atmen Sie tief durch und durchleben Sie Ihre Empfindungen, wenn Sie sich wieder einmal verlaufen haben. Gewöhnen Sie sich an solche Gefühle. Vielleicht werden Sie es dann sogar genießen, eine fremde Umgebung zu „entdecken“.

BRAIN BUILDER NR. 56

VERLASSEN SIE SICH NICHT ALLEIN AUF LANDKARTEN

Übung: Verbinden Sie diese Übung mit einem Tag im Freien. Überlegen Sie sich, wohin Sie gehen wollen. Sehen Sie nur einmal auf die Karte, und dann gehen Sie los!

Verlassen Sie sich auf Ihre Augen, Ihr Gedächtnis und Ihren Orientierungssinn. Machen Sie sich eine Notiz, wenn Ihnen jemand den Weg erklärt. Lesen Sie sie, nehmen Sie den Zettel mit, aber benutzen Sie ihn nur, wenn Sie sich „ernsthaft" verlaufen haben und/oder die Zeit knapp wird. Dasselbe gilt für Landkarten. Sehen Sie sich die Karte an, bevor Sie sich auf den Weg machen. Finden Sie heraus, welchen Weg Sie einschlagen müssen, um Ihr Ziel zu erreichen. Stecken Sie dann die Karte weg, konzentrieren Sie sich nur noch auf den Weg.

BRAIN BUILDER NR. 57

FÜRCHTEN SIE SICH NICHT, SICH ZU VERIRREN

Die Angst vor dem Verirren ist ein Hemmschuh für Körper und Geist. Wenn Sie sich nicht gerade in einer der seltenen Situationen befinden, in denen das Verirren wirklich gefährlich ist, dann gehen Sie einfach umher und erforschen Sie Ihre Umgebung. Was soll Ihnen schon geschehen, solange Sie nicht in fremdes Eigentum eindringen und sich nicht in Gefahr befinden? Vielleicht kommen Sie sogar einmal auf die Idee, sich freiwillig zu verirren, um sich in einer kontrollierten Situation mit der Angst zu konfrontieren und sich an den Umgang mit ihr zu gewöhnen.

Übung: Gehen Sie zum größten Komplex öffentlicher Gebäude, den Sie finden können und tun Sie Ihr Bestes sich dort drinnen zu verirren. Gebrauchen Sie dann Ihren Kopf, um wieder herauszufinden, ohne dabei jemanden um Hilfe zu bitten.

Der Aufbau körperlicher Orientierung gehört in eine Reihe anderer Brain Builder, an denen Sie bereits gearbeitet haben: sich auf die Zeit einstimmen, über das Wetter ohne Wetterbericht Bescheid wissen und so weiter. Die Idee dahinter, das Ziel: Es geht um die Schärfung Ihrer Sinne, daß Sie sich Ihrer selbst bewußter werden, und es geht darum, daß Sie die gebrauchsfertigen „Autoritäten" aus der Fabrik - Uhren, Landkarten und Thermometer - so oft wie möglich ersetzen durch Ihr eigenes, unabhängiges Denken. Daß Sie sich auf dieses Denken verlassen und auf Ihre Instinkte vertrauen. Während Sie nun ein umfassendes Gefühl für Ihre körperliche Umgebung und Ihren eigenen Standort darin entwickeln, wenden wir uns der geistigen Orientierung zu.

BRAIN BUILDER NR. 58

ORIENTIEREN SIE SICH IN DER ZEIT

Banken und andere Firmen verschenken oft kleine Kalender in Scheckkartengröße, die ein ganzes Jahr auf einer Seite zeigen. Das Jahr ist eine der meistgebrauchten Zeiteinheiten, Sie sollten sich damit orientieren können. Das bloße Wissen um den Wochentag reicht nicht. Sie sollten auch wissen, um welche Woche des Monats es sich handelt, das heißt, Sie sollten immer das exakte Datum im Kopf haben und möglichst wissen, ob wir uns im ersten, zweiten, dritten oder vierten Quartal des Monats befinden.

Übung: Besorgen Sie sich einen Kalender mit einer Monatsübersicht und notieren Sie sich darin wichtige Ereignisse und Freizeitvorhaben. Besorgen Sie sich außerdem einen Kalender mit Jahresübersicht und notieren Sie sich darin wichtige Ereignisse - entscheidende Termine, wann Ihr Gips abgenommen werden muß, wann Ihre Schwiegermutter zu Besuch kommt, Urlaubszeiten und sogar die Eröffnung der Fußball-Saison, wenn Sie ein Fan sind. Anders ausgedrückt: Orientieren Sie sich nicht mehr innerhalb der nächsten ein, zwei Wochen. Fangen Sie damit an, sich in einem weit größeren Rahmen zurechtzufinden.

BRAIN BUILDER NR. 59

SPIELEN SIE

Übung: Kaufen Sie in einem guten Fachgeschäft ein Spiel, von dem Sie glauben, Sie würden Spaß damit haben. Ich rede nicht von Trivial Pursuit, Rommé oder anderen Spielen, bei denen Sie sich Fakten merken oder darauf achten müssen, welche Karten bereits abgelegt wurden. Ich meine auch keine Glückspiele, bei denen alles nur vom Würfeln abhängt.
Sie brauchen ein Spiel, das große Anforderungen an den Verstand stellt und bei dem Sie scharf überlegen müssen ehe Sie einen Zug machen. Ich würde Ihnen Schach empfehlen. Wenn Sie es nicht beherrschen, wählen Sie Dame. Sogar Scrabble würde sich gut für diesen Brain Builder eignen. Jedes Spiel, das von Ihnen strategische Planung verlangt und bei dem Sie sich gedanklich in die Zukunft versetzen müssen, bei dem Sie die Züge Ihres Partners im Geiste vorwegnehmen und abschätzen müssen, paßt für diese Übung.

Sie sollten sich hier auf das Spiel selbst, nicht auf das Gewinnen konzentrieren - wobei natürlich ein gut durchdachtes Spiel oft zum Sieg führen wird. Wie viele Züge können Sie vorhersehen? Durchschauen Sie die Strategie Ihres Gegners während des ganzen Spielverlaufs, oder nur hin und wieder? Vor jeder neuen Partie sollen Sie den Vorsatz fassen, Ihren Verstand weiter in die Zukunft a-u-s-z-u-s-t-r-e-c-k-e-n als in der Partie zuvor.
Machen Sie jede Art Intelligenztest, die Sie finden können, sogar die ganz einfachen. Ignorieren Sie die Lösungen, die vielleicht dem Test beigefügt sind, und ignorieren Sie auch das Zeitlimit.
Gehen Sie mit jeder Frage so um, als sei sie ein Spiel oder eine einzelne geistige Übung. Lassen Sie nicht locker, bis Sie sie gelöst haben. Messen Sie sich nicht mit anderen und teilen Sie sich keine Punktezahl zu. Es geht hier nicht nur um Ihre persönliche Bestleistung. Es geht darum, daß Sie Ihr Begriffsvermögen immer weiter überschreiten, daß Sie immer weiter hinausgreifen. Dabei stoßen Sie immer wieder an Ihre Grenzen, aber wenn Sie zurückblicken, stellen Sie fest, wie weit Sie bereits gekommen sind.

INTELLEKTUELLE ORIENTIERUNG - EIN SCHRITT IN DIE DRITTE DIMENSION

Sowohl zeitlich wie räumlich haben Sie nun ein neues Gefühl gewonnen. In jeder Sekunde sind Sie sich jetzt besser als jemals zuvor bewußt, wo Sie sind und was als nächstes geschehen wird. Viele Leute wissen das nicht. Lassen Sie uns nun Ihre körperliche und Ihre geistige Orientierung zur intellektuellen Orientierung zusammenfügen. Wir dringen weiter in die drei Dimensionen vor.

BRAIN BUILDER NR. 60

ZERLEGEN SIE ETWAS

Übung: Gewöhnen Sie es sich an, alte Uhren und dergleichen erst dann wegzuwerfen, nachdem Sie sie zerlegt und herausgefunden haben, wie sie funktionieren. Heben Sie solche Dinge auf, bis Sie etwas freie Zeit haben oder bis Ihnen einmal langweilig ist oder Sie etwas ärgert. Und dann nehmen Sie das gute Stück hemmungslos auseinander. Vergessen Sie nicht: Es soll Ihnen Spaß machen. Sie müssen ja keine Rücksicht darauf nehmen, ob etwas kaputtgeht.

BRAIN BUILDER NR. 61

BAUEN SIE ETWAS

Bauen Sie etwas. Keinen Zierrat, sondern etwas, das wirklich funktioniert und brauchbar ist. Und benutzen Sie es, auch wenn es etwas so Simples ist wie ein Vogelhäuschen oder ein Bett für Ihren Hund. Planen Sie mit Pa-

pier und Bleistift, bevor Sie ein Werkzeug in die Hand nehmen, und zeichnen Sie - wenn irgend möglich - einen Entwurf mit den exakten Maßen. Denken Sie über alle nötigen Teile nach: Wollen Sie Schrauben oder Nägel verwenden? Welche Sorte Nägel ist geeignet? Muß das Werk aus Kunststoff sein? Muß es in einen engen Ort hineinpassen? Und wenn es luftig sein soll - wird genug Luft hineinkommen können? Planen Sie vorausschauend, stellen Sie sich schon jetzt vor, wie Sie diesen Gegenstand benutzen. Seien Sie sich über jeden Schritt in der Entwicklung Ihres Vorhabens bewußt, während es unter Ihren Händen zu dreidimensionalem Leben erwacht.
Wenn Sie das nächste Mal die Handwerker im Haus haben, dann beteiligen Sie sich zumindest gedanklich an allen Arbeiten - von der Planung bis zum Einschlagen der letzten Nägel. Dadurch werden Sie Ihre Umgebung, die Sie all die Jahre als ganz selbstverständlich hingenommen haben, völlig neu verstehen.

Übung: Notieren Sie sich - natürlich auf den Rand! - einige Dinge, die Sie in ziemlich kurzer Zeit selber bauen können.

BRAIN BUILDER NR. 62

WERDEN SIE AKTIVER

Treiben Sie eine Sportart, die Sie gemeinsam mit anderen ausüben können. Das Zusammenwirken mit anderen Menschen ist wesentlich für einen gute Lageorientierung. Volleyball oder Tennis zum Beispiel eignen sich gut für diesen Brain Builder - beide erfordern ein scharfes Augenmerk, um zu verfolgen, wo sich der Ball und der/die andere(n) Spieler befinden.

KURZ-TEST

EIN ORIENTIERUNGSQUIZ ZUM ENDE DER SECHSTEN WOCHE

1. Was ist am Beginn des Kapitels abgebildet?
2. Wie heissen die beiden Schritte zur intellektuellen Orientierung?
3. Wie wird diese Orientierung sonst noch genannt?
4. Welche Art Landkarte zeigt die Formen so, dass drei Dimensionen angedeutet werden?
5. An welchem Ort auf Erden können Sie sich weder nach Osten noch nach Westen wenden?
6. In welche Richtung blicken Sie gerade?
7. Nach welcher Richtung ist Ihr Bett ausgerichtet?
8. Welches Spiel ist am besten geeignet, Ihren Verstand zu schärfen?
9. Wer sagte „Kontakt! Kontakt!"?

ANTWORTEN

1. Die Milchstrasse
2. Körperliche und geistige Orientierung.
3. Lageorientierung.
4. Eine axometrische Projektion
5. Am Nordpol und am Südpol.
6. Darauf kann ich Ihnen keine Antwort geben.
7. „Aufwärts" ist nur eine annehmbare Antwort, wenn Sie unter zwölf Jahre alt sind.
8. Schach.
9. Henry David Thoreau.

KAPITEL

10

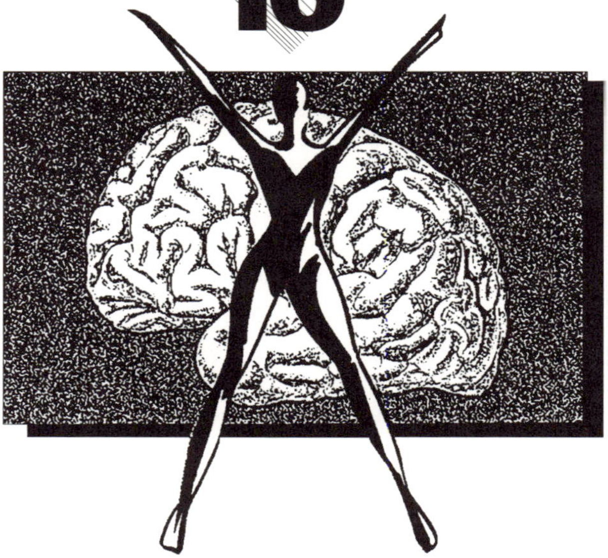

MO DI MI DO FR SA SO

SIEBTE WOCHE

TRAINING DER SINNE UND DER KONZENTRATIONSFÄHIGKEIT

Was Sie für die siebte Woche brauchen: TV-Programm, Essen und Blumen.

„Tatsächlich handelt es sich bei der Aufmerksamkeit um einen im hohen Maße gesteuerten Prozeß. Verschiebt man den Brennpunkt der Aufmerksamkeit, das Interessensgebiet, so werden völlig neue sinnliche Daten hereinfließen. Diese Verschiebung hängt von der Wachsamkeit, von der Konzentrationsstärke und den Interessensgebieten ab.“ Dr. med. Richard Restak

Bevor Sie Ihren intellektuellen Horizont so ausweiten können, daß Sie Informationen besser wahrnehmen, verstehen und verarbeiten, müssen Sie erst einmal Ihre Konzentrationsfähigkeit steigern und Ihre Sinne schärfen. Stellen Sie sich das Gehirn als das Stellwerk eines gewaltigen Eisenbahnnetzes vor, das zur selben Zeit all die vielen Züge auf verschiedene Gleise leitet. Und für den, der an den Schalthebeln dieses Stellwerks sitzt, ist Konzentration alles.

Wenn man von „schlechter Konzentrationsfähigkeit" spricht, denkt man ganz spontan fast immer an kleine Kinder: Kinder sind so neugierig auf alles, daß sie eine Sache mittendrin abbrechen, um etwas anderes in die Hand zu nehmen, das ihnen gerade ins Auge sticht. Wir Erwachsenen sollten aber genug Sitzfleisch haben, eine Arbeit bis zum Ende durchzuhalten. Ein Mensch mit einem gewissen Maß an Intelligenz ist dazu in der Lage. Beim Training Ihres eigenen Verstandes kommt es also entscheidend darauf an, daß Sie Ihre Konzentrationsfähigkeit steigern.

Intelligenztests verlangen von Ihnen, einen soeben gehörten Satz, eine Zahlenfolge oder den Inhalt eines längeren Textabschnitts korrekt wiederzugeben. Und ob Sie das können, hängt natürlich von Ihrer Konzentrationsfähigkeit ab.

WIE GUT IST IHRE KONZENTRATION JETZT?

Es folgen typische Beispiele dafür, wie in einem Standard-Intelligenztest das Gedächtnis geprüft wird. Bitten Sie einen Freund, Ihnen die Sätze, Textabschnitte und Zahlenfolgen vorzulesen. Er sollte nicht zu schnell, nicht zu langsam, aber sehr deutlich und mit normaler Betonung sprechen. Um sich besser auf das konzentrieren zu können, was Sie hören, sollten Sie die Augen schließen. Dann werden Sie weniger abgelenkt.

Stellen Sie sich beim Zuhören vor, die Worte seien an eine Tafel geschrieben. Konzentrieren Sie sich bei den längeren Abschnitten auf die Schlüsselworte - die übrigen finden dann fast von alleine ihren Platz.

Bei der Auswertung eines solchen Tests geht man absolut vor, nach dem Prinzip „alles oder nichts": Sie erhalten nur dann Punkte, wenn Sie bei den Sätzen jedes Wort exakt bis zur letzten Silbe wiederholen, bzw. die Zahlen genau in der vorgegebenen Reihenfolge wiedergeben. Sie erhalten keinen Punkt, wenn Sie auch nur ein Wort oder eine Ziffer verpatzen. Bei den längeren Textabschnitten müssen Sie sich zwar nicht an jedes einzelne Wort erinnern, aber Sie bekommen nur dann einen Punkt, wenn Sie alle wesentlichen Inhalte des Abschnitts wiedergeben können. Sie machen es entweder richtig oder falsch. Während eines Intelligenztests werden die Sätze, Textabschnitte und Zahlenfolgen zunehmend komplexer und schwieriger. Und normalerweise irrt sich die Versuchsperson irgendwann immer häufiger. Dann ist der Test zu Ende, und die Versuchsperson bekommt Punkte für die fehlerfreie Leistung und das Niveau, das sie erreicht hat. Es funktioniert also ähnlich wie beim Sehtest - nur bekommen Sie am Ende keine neue Brille.

Sind Sie bereit? Dann lesen Sie nur noch diesen Absatz zu Ende, schauen Sie nicht auf die Übungssätze. Geben Sie das Buch Ihrem Testpartner. Schließen Sie Ihre Augen und konzentrieren Sie sich auf die Sätze, die Textabschnitte und die Zahlenfolgen. Und wiederholen Sie jeweils, was Sie soeben gehört haben.

SATZGEDÄCHTNIS

Übung: Der überlegene Mann legt sich weder für noch gegen etwas fest. Stattdessen tut er das Rechte. (Konfuzius)

Übung: Das habe ich durch die Philosophie erreicht: Ich tue das, was andere nur aus Furcht vor dem Gesetz tun, ohne daß es mir jemand befiehlt. (Aristoteles)

Übung: Nur gute Menschen vermögen die Freiheit inbrünstig zu lieben. Die anderen lieben nicht die Freiheit, sondern die Erlaubnis. (Milton)

Übung: Jedermann nimmt die Grenzen seines eigenen Horizonts für die Grenzen der Welt. (Schopenhauer)

Übung: Ein Mann ist nicht eitel, weil er in Gedanken versunken ist. Es gibt sichtbare Arbeit und es gibt unsichtbare Arbeit. (Victor Hugo)

Übung: Wenige Dinge sind schwerer zu ertragen als das Ärgernis eines guten Vorbilds. (Mark Twain)

ERINNERN VON TEXTPASSAGEN

Wiederholen Sie den Textabschnitt, soweit Sie sich daran erinnern können. Geben Sie die wesentlichen Punkte in derselben Reihenfolge wieder, in der Sie sie hören.

Übung: Die Leute geben stets den Verhältnissen, in denen sie leben, die Schuld. Ich glaube nicht an die Verhältnisse. In dieser Welt kommen jene Leute vorwärts, die sich aufmachen, um nach den Verhältnissen, die sie gerne hätten, zu suchen. Und wenn sie diese nicht finden können, dann schaffen sie sie. (George Bernard Shaw)

Übung: Das alles wird nicht in den ersten hundert Tagen vollendet werden. Es wird weder in den ersten tausend Tagen noch während dieser Regierungsperiode vollendet werden, vielleicht nicht einmal während unserer Lebenszeit. Aber lassen Sie uns damit beginnen. (John Fitzgerald Kennedy)

Übung: Ein Philosoph von eindrucksvollem Format denkt nicht im luftleeren Raum. Sogar seine abstraktesten Ideen sind bis zu einem gewissen Grad von dem abhängig, was in der Zeit, in der er lebt, bekannt ist und was nicht. (Alfred North Whitehead)

Übung: Wir neigen dazu, Freiheit und Demokratie - die wir als moralische Grundsätze betrachten - damit zu verwechseln, wie sie in Amerika praktiziert werden: mit Kapitalismus, Föderalismus und dem Zweiparteiensystem. Und das sind keine moralischen Grundsätze, sondern ganz einfach die akzeptierte Praxis des amerikanischen Volkes. (James William Fulbright)

Übung: Wenn wir uns im Gegensatz zu einer Idee befinden, dann werden wir höchstwahrscheinlich in Zorn geraten und uns ereifern, wenn wir uns unserer Position selber nicht ganz sicher sind und innerlich dazu neigen, die andere Partei zu ergreifen. (Thomas Mann)

ZAHLENGEDÄCHTNIS

Wiederholen Sie die folgenden Zahlen in derselben Reihenfolge, in der Sie sie hören. Diese Zahlenreihen werden zunehmend schwieriger. Fahren Sie so lange fort, bis Sie beginnen, Fehler zu machen.

Übung:	0	3	8	5	0	4	7			
Übung:	1	6	4	9	5	6	8	3		
Übung:	6	2	3	8	4	9	3	2	4	
Übung:	3	9	6	4	9	1	7	5	8	2

Versuchen Sie nun, diese Reihen Zahl für Zahl rückwärts zu wiederholen:

Übung:	1	3	4	9			
Übung:	9	6	8	3	5		
Übung:	1	1	8	2	0	7	
Übung:	7	5	5	3	9	0	6

ZAHLENREIHEN HELFEN IHREM KURZZEITGEDÄCHTNIS

Hatten Sie Schwierigkeiten, sich schon die siebenstelligen Zahlenreihen zu merken? Wenn ja, dann nehmen Sie sich für jeden Tag der nächsten Woche ein Dutzend davon vor. Üben Sie, bis Sie es gewöhnt sind, eine siebenstellige Zahlenreihe einmal zu hören oder zu sehen, und sie dann ein- oder zweimal zu wiederholen. Wenn Sie das problemlos können, dann sollten Sie in der Lage sein, eine Telefonnummer nach einmaligem Hören so lange in Ihrem Kurzzeitgedächtnis zu behalten, bis Sie sie wählen.

Das Wort „Konzentration“ steht zwar in der Einzahl - aber tatsächlich setzt es sich aus mehr als einem Bereich zusammen. Es gibt verschiedene Arten der Aufmerksamkeit, und jede ist auf ihre Art nützlich und notwendig. Da geht es zum Beispiel um die Hartnäckigkeit, die man braucht, um sich durch einen zwar langweiligen, aber notwendigen Geschäftsbericht zu ackern und ihn zu verarbeiten. Dann ist da die kreative Ausdauer, die Sie

brauchen, um ein eigenes schöpferisches Vorhaben durchzuhalten. Zu viele halbfertig gestrickte Pullover und unvollendete Briefe sind Opfer der fehlenden Ausdauer.
Und andere Arbeiten verlangen eine kürzere, dafür aber intensivere Aufmerksamkeit, weil man die „geistigen Muskeln“ außergewöhnlich anspannen muß oder in neue Bereiche des Denkens vorstoßen will. Diese Art der Konzentration gibt Ihnen den entscheidenden Anstoß: Sie ist die Brücke zwischen dem, was Sie begreifen, und dem, was Sie erreichen.

BRAIN BUILDER NR. 63

LEBEN SIE MAL FERNSEH-FREI

Übung: Schalten Sie an einem Tag pro Woche den Fernseher überhaupt nicht an - auch nicht für Nachrichtensendungen. Studieren Sie vorher ruhig die Programmzeitschrift und suchen Sie sich den Abend aus. Aber schalten Sie das Gerät dann nicht an, auch nicht für fünf Minuten.

FERNSEHEN CONTRA KONZENTRATION

Unglücklicherweise ist die hastige, gehetzte Gangart des alltäglichen Lebens der Erzfeind einer ausdauernden Konzentration. Und der (nicht nur bei den Amerikanern) zweitliebste häusliche Sport - das Fernsehen - entpuppt sich als der Vier-Sterne-General des Feindes in diesem Krieg.
Die meisten von uns sind mit dem unnatürlich schnellen Tempo des Fernsehens aufgewachsen. Sogar die besten Kinderprogramme, die seriösesten Dokumentarsendungen und die professionellsten Nachrichtensendungen packen viel zuviel in eine viel zu kurze Zeit.
Schwierigste Problembereiche, wie zum Beispiel der Umgang mit AIDS-Patienten oder das Recht unheilbar Kranker, selbst über ihren Tod zu entscheiden, werden oft in wenigen Minuten abgehandelt. Solche Sendungen

stellen nahezu unbeantwortbare Fragen in den Raum, die Ethik oder Moral herausfordern und selbst einen Salomon oder das Bundesverfassungsgericht in Verlegenheit bringen würden. Und je nach Sender wird mittendrin noch Werbung eingeblendet.
Bei dem Tempo solcher „Instant"-Informationen könnte man die gesamte überlieferte Geschichte der Menschheit an einem einzigen Tag dokumentieren.
Der Psychotherapeut und Familien-Streßberater Dr. Ross McCabe hat in einem Interview erklärt, warum er vor der Geburt seiner Kinder sein Fernsehgerät weggab: „Über 90 Prozent der Sendungen sind Zeitvergeudung der übelsten Art", sagte Dr. McCabe. „Die Leute sind süchtig danach. Auf diese Weise nutzt Information niemandem."
McCabe gab zwar zu, daß das Fernsehen den Kindern die Fakten und Ungereimtheiten des Lebens vorführt - aber: „Immer geht alles nach dreißig Minuten glücklich aus. Das ist lächerlich."
Aber das Fernsehverhalten ist nun mal tief verwurzelt, und auch Sie werden wohl nicht bereit sein, wie McCabe Ihr Fernsehgerät wegzugeben. Wenn Sie jedoch wirklich Ihr Denken und Ihre Konzentrationsfähigkeit stärken wollen, dann sollten Sie es versuchen, wo immer es geht. Ich gebe Ihnen zunächst einige Brain Builder für zu Hause.

BRAIN BUILDER NR. 64

LIEBER EIN THEMA GRÜNDLICH ALS VON ALLEM ETWAS

Wählen Sie bei Talk-Shows die aus, die einem einzelnen Gast eine Stunde Zeit gibt, anstatt in einer Stunde ein Dutzend Leute reden zu lassen. Nehmen Sie die Sendung, die sich mit nur einem Thema befaßt, statt mit vier, acht oder zwölf Themen. Und statt drei einstündiger Filme sehen Sie sich lieber einen guten dreistündigen Film an. Wenn Sie schon fernsehen, dann sollten Sie es zumindest ein wenig unter Kontrolle haben. Lesen Sie

Ihre Programmzeitschrift so, wie Sie eine Speisekarte lesen würden, und fällen Sie eine bewußte Entscheidung darüber, was Ihr Kopf in dieser Woche „zu sich nehmen“ soll.
Und halten Sie Ihre Diät ein: Schalten Sie das Gerät wirklich nur dafür an. Für Ihren Verstand sind schlechte Sendungen ebenso schädlich wie es Kartoffelchips für Ihren Körper sind.

BRAIN BUILDER NR. 65

SENDER-BEWUSSTSEIN

Das gilt nicht mehr nur für Amerika: Die öffentlichen Sender sind weniger hektisch und behandeln Themen gründlicher.
Finden Sie heraus, welcher Sender die besten und sinnvollsten Sendungen zu Ihren Interessengebieten anbietet.

BRAIN BUILDER NR. 66

SCHALTEN SIE IHR FERNSEHGERÄT RECHTZEITIG AUS

Schalten Sie das Gerät aus und nutzen Sie die Zeit für sich selbst und eine eigene Aktivität, wenn die Sendung Sie nicht wirklich brennend interessiert oder keinen Spaß macht. Vergeuden Sie keine einzige kostbare Minute Ihres Lebens, nur weil gerade der Apparat läuft.

Übung: Sehen Sie nicht halb hin. Halten Sie in Reichweite des „AUS“-Knopfes bzw. der Fernbedienung eine für Sie interessante Alternative griffbereit, und wechseln Sie zu dieser Beschäftigung, sobald Ihr Interes-

se abflaut oder sobald Sie merken, daß das Programm Ihre Zeit nicht wert ist. Noch besser: Gehen Sie mit jemandem aus, der auch nur halb hinsieht! Es wird Ihnen beiden gut tun.
Besonders viel können Sie dort für Ihre Konzentration tun, wo Sie sie am nötigsten brauchen: am Arbeitsplatz. Dazu die nächsten Brain Builder.

BRAIN BUILDER NR. 67

ESSEN UND TRINKEN SIE NICHT AM SCHREIBTISCH

Eine schnelle Tasse Kaffee - mit oder ohne Imbiß - ist oft nur eine unterbewußte Flucht vor der Anspannung und Konzentration, die Ihnen die Arbeit abverlangt. Lernen Sie, diese Anspannung zu akzeptieren, und stören Sie nicht selbst Ihre Konzentrationsfähigkeit.

BRAIN BUILDER NR. 68

MACHEN SIE IHRE PAUSEN NICHT VON DER UHR ABHÄNGIG

Belohnen Sie sich mit einer Pause, wenn Sie eine Aufgabe erledigt haben und bevor Sie etwas Neues anfangen. Lassen Sie sich nicht vom Knurren des Magens tyrannisieren, lassen Sie Ihre Leistung nicht vom Magen diktieren. Wer ist der Boss: Ihr Magen oder Ihr Gehirn? (Sollte es der Magen sein, dann haben Sie dieses Kapitel wirklich bitter nötig.)

Übung: Nehmen Sie sich bewußt vor, *nach* Abschluß einer Aufgabe eine Tasse Kaffee zu trinken oder eine kurze Pause einzulegen. Damit schieben Sie den „Flucht"-Pausen während der Arbeit einen Riegel vor.

BRAIN BUILDER NR. 69

ARBEITEN SIE IMMER NUR AN EINER SACHE

Beenden Sie eine Arbeit, bevor Sie mit der nächsten beginnen. Wenn Sie glauben, mit drei oder vier Arbeiten zur gleichen Zeit besser zurechtzukommen, dann liegt das vermutlich an Ihrer schlechten Konzentrationsfähigkeit: Sie fühlen sich bloß besser, wenn Sie von Aufgabe zu Aufgabe springen. Aber damit verlieren Sie nicht nur Zeit, Sie leisten auch weniger. Sie müssen nämlich jedes Mal wieder aufs neue den Faden finden, wenn Sie eine Arbeit unterbrechen und eine andere zur Hand nehmen. Das führt zu unnötigen Wiederholungen und oft auch zu Verwechslungen. Sie sind ja kein Kind - lernen Sie also, den Ablenkungen durch andere Tätigkeiten zu widerstehen, so verlockend sie auch sein können. Was es auch sein mag: Fangen Sie mit der nächsten Sache erst an, wenn die eine erledigt ist. Setzen Sie sich geistige Scheuklappen auf, und konzentrieren Sie sich ausschließlich auf Ihre gegenwärtige Arbeit.

Übung: Bitten Sie Ihre Kollegen, Sie nicht mit einer neuen Aufgabe zu unterbrechen, während Sie noch an etwas anderem arbeiten (es sei denn, es läßt sich wirklich nicht aufschieben). Etwas anzufangen ist einfach, die Schwierigkeit liegt darin, es zu Ende zu führen.

BRAIN BUILDER NR. 70

DELEGIEREN SIE VERANTWORTUNG

Übertragen Sie so viele Aufgaben wie möglich an andere. Damit verschaffen Sie sich Spielraum für größere Projekte. Viel zu oft halten sich Menschen mit nebensächlichen Arbeiten auf, verstreuen sie über den ganzen Arbeitstag. Damit verhindern sie - zweifellos unbewußt - selbst, daß sie längere, zusammenhängende Zeitabschnitte zur Verfügung haben. Und beklagen sich darüber.

Übung: Machen Sie sich am Arbeitsplatz eine Liste der Anrufe und der Briefe, die Sie nicht wirklich selbst erledigen müssen. Notieren Sie sich zu Hause alles, was Sie jetzt für die Kinder tun, was aber die Kinder selbst erledigen könnten. Sehen Sie sich die Liste an. Wollen Sie wirklich auch künftig Ihre Zeit auf diese Tätigkeiten verwenden?

BRAIN BUILDER NR. 71

ERLEDIGEN SIE DEN KLEINKRAM IN EINEM STÜCK

Können Sie niemandem den Kleinkram übertragen? Dann erledigen Sie ihn in einem Arbeitsgang, anstatt damit Ihren Arbeitstag zu zerstückeln.

Übung: Beginnen Sie heute mit einer Liste aller Lappalien, die anstehen. Dann machen Sie erst einmal mit wichtigeren Dingen weiter. Und wenn Ihre Liste zehn Punkte umfaßt, dann betrachten Sie den ganzen Kleinkram als eine einzige Aufgabe und bringen alles in einem Stück hinter sich.

BRAIN BUILDER NR. 72

LERNEN SIE, SICH VORZUBEREITEN

Ob zu Hause oder am Arbeitsplatz: Bevor Sie mit einer Arbeit beginnen, tragen Sie alles zusammen, was Sie voraussichtlich brauchen werden. Damit verhindern Sie, daß Sie ständig von der Arbeit aufspringen müssen, um ein Nachschlagewerk oder eine Schere zu holen. Überlegen Sie sich also genau, was zu tun ist, und besorgen Sie die nötigen Utensilien, damit Sie während der Arbeit nicht in Ihrer Konzentration gestört werden.

Übung: Sicher gibt es bei Ihnen zu Hause oder am Arbeitsplatz eine Sache, die Sie sich zwar schon lange vorgenommen haben, zu der Sie aber „noch nicht" gekommen sind. Suchen Sie sich eine passende Zeit dafür aus. Notieren Sie sich alles, was Sie für diese Arbeit benötigen, und decken Sie sich damit gleich zu Beginn ein. Nehmen wir an, Sie schreiben einen Bericht: Besorgen Sie sich nicht nur Papier und einen geeigneten Aktenordner, sondern auch gleich sämtliche Nachschlagewerke. Sie müssen alles zur Hand haben. Nach einer Weile wird Ihnen das in Fleisch und Blut übergehen. Und dann sind Sie wirklich bestens gerüstet, wenn Sie sich an eine Arbeit setzen.

BRAIN BUILDER NR. 73

VOLLENDEN SIE, WAS SIE EINMAL ABGEBROCHEN HABEN

Übung: Picken Sie sich - am Arbeitsplatz oder zu Hause - die leichteste der Arbeiten heraus, die einfach unvollendet liegengeblieben sind. Dabei muß es sich nicht um ein besonders wichtiges Projekt handeln. Nehmen wir einmal an, Sie haben neue Knöpfe für Ihren alten Mantel besorgt, sind aber bis jetzt noch nicht dazu gekommen sie anzunähen. Oder Sie haben sich eine neue Packung Karteikarten gekauft, um Ihre Adreßdatei auf den neuesten Stand zu bringen. Schieben Sie es nicht mehr auf. Kümmern Sie sich nicht um andere unfertige Projekte, wählen Sie zur Übung eines, und nur eines, und führen Sie es zu Ende.

Übung: Werfen Sie jetzt gleich das alte Zeug aus dem Kühlschrank und aus den Küchenschränken weg. Das ist eine einfache Methode, mit etwas Konstruktivem anzufangen. Und es macht sogar Spaß.

BRAIN BUILDER NR. 74

MACHEN SIE ES UNMÖGLICH, EINE ARBEIT NICHT ZU VOLLENDEN

Übung: Erinnern Sie sich an den alten Mantel und die neuen Knöpfe? Holen Sie ihn, nehmen Sie Ihre Schere und schneiden Sie alle alten Knöpfe ab. Jetzt können Sie ihn nicht mehr tragen, bis Sie neue Knöpfe angenäht haben. Und wenn es nicht um Knöpfe geht, dann suchen Sie nach Schuhen, die neue Schnürbänder brauchen: Werfen Sie die alten Bänder weg. Bringen Sie sich selbst in Zugzwang - und erledigen Sie es gleich.

Wenn Sie gelernt haben, Ihre Konzentrationsdauer auszudehnen, werden Sie feststellen, daß Sie fähiger sind, ein Projekt zu Ende zu führen, und daß es nun wahrscheinlicher ist, *daß* Sie es vollenden. Wenn man es sich erschwert, eine Arbeit nicht zu beenden, dann macht man es sich leichter, sie in Angriff zu nehmen und zu erledigen.

BRAIN BUILDER NR. 75

VOLLENDEN SIE, WAS SIE BEGINNEN

Schwören Sie sich, jedes lohnende, einmal begonnene Vorhaben auch zu Ende zu führen. Und gehen Sie mit diesem Schwur nicht so um wie mit so manchen guten Vorsätzen, die man in der Silvesternacht faßt und die schon am 2. Januar vergessen sind. Wenn Sie Ihr Versprechen wirklich ernst nehmen, dann werden Sie nicht mehr so viele Dinge anfangen und deshalb mehr Zeit haben, das zu Ende zu bringen, was Sie tatsächlich beginnen. Zehn vollendete Projekte sind für Ihre intellektuelle Entwicklung weitaus wichtiger als 50, die Sie bloß angefangen haben.
Und diese Ratschläge mögen Ihnen paradox vorkommen:

1) Beenden Sie das Projekt auch, wenn Sie denken, daß Sie es nicht gut genug machen.
2) Vermeiden Sie, die Arbeit zwanghaft zu Ende zu bringen.

Aber so löst sich dieses Paradoxon auf: Wenn Sie erst einmal einige von den bisher unerledigten Arbeiten vollendet haben, können Sie besser auf Ihre Konzentrationsfähigkeit vertrauen. Und dann nehmen Sie die Vorhaben in Angriff, die Ihre Zeit wirklich wert sind. Aber zögern Sie nicht, ein Projekt komplett fallenzulassen, wenn es sich für Sie nicht mehr lohnt oder wenn Sie feststellen, daß Sie auf dem falschen Weg sind.
Mit anderen Worten: Sie sollten ein Projekt nur abbrechen, weil es für Sie nichts mehr taugt - aber nicht, weil Sie glauben, Sie selbst wären für das Projekt nicht gut genug.
Damit ist der Abbruch eines Vorhabens keine unbewußte Zeitvergeudung mehr, sondern wird zum bewußten Entschluß. Machen Sie sich nichts vor: Seien Sie absolut ehrlich mit sich selbst, wägen Sie objektiv das Für und Wider ab. Und wenn das Negative das Positive überwiegt, dann vergeuden Sie keine weitere Minute mehr damit.

Übung: Sehen Sie sich in Ihrer Wohnung oder am Arbeitsplatz um. Suchen Sie ein halbfertiges Projekt und entscheiden Sie sich: Wollen Sie es beenden, oder wollen Sie es endgültig verwerfen? Wie Sie sich auch entscheiden, Sie werden sich danach besser fühlen.

BRAIN BUILDER NR. 76

SCHLAFEN SIE WENIGER

Gehen Sie nicht zu Bett, wenn Sie nicht so müde sind, daß Sie innerhalb der nächsten fünf Minuten einschlafen können. Warum sollten Sie auch? Stehen Sie wieder auf, wenn Sie nicht richtig einschlafen können. Für viele Menschen ist der Schlaf weniger eine Erholung als eine gute Entschul-

digung, eine Aktivität unterbrechen zu können. Sich einfach ins Bett zu legen ist die ideale Flucht, sogar noch vor dem Fernsehen. Mit der Flucht ins Bett kann man eine Arbeit, einen Streit und sogar das Leben in der wirklichen Welt für einige Stunden wirksam unterbrechen.
Angenommen, Sie beginnen am Nachmittag eine Arbeit, vielleicht polieren Sie eine Tischplatte auf, sehen Ihre Kontoauszüge oder einige Geschäftspapiere durch, oder Sie lesen ein Buch. Wenn Sie zu Bett gehen, bevor Sie wirklich schläfrig sind, dann ist nicht Ihr Körper müde - ermüdet ist nur Ihr Interesse an diesem Projekt. Solange Sie es nicht bewußt und endgültig verwerfen, weil es Ihre Zeit nicht mehr lohnt: Machen Sie weiter damit! Alles andere schadet Ihrer Konzentrationsfähigkeit und damit wiederum Ihrem Gedächtnis.

Übung: Schlafen Sie zu viel? Dann räumen Sie zu Hause möglichst viele Uhren beiseite. Oder drehen Sie die Uhren für die nächsten zwei Wochen einfach um, so daß Sie die Zeit nicht mehr ablesen können. Es ist ganz erstaunlich, wie einen schon das bloße Wissen um eine bestimmte abendliche Uhrzeit schläfrig machen kann. Stellen Sie dann den Wecker auf die Zeit, zu der Sie schlafengehen möchten. Und entscheiden Sie dann. Sie können Ihre Uhren wieder benutzen, wenn Sie sich an weniger Schlaf gewöhnt haben.

BRAIN BUILDER NR. 77

ESSEN SIE NUR, WENN SIE HUNGRIG SIND

Genau wie der Schlaf ist auch das Essen eine beliebte Methode geworden, den Tag oder die Konzentration auf eine Tätigkeit zu unterbrechen. Viele Top-Manager verzichten, wenn nicht gerade ein Geschäftsessen ansteht, völlig auf die Mittagspause. Sie schlafen auch weniger. Ich plädiere hier nicht dafür, Mahlzeiten völlig auszulassen, nur hastig etwas hinunterzuschlingen, um Zeit zu sparen, oder das Essen auf den nackten Zweck der

Nährstoffzufuhr zu beschränken. Für einen Berufstätigen sollte die Mittagspause mindestens einem von diesen drei Zwecken dienen: der Ernährung, der Entspannung im Kreis von Freunden oder der Familie, und den beruflichen Kontakten. Andererseits tun Sie weit besser daran, an Ihrem Schreibtisch zu bleiben, bis eine Aufgabe erledigt ist. Legen Sie dann lieber einen verspäteten „Mittag“ ein - wobei Sie mit einem Spaziergang durch die nun weit weniger belebte Stadt belohnt werden - oder sparen Sie sich Ihren Appetit für abends auf, wenn Sie mehr Ruhe haben.
Auch das Abendessen sollte einen Zweck erfüllen. Seine wohl wichtigste Funktion liegt darin, die Familie am Tisch zu versammeln und so am Leben der anderen teilzunehmen. Das gilt ebenso für einen geselligen Abend mit Freunden.
Aber wenn Sie nicht hungrig sind, können Sie auch ganz aufs Abendessen verzichten. Führen Sie stattdessen lieber etwas zu Ende, das Ihre volle Aufmerksamkeit erfordert - damit ist die Zeit besser genutzt. Als wir noch Kinder waren, brachte man uns bei, die Essenszeiten seien geheiligte Anlässe, unumgängliche Verpflichtungen. Das ist Unfug.
Sie sind nichts weiter als Gewohnheiten, und Gewohnheiten lassen sich durchbrechen.

Übung: Ändern Sie während der nächsten Woche Ihre Essenszeiten. Damit brechen Sie die Gewohnheit, eine bestimmte Uhrzeit mit einer Mahlzeit zu verbinden, egal ob Sie nun hungrig sind oder nicht.

BRAIN BUILDER NR. 78

„ÜBERSCHLAFEN“ SIE KEIN PROBLEM

Bleiben Sie etwas länger auf, und konzentrieren Sie sich voll auf die Lösung, wenn Sie eine harte Nuß zu knacken haben. Bleiben Sie bei der Sache, solange Körper und Gehirn Sie nicht um Schlaf „anflehen“. Es ist ein herrliches Gefühl, wenn Sie das Problem bezwingen, bevor Sie in die Knie gehen! Die Steigerung Ihrer Konzentrationsfähigkeit wird nämlich aus Ihrem Gehirn einen großen Teil der „Spinnweben“ wegfegen, die Ihr Selbstvertrauen getrübt haben. Sie werden sich stärker fühlen. Und wenn Sie erst einmal wissen, daß Sie einer Arbeit gewachsen sind - dann ist sie schon halb getan!

Übung: Verändern Sie für die nächsten zwei Wochen Ihre Schlafenszeiten. Dann befreien Sie sich von dem Gefühl, daß Sie zu nichts mehr fähig sind, nur weil Ihre gewohnte Bettzeit gekommen ist. Wenn Sie aufbleiben und mit einer Sache weitermachen, anstatt sie zu „überschlafen“, wird Ihr Körper bald auch dazu bereit sein.

VERTRAUEN SIE IHREN SINNEN

Erinnern Sie sich an unseren Kalahari-Buschmann? Seine gut entwickelten Sinne bieten ihm zuverlässigen Schutz innerhalb seiner Umwelt. Tag für Tag trainiert er rund um die Uhr seinen Gesichts-, Geschmacks-, Geruchs-, Tast- und Gehörssinn, damit sie ihn mit Informationen aus seiner Umgebung versorgen: Nachrichten, die für sein Überleben entscheidend sind. Instinkt, Intuition, Einsicht und Erfahrung haben ihm über die Jahre hinweg dabei geholfen, seine Sinne zu entwickeln. Und erinnern Sie sich auch an die Künstlerin? Sie hält vor allem die Augen offen und hat ihren ästhetischen Sinn sowohl durch ihren inneren Instinkt als auch durch äußere Erfahrung entwickelt.

Brain Building besteht im wesentlichen daraus, daß Sie Ihre Sinne entwickeln und lernen, auf sie zu vertrauen. Wenn Sie Ihr Potential für jeden einzelnen Sinn voll entfalten und die Informationen analysieren, die er Ihnen bietet, dann werden Sie mehr wahrnehmen. Und intensiver leben.

BRAIN BUILDER NR. 79

GENIESSEN SIE IHRE SINNE, SO GUT SIE KÖNNEN

Wir haben Ihnen gesagt, daß Ihnen Brain Building Spaß machen würde. Wahrscheinlich ist diese Übung die lustvollste, denn sie spricht die Sinne ebenso an wie den Verstand. Je häufiger Sie sie wiederholen und je länger Sie sich dafür Zeit nehmen, desto schärfer werden Ihre Sinne werden. Aber hier ist jede Eile überflüssig, und einmal in der Woche reicht völlig aus.

Übung: Wählen Sie für diese Übung einen ruhigen Abend, eine Zeit, in der kein Termin Sie hetzt. Es kann ohne weiteres der Abend eines streßreichen Tages sein, weil diese Übung äußerst entspannend wirkt. Gehen Sie vorher zu einem guten Lebensmittelhändler. Besorgen Sie sich für Ihr Abendessen Lebensmittel, die das Auge ansprechen, die aromatisch sind und die man auch roh essen kann. Darunter sollte frisches Obst, Gemüse bzw. Salat und ein Laib herzhaftes Brot mit einer guten Kruste sein. Nehmen Sie Käse dazu, wenn Sie ihn mögen, wählen Sie aber eine würzige, aromatische Sorte vom Stück und keinen künstlich gefärbten und in Scheiben abgepackten Käse. Alle Lebensmittel müssen diese wichtigen Eigenschaften haben: Frische, Struktur, Farbe und Duft, aber sie sollten sich in all diesen Eigenschaften auch voneinander unterscheiden.
Nehmen Sie noch einen Strauß frischer Blumen mit dazu, möglichst einen gemischten Strauß. Hauptsache, sie duften.
Breiten Sie die Sachen auf dem Tisch aus. Setzen Sie sich und entspannen Sie sich. Nun zum wichtigsten und erfreulichsten Teil der Übung: Entwickeln Sie der Reihe nach Ihre Sinne.

Sehen: Nehmen Sie jedes Stück einzeln in die Hand und sehen Sie es an. Nehmen Sie sich Zeit dafür. Benutzen Sie Ihre Augen nur, um das Wunder der Form, der Größe und der Farbe zu erkunden. Betrachten Sie jedes Stück, als hätten Sie so etwas nie zuvor gesehen, als wären Sie gerade vom Mars gekommen. Genießen Sie die Einzigartigkeit dieser schönen Sachen.

Fühlen: Nun zur Struktur. Konzentrieren Sie sich voll auf Ihren Tastsinn, widmen Sie jedem Gegenstand die volle Aufmerksamkeit Ihrer Finger. Dämpfen Sie möglichst das Licht, oder schließen Sie die Augen. Fühlen Sie die Kruste des Brots, brechen Sie dann ein Stück ab und lassen Sie Ihre Finger das Innere des Brotlaibs erkunden. Lassen Sie sich von Ihren Fingern den Kontrast zwischen der glatten Haut eines Apfels und der flaumigen Oberfläche der Blumen und der Geschmeidigkeit der Butter vermitteln. Halten Sie eine Orange oder eine Zitrone in Ihrer Hand, und erkunden Sie die Kerben ihrer Schale. Wie fühlt sich zum Beispiel eine Orange im Vergleich zu einer reifen Avocado an? Nehmen Sie eine Blume heraus, und halten Sie sie zuerst gegen Ihre Wange, dann an Ihre Lippen. Machen Sie dasselbe mit einer anderen Blume. Verlangen Sie von Ihrem Tastsinn, Ihnen soviel Informationen wie möglich zu liefern.

Riechen: Nehmen Sie nun jedes Stück der Reihe nach und riechen Sie daran. Beginnen Sie mit den zartesten Düften, bis Sie zu den Blumen und dem Käse kommen. Nehmen Sie sich Zeit dafür. Gestatten Sie dem Augenblick, sowohl Lehre als auch Vergnügen zu sein. Es ist eine sinnliche intellektuelle Erfahrung, machen Sie das Beste daraus. Ob es nun Kräuter oder Blumen sind: Schnuppern Sie an den Stengeln, den Blüten und den Blättern. Verweilen Sie bei jedem Duft, bis Sie ihn in Ihren Geruchssinn aufgenommen haben und glauben, ihn wiedererkennen zu können.

Hören: Lauschen Sie mit noch immer geschlossenen Augen dem knisternden Geräusch der Brotkruste, während Sie ein Stück aus dem Laib herausbrechen. Rupfen Sie eine Blattrippe des Sellerie ab und hören Sie, wie es klingt, wenn sich der faserige Teil vom Fleisch trennt. Trennen Sie ein Stück der Orange von der Schale und lauschen Sie dem Saft, der herausquillt und auf den Teller tropft. Während Sie nun von jedem Nahrungsmittel einen Bissen nehmen, lauschen Sie auf die Geräusche, die Ihre Zähne bei der Berührung damit verursachen, das Knirschen des rohen Gemüses und das reißende Geräusch der Kräuter.

Schmecken: Genießen Sie und schärfen Sie Ihren Geschmackssinn, indem Sie sich jedes Mal auf nur einen Geschmack konzentrieren. Nehmen Sie

Stück für Stück der Reihe nach, damit sich bei keinem Bissen das Aroma des einen mit dem eines anderen vermischen kann. Versuchen Sie ein wenig von dem Brot, dann vom Gemüse, vom Obst, und dann vielleicht wieder vom Brot. Stellen Sie sich die Bestandteile jeden Geschmacks vor, versuchen Sie sie auseinanderzuhalten und zu erkennen: Der Hefegeschmack des Brotes - ist Zucker darin? Können Sie das Salz schmecken? Das Obst - ist es eher süß als sauer oder umgekehrt? Kauen Sie jeden Bissen gut durch, ehe Sie ihn schlucken. Essen Sie langsam. Nehmen Sie einen Schluck Wasser zwischen den einzelnen Bissen, um Ihren Gaumen zu erfrischen. Berühren Sie eine Blume mit Ihrer Zunge, und lecken Sie danach ganz leicht an der cremigen Butter.

KURZ-TEST

EIN TEST ZUM ENDE DER SIEBTEN WOCHE

1. Ist intellektuelles Wachstum ohne eine Steigerung der Konzentrationsfähigkeit möglich?
2. Wie sollten Sie Ihr TV-Programm lesen?
3. Wann sollten Sie ein Projekt verwerfen?
4. Schadet es Ihnen, etwas weniger zu schlafen?
5. Schadet es Ihnen, etwas weniger zu essen?
6. Welche Sinne sollen beim Essen angesprochen werden?
7. Erinnern Sie sich an einen der Sätze, die Sie im Abschnitt „Satzgedächtnis“ wiederholt haben?
8. Erinnern Sie sich an einen der wesentlichen Punkte aus den Textpassagen beim Gedächtnistest?
9. Erinnern sich an den Namen einer Person, die zitiert wurde?

ANTWORTEN

1. Leider nein.
2. Wie eine Speisekarte.
3. Wenn es sich für Sie nicht mehr lohnt. Aber nicht, wenn Sie meinen, Sie wären nicht gut genug dafür.
4. Vorausgesetzt Sie sind nicht krank: nein.
5. Vorausgesetzt Sie sind nicht krank: nein.
6. Alle fünf Sinne.
7. Wenn nicht, lesen Sie sie noch einmal.
8. Wenn nicht, lesen Sie sie noch einmal.
9. Wenn nicht, blättern Sie zurück und suchen Sie.

KAPITEL

11

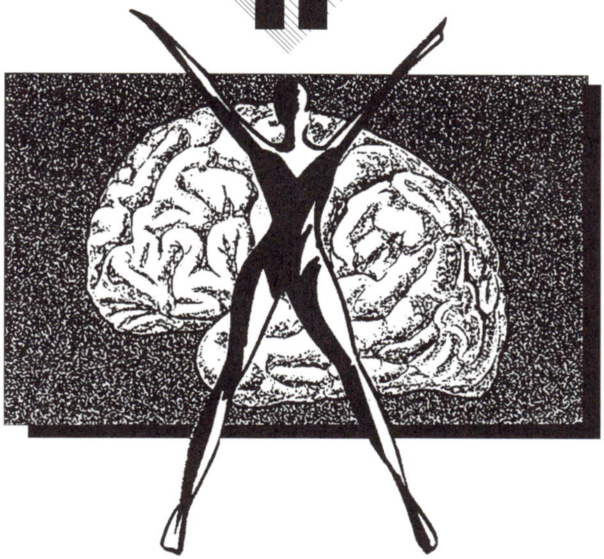

MO DI MI DO FR SA SO

ACHTE WOCHE

KOMMUNIKATIONS-TRAINING

Was Sie für die achte Woche brauchen: Einen Kassettenrecorder und ein wenig Bescheidenheit. Wenn Sie die Bescheidenheit nicht sofort zur Hand haben, dann trösten Sie sich: Die meisten von uns verbergen Sie so gut, daß wir sie nicht finden können, wenn wir sie brauchen.

„Unser Sprechen ist der Spiegel unserer Seele: Wie ein Mann spricht, so ist er.“
Publilius Syrus

Egal, auf welchem Weg die Kommunikation ihr Ziel erreicht, ob über die Sprache, das Zeichnen und Schreiben, die Musik, ein vielsagendes Schweigen oder ein bedeutungsvolles Zögern, durch das Heben einer Augenbraue, ein sympathisches Lächeln oder über die Satellitentechnik: Die Kommunikation ist die Wissenschaft und darüber hinaus die Kunst des Sendens und der Übermittlung einer Information von einem Verstand zum anderen.

Mit der Musik können wir eine Stimmung erzeugen, Emotionen hervorrufen, Gefühle der Romantik, der Trauer, der Spannung, der Furcht oder der Heiterkeit erregen. Durch einen stummen, aber vielsagenden Händedruck können wir Gefühle von Sympathie und Verständnis übermitteln. Die Künstlerin teilt ihre Gedanken durch Farben mit. Unserem Börsenmakler sagt vielleicht die Zahlenflut auf seinem Computermonitor alles, was er wissen muß. Sogar ein Mensch wie unser Kalahari-Buschmann kann sich anderen Mitgliedern seines Stammes mitteilen, die weder lesen noch schreiben können. Er sagt es oder zeichnet mit dem Stock auf den Boden, was er zu sagen hat: ein Zebra, zwei Zebras, viele Zebras, dort, wo die großen Felsen sind.

Aber die meisten von uns teilen sich über Worte mit, durch „die göttliche Gabe des artikulierten Sprechens“, wie es George Bernard Shaw nannte. Vielleicht entdeckt die Wissenschaft einmal, wie man Gedanken lesen kann. Bis dahin aber sind wir auf unseren eigenen Verstand - und auf Worte - angewiesen, wenn wir einen klaren Gedanken auf dem kürzesten, sichersten und wirksamsten Weg übermitteln wollen.

DER SCHLÜSSEL HEISST KLARHEIT

Ein klarer Gedanke. Der Schlüssel zu jeder Art von Kommunikation ist Klarheit. Schlampiges Denken und ein schlampiger Ausdruck sind untrügliche Zeichen eines trägen, nicht mit voller Kraft arbeitenden Verstandes. Auf der anderen Seite sind Klarheit des Denkens und Klarheit des Ausdrucks nur zwei Seiten derselben Medaille, und die Entwicklung beider Seiten hat höchste Bedeutung beim Training Ihres Gehirns. Wer jemandem eine Idee übermitteln muß, der ist gezwungen, seine eigenen Ge-

danken zu ordnen. Ob Sie nun einem Freund etwas erklären oder sich in einem anspruchsvollen Job zu bewähren haben: Immer hängt Ihre Leistung wesentlich davon ab, wie klar Sie Ihre Bedürfnisse und Anweisungen zu äußern vermögen, wie mühelos und vollständig Sie anderen etwas klarmachen können.
Als erstes aber müssen Sie fähig sein, Ihr eigenes Denken in eine logische und leicht zu vermittelnde Struktur zu bringen.
Als es noch gemächlicher zuging und „Kommunikation" noch kein Medienschlagwort war, legten die Schulen und Universitäten großen Wert auf die Fähigkeit, die Gedanken in der richtigen Reihenfolge auszudrücken. Man übte es im Schulaufsatz mit solchen Themen wie „Was ich während meiner Sommerferien machte". Erinnern Sie sich, welche Note Sie für die Klarheit des Ausdrucks bekamen? Falls die Note nicht gut war: Sie können es immer noch lernen. Aber lernen Sie zuerst, sich selbst zu verstehen

BRAIN BUILDER NR. 80

DENKEN SIE, BEVOR SIE SPRECHEN

Stürzen Sie sich nicht kopfüber in eine Diskussion. Nehmen Sie sich einen Augenblick Zeit, um Ihre Gedanken zumindest in eine grobe Ordnung zu bringen. Was wollen Sie mitteilen? Einen Eindruck? Eine Tatsache oder eine Reihe von Tatsachen? Ein Gefühl? Eine Moral? Eine Anekdote? Was wollen Sie in Ihrem Zuhörer hervorrufen? Überraschung? Gelächter? Entrüstung? Ein gutes Argument? Unterstützung für Ihre Position? Mit welchen Worten können Sie das am besten erreichen? Wodurch wollen Sie Ihre erste Behauptung stützen und Ihrer Position Nachdruck verleihen?

Übung: Wenn Sie das nächste Mal an einem Gespräch über ein wichtiges Thema - Politik, Religion, nationale Sicherheit oder Wirtschaft - teilnehmen, dann warten Sie immer erst einige Minuten, und zwingen Sie sich zum Denken, ehe Sie zu sprechen beginnen.

BRAIN BUILDER NR. 81

HÖREN SIE SICH BEIM REDEN ZU

Versuchen Sie, Ihr Sprechen vom Standpunkt eines anderen zu beurteilen. Sprechen Sie, um Ihre Gedanken zu ordnen, und umgekehrt. Was wäre, wenn einer der anderen Diskussionsteilnehmer dasselbe mit denselben Worten ausgedrückt hätte? Wären Sie beeindruckt? Wären Sie überzeugt?

Übung: Wenn Sie wieder einmal über etwas ernstlich wütend sind, dann nehmen Sie den Kassettenrecorder, und schimpfen und fluchen Sie sich den ganzen Ärger von der Seele. Wiederholen Sie das mindestens einen Monat lang, und hören Sie sich jedesmal das Band erst drei Tage später an. Auf diese Art werden Sie sich ziemlich gut kennenlernen.
Der springende Punkt dabei: Wahrscheinlich sind Sie entsetzt, wenn Sie, nachdem Ihr Zorn erst einmal verraucht ist, Ihre vor Wut bebende Stimme wieder hören und das unbedachte Zeug, das sie hervorstößt. „Bin ich das wirklich?“ werden Sie sich vielleicht fragen. Und jetzt stellen Sie sich vor, jemand könnte das Band hören und würde sich ein Urteil über Sie und Ihre Überzeugungskraft bilden.

BRAIN BUILDER NR. 82

SAGEN SIE NUR, WAS SIE WIRKLICH DENKEN

Notieren Sie sich nach einer hitzigen Diskussion die sechs wichtigsten Punkte von dem, was Sie gesagt haben. Schreiben Sie diese Punkte auf die eine Hälfte des Blattes und vermerken Sie daneben zu jeder Ihrer Behauptungen, was Sie wirklich damit sagen wollten. Wie oft decken sich Ihre Gedanken mit dem, was Sie tatsächlich gesagt haben? Stimmen die beiden Spalten in allen sechs Punkt überein? Ausgezeichnet! Wenn nicht, müssen

Sie sich noch im Formulieren Ihrer Gedanken üben - denn auf jemand anders wirkt nicht das überzeugend, was Sie denken, sondern das, was Sie sagen. Eine klare und deutliche Kommunikation lebt vom Aussprechen der Wahrheit. Verbale Ringkämpfe schaden nur.

Übung: Nehmen Sie sich für jede Auseinandersetzung des nächsten Monats fest vor, nichts zu sagen, was Sie nicht wirklich empfinden oder für richtig halten. Versuchen Sie nicht, Ihren Gegner zu Ihrer Ansicht zu überreden. Wichtig ist, daß Sie sich einzig und allein auf die Tatsachen verlassen. Unterliegen Sie in der Debatte, dann hat sehr wahrscheinlich der andere recht! Man macht sich nur Freunde, wenn man bei einer Auseinandersetzung ausschließlich das sagt, was man denkt. Aus gutem Grund traut man Leuten nicht über den Weg, bei denen man spürt, daß Denken und Reden auseinanderklaffen.

BRAIN BUILDER NR. 83

WAS SAGEN - UND WAS MEINEN - DIE ANDEREN?

Vergessen Sie nie: Auch andere reden, um zu überzeugen. Sie werden oft irregeführt, wenn Sie sich nur von dem leiten lassen, was jemand Ihnen sagt. Denn das unterscheidet sich oft radikal von dem, was dieser andere denkt, und hängt ganz davon ab, zu welcher Ansicht und zu welchem Verhalten er Sie verleiten will.
Das deutlichste Beispiel dafür ist ein Politiker im Wahlkampf. Er will unsere Stimme, und er wird uns alles versprechen, um sie zu bekommen. Das Gemeinwohl ist häufig nur - wenn überhaupt - ein zweitrangiges Motiv. Ihr Chef wird Ihnen wahrscheinlich nur das sagen, was einem bestimmten Arbeitsplan nutzt. Ein Kollege, der an seine eigene Beförderung denkt, wird Sie mit dem, was er Ihnen erzählt, aus dem Rennen bringen wollen. Wenn Ihr Partner befürchtet, Sie zu verlieren, dann wird er Ihnen alles mögliche erzählen, um Sie an die Kinder zu binden und damit die Ehe zu

kitten. Ihre Eltern, die weiterhin die Kontrolle über Ihr Leben haben wollen, versuchen, Ihr Selbstvertrauen zu untergraben. Und Ihre Kinder, die sich auf Ihre Kosten ein schönes Leben machen, finden immer das richtige Wort, um Ihnen ein schlechtes Gewissen einzujagen, damit sie weiterhin alles von Ihnen bekommen.
Jeder will Sie nach seiner Pfeife tanzen lassen. Jeder will das Abbild der eigenen Gedanken in Ihren Kopf projizieren. Wahrscheinlich sind Sie in diesem Augenblick ein Puzzle aus Stücken, die von anderen Leute stammen. Wem wollen Sie angesichts dieser Manipulationen noch vertrauen? Sie müssen sich selbst vertrauen. Aber tun Sie es? Mit den folgenden Übungen können Sie es herausfinden:

Übung: Wenn Sie jemandem einen eigenen Einfall mitteilen wollen, beginnen Sie dann mit „Ich habe gelesen...", damit Ihr Zuhörer Sie wirklich ernst nimmt? Zitieren Sie immer andere? Schweigen Sie häufig, weil Sie meinen, Sie hätten nichts Lohnendes beizutragen? Zögern Sie mit einer Stellungnahme, bis Sie einen „Beweis" aus maßgeblicher Quelle vorlegen können? Wenn Sie zwei oder mehr dieser Fragen mit ja beantworten müssen, dann sollten Sie genauso hart am Aufbau Ihres Selbstvertrauens arbeiten, wie Sie schon jetzt Ihre Intelligenz trainieren. Die meisten großen Denker haben ihre Beweise nicht auf „höhere Autoritäten" gegründet.

BRAIN BUILDER NR. 84

LERNEN SIE, SICH AUF DAS WESENTLICHE ZU BESCHRÄNKEN

Ihr ganzes Leben lang haben Sie gehört, daß das Motto eines jeden guten Zeitungsartikels lautet: „Wer, was, wo, wann, wie, warum?" Es stimmt. Außerdem ist alles, was für eine Tageszeitung geschrieben wird, aus Platzgründen bis auf das Wesentliche gekürzt. Am wichtigsten ist der erste Absatz, am zweitwichtigsten der nächste Absatz und so weiter. Wenn der Ar-

tikel zu lang ist, schneidet der Redakteur oft buchstäblich von unten die Absätze weg. Früher benutzten die Redakteure dazu wirklich eine Schere, heute müssen Sie nur noch die „Deleatur"-Taste eines Computers drücken. Und wenn beim Überprüfen des ganzen Artikels Unklarheiten oder Überflüssiges auftaucht, ändert der Redakteur das auch: Er „redigiert".
Eine Methode, die unmittelbare Kommunikation zu erlernen, besteht darin, die eigenen Texte zu redigieren und bis aufs Wesentliche zu kürzen. Wenn Sie eine Stunde zur Verfügung haben, um Ihren Standpunkt darzulegen, dann können Sie in dieser Zeit wahrscheinlich alles vorbringen. Eine ganze Stunde für ein Thema kommt einem Redner wie eine Unendlichkeit vor. Aber angenommen, Sie haben nur dreißig Minuten? Oder dreißig Sekunden?

Übung: Wenn Sie nur dreißig Sekunden haben, um Ihren Standpunkt zu einem brennenden Tagesthema darzulegen - was würden Sie als erstes sagen? Als zweites? Als drittes? Die Zeit ist um. Konnten Sie Ihren Standpunkt darlegen? Konnten Sie sagen, was Ihnen besonders wichtig ist? Nein? Dann wird Ihnen die folgende Übung helfen.

BRAIN BUILDER NR. 85

ÜBEN SIE SICH IN KNAPPER KOMMUNIKATION

Übung: Versuchen Sie, die folgende Geschichte in weniger als 50 Worten wiederzugeben. Es ist eine Herausforderung. In welch kurzer Zeit, mit wie wenigen Worten und Sätzen können Sie Ihr Anliegen mit maximaler Klarheit vorbringen? Ich kenne Kinder, die sich ganz ausgezeichnet mit einem Wort ausdrücken können: „MEIN!" oder „NEIN!". Aber hier geht es darum, die Genauigkeit der Sprache aufzubauen, eine Sprache, die mitteilt. Aber übertreiben Sie es nicht so, wie es der Hanswurst in dem alten Witz - Ihrer Übungsgeschichte - macht: Er bringt über seinem Laden ein Schild an, auf dem zu lesen steht: „Hier frischer Fisch zu verkaufen."

Sein Freund Sam protestiert: „Wieso ‚Hier'? Das Wort ist überflüssig. Wo sonst solltest du deinen Fisch verkaufen?" Also streicht der Hanswurst das „Hier" weg.
„Warum ‚verkaufen'?" murrt Sam. „Das Wort ist überflüssig. Wer glaubt schon, daß du den Fisch verschenken willst?" Und auch „zu verkaufen" verschwindet.
„Wieso ‚frisch'? Keiner nimmt an, daß du verdorbenen Fisch verkaufst. Nimm das ‚frisch' weg." Der Hanswurst tut ihm den Gefallen, und auf dem Schild steht nur noch „Fisch".
„Ist es dir jetzt gut genug?" fragt der Hanswurst.
Sam schüttelt den Kopf. „Fisch? Das sagt mir schon meine Nase."
Irgendwie hatte Sam recht. Wahrscheinlich war das Schild gar nicht nötig, zumindest, wenn der Wind aus der richtigen Richtung wehte. Der durchdringende Duft des Fisches selbst war schon eine Art Kommunikation.
Man kann es also mit der knappen Kommunikation auch übertreiben. Aber wir sind keine Hanswurste, und wir verkaufen nicht Fisch gegen die Windrichtung. Deshalb brauchen wir das Werkzeug der Worte, um unsere Ideen von einem Kopf zum anderen zu befördern. Wenn Sie diese Werkzeuge in gut geschliffenem Zustand halten, dann sind Sie in der Lage, sie in einem Minimum an Zeit wirksam einzusetzen.
Ich bin gegen alles, was einem die Chance raubt, ein wichtiges Thema mit angemessener Gründlichkeit zu betrachten. Dieser Brain Builder soll Sie nicht auf eine 25-Worte-Kommunikation hintrimmen. Vielmehr soll er Sie darin trainieren, mühelos das Wichtigste auszuwählen und in einem zeitlich begrenzten Rahmen Ihr Ziel zu erreichen.
Dabei lernen Sie, Ihre Gedanken zu ordnen, um sie wirkungsvoller ausdrücken zu können. Aber vergessen Sie nicht: Es sind nur Übungen. Es ist keine wirkliche Kommunikation. Zuerst geht es um die mündliche Kommunikation, später um die schriftliche.

BRAIN BUILDER NR. 86

DRÜCKEN SIE SICH POSITIV AUS

Die Verständigung fällt viel leichter, wenn man sich nicht darum sorgen muß, was die Zuhörer von einem halten. Aber wer sich auf Kommunikation gut versteht, macht sich bei seinen Zuhörern mehr beliebt. Ein gutes Beispiel dafür ist der frühere US-Präsident Ronald Reagan, der von der Presse schon bald den Beinamen „Der große Kommunikator" erhielt. Bis zu den Iran-Hearings und wahrscheinlich noch kurz danach war Präsident Reagan der populärste Präsident, den die Vereinigten Staaten jemals hatten. Ganz unabhängig von seiner Politik - sein Vortrag war ausgezeichnet: kurze Worte, knappe, direkte, gefühlvoll gesprochene Sätze, dazu ein direkter Blick in die Kameralinse und damit ins Auge der Öffentlichkeit. In seiner langen Karriere hat Reagan sehr viel über gute Kommunikation gelernt, unter anderem auch, stets die positive Seite einer Sache zu zeigen.

Übung: Beginnen Sie das nächste Dutzend Gespräche mit irgend etwas Nettem, und achten Sie darauf, wie Ihr Gegenüber reagiert.

Übung: Betonen Sie ab jetzt das Positive in Ihrer Kommunikation, wo immer es ohne Lügen und ohne Verzerrung der Wahrheit möglich ist. Sagen Sie die Wahrheit, aber sagen Sie eine gute Wahrheit! Setzen Sie sich zum Beispiel mit einem Ihrer Freunde zusammen, den Sie bisher am wenigsten beachtet haben, und erklären Sie ihm oder ihr, wieso Sie ihn für einen guten (oder sogar bedeutenden) Menschen halten. Mit positiver Kommunikation fühlen sich beide Seiten wohler, während die negative nur schlechte Stimmung erzeugt.
Wahrscheinlich werden Sie immer beliebter werden, je mehr Übung Sie sich in positiver Kommunikation erwerben. Es wird Ihnen dann auch leichter fallen und bei weitem besser aufgenommen werden, wenn Sie einmal eine schlechte Wahrheit aussprechen müssen. Ihre Zuhörer werden sich vielleicht sogar besonders bemühen, das Problem auszuräumen.

BRAIN BUILDER NR. 87

FÜHREN SIE ALLE WICHTIGEN GESPRÄCHE SELBST

Delegieren Sie Ihre wichtigsten Gespräche nicht an andere. Je mehr Praxis Sie bekommen, desto besser werden Sie darin, und desto weniger werden Sie die Folgen schlechter Kommunikation fürchten. Der Entwicklung Ihres Verstandes nutzt es mehr, wenn Sie am Anfang einige Fehler machen, als wenn Sie Ihr ganzes Leben lang andere als Vermittler benutzen. Gleichgültig, wie gut diese Vermittler auch sind - andere können unmöglich Ihre Gedanken, Ideen und Anweisungen so gut verdeutlichen, wie Sie es können. Und die Folgen der Fehler, die Sie vielleicht machen, sind ein ganz wesentlicher Bestandteil des Lernprozesses. Es ist wie beim Radfahrenlernen: Zuerst fallen Sie immer wieder auf die Nase, bis am Ende ein geschickter Radfahrer aus Ihnen wird.

BRAIN BUILDER NR. 88

DER ZUSAMMENHANG MACHT'S

Achten Sie darauf, daß Ihre Worte den richtigen Zusammenhang haben und daß ihre Zuhörer diesen Kontext auch verstehen. Einer der Hauptgründe für Mißverständnisse liegt darin, daß etwas aus dem maßgeblichen Kontext herausgerissen wird. Um der besseren Verständlichkeit willen müssen Ihre Worte von Anfang an in einem klaren, bündigen Zusammenhang eingebettet sein, damit nichts falsch ausgelegt werden kann. Es sind oft Kleinigkeiten. Die Frage „Warum gehen Sie damit nicht zum Arzt?" kann in ihrer Bedeutung von einem Rat bis zu einem Vorwurf reichen.

Übung: Legen Sie während des nächsten Monats immer Papier und Bleistift neben das Telefon. Machen Sie sich jedes Mal eine Notiz, wenn Ihr

Gesprächspartner am anderen Ende der Leitung Sie nicht zu verstehen scheint. Notieren Sie sich möglichst den falsch verstandenen Ausdruck oder Satz. Sehen Sie sich am Ende der Woche Ihre Notizen wieder an, und fragen Sie sich, ob Sie es verstehen würden, wenn jemand dasselbe zu Ihnen sagte. Halten Sie also keine Informationen in Ihrem Kopf zurück. Bedenken Sie, daß der andere unmöglich wissen kann, was in Ihrem Kopf vorgeht. Entweder erklären es Ihre Worte, oder man versteht Sie nicht.

BRAIN BUILDER NR. 89

ACHTEN SIE DARAUF, WER IHNEN ZUHÖRT

Machen Sie sich bewußt, wie viele Zuhörer Sie haben und wer sie sind. Mit drei Leuten reden Sie zwangsläufig anders als mit einem, auch wenn es um dasselbe Thema geht. Wer häufig vor großem Publikum spricht, der ist oft zu einem Gespräch unter vier Augen nicht mehr in der Lage - er hält eine „Ansprache“, statt sich normal zu unterhalten. Haben Sie Schwierigkeiten, verschiedene Leute in verschiedenen Situationen verschieden anzusprechen? Es gibt vielleicht Situationen, in denen Sie absichtlich anders sprechen. Lernen Sie aber, den Unterschied zu erkennen.

Übung: Wenn Sie das nächste Mal Ihre Mutter besuchen, dann sprechen Sie mit Ihr, als sei sie ein lieber Freund und nicht Ihre Mutter. Sie werden dabei auf jeden Fall merken, wie anders Sie das ausdrücken, was Sie sagen wollen. Sie werden auch feststellen, wie sehr das auf Ihre reale Kommunikation abfärbt.

BRAIN BUILDER NR. 90

VERSETZEN SIE SICH AN DIE STELLE IHRES GESPRÄCHSPARTNERS

Wenn jemand zu Ihnen spricht: Versetzen Sie sich an seine Stelle. Das kann sehr aufschlußreich sein, wenn Sie es konsequent durchhalten. Scheuen Sie nicht vor „Barrieren" des Alters, des Geschlechts, der gesellschaftlichen Position oder der Bildung zurück. Stellen Sie sich vor, Sie seien die andere Person - jünger, wenn Sie älter sind, ledig, wenn Sie Familie haben, männlich, wenn Sie weiblich sind. Egal, ob es sich um Ihren Chef, einen Angestellten, einen Freund handelt. Vielleicht ist es ein schwerer Schlag für Ihre Objektivität, wenn Sie verstehen, wieso jemand so denkt wie er denkt. Und vielleicht werden Sie mit jemandem, den Sie nie zuvor gesehen haben, wirklich gut kommunizieren.
Wenn Sie sich mit jemandem verständigen wollen, der mit Ihnen nicht dieselbe intellektuelle Wellenlänge hat, dann appellieren Sie nicht an seinen Verstand. Sprechen Sie stattdessen seine Persönlichkeit an. Es ist der persönliche Hintergrund - Prinzipien, Lebensinhalte, Erziehung, Geschlecht, Nationalität und andere Faktoren -, der eine Barriere zwischen Ihnen schafft, und damit müssen Sie sich auseinandersetzen. Umso erfolgreicher können Sie sich dann mit dem Verstand, der sich hinter dieser Persönlichkeit verbirgt, verständigen.

Übung: Diskutieren Sie mit einem Freund, wobei Sie beide die Rollen anderer Leute übernehmen, die mit keinem von Ihnen etwas gemein haben. Sind Sie beide Frauen, dann schlüpfen Sie in die Rolle von Männern, wenn Sie beide Deutsche sind, dann zum Beispiel in die Rolle von Engländern, und so weiter.

BRAIN BUILDER NR. 91

ERKLÄREN SIE NICHTS, WENN SIE NICHT GENUG DARÜBER WISSEN

Man kann sehr viel lernen, indem man jemandem etwas beibringt. Aber erklären Sie niemandem etwas, worüber Sie selbst nicht gründlich Bescheid wissen. Das wäre für beide Seiten nur Zeitvergeudung. Wenn ein Freund Sie um Information oder Hilfe bittet, dann lesen Sie sich erst in das Thema ein, damit Sie ihm keine falsche Auskunft geben. Ordnen Sie dann Ihre Gedanken, und das Gespräch wird beiden Seiten nutzen.

Übung: Wenn Sie noch zur Schule gehen, dann bieten Sie einem Klassenkameraden Nachhilfe in einem Fach an, in dem Sie besser sind als er.

Übung: Angenommen, Sie sind befördert worden. Stellen Sie sich vor, wie Sie Ihrem Nachfolger Ihren früheren Job erklären können (aber stellen Sie sich nicht vor, wie Sie das anstellen würden, wenn man Sie gekündigt hätte).

BRAIN BUILDER NR. 92

MEIDEN SIE DAS TELEFON ALS KOMMUNIKATIONSMITTEL

Eigentlich sollte das Telefon nur eine Erleichterung sein, aber leider ist es für viel zu viele Menschen zum wichtigsten Kommunikationsmittel überhaupt geworden. Damit ist es an die Stelle des Briefs und des Gesprächs unter vier Augen getreten. Schade, denn ein echter Kontakt ist über das Telefon nahezu unmöglich. Wenn Sie Ihren Gesprächspartner sehen können, dann können Sie seine Reaktionen anhand hundert verschiedener Merk-

male beurteilen (z.B. Körpersprache und Gesichtsausdruck). Wenn Sie einen Brief schreiben, können Sie alles noch einmal durchlesen und damit sicherstellen, daß Sie genau das ausdrücken, was Sie sagen wollen.
Mit dem Telefon geben Sie beide Vorteile auf: Weder können Sie den Ausdruck des anderen sehen, noch können Sie alles durchlesen, bevor Sie es „senden". Deshalb sollten Sie Ihre Telefonate kurz, bündig und rein informativ halten.

Übung: Gibt es in Ihrer Stadt jemanden, mit dem Sie pro Woche länger als eine Stunde telefonieren? Machen Sie Schluß damit. Verwenden Sie die Zeit stattdessen, den anderen zu besuchen. Wenn Sie zum Beispiel normalerweise eine Stunde mit ihm telefonieren, dann beehren Sie ihn am Samstag mit einem Besuch zum Frühstück. Sind es zwei Stunden, dann kommen Sie zum Mittagessen.

BRAIN BUILDER NR. 93

VERMEIDEN SIE DAS WORT „MEINUNG"

Meinungen sind nicht heilig. Tatsächlich wird das Wort „Meinung" oft nur als Tarnkappe oder falscher Heiligenschein für einen dummen Gedanken benutzt. Viele Meinungen sind inhaltlich schlichtweg falsch. „Ich habe ein Recht auf meine Meinung!" bedeutet häufig: „Ich weiß nicht, wie ich das, was ich gerade gesagt habe, mit Tatsachen rechtfertigen kann." Mit anderen Worten: Eine „abgeschlossene" Meinung ist das Markenzeichen eines ebenso abgeschlossenen Verstandes. Öffnen Sie Ihren Geist und lassen Sie all diese abgestandenen Meinungen heraus.
Natürlich dürfen Sie hierzu eine andere Ansicht haben. Aber vergessen Sie nicht: Wenn Sie mit Meinungen umgehen, bei denen es sich nicht um so simple Vorlieben und Abneigungen handelt wie „Ich mag Schokolade" oder „Ich mag keine Schokolade", dann haben Sie es weder mit Tatsachen noch mit Wahrheiten zu tun.

Die Wahrheit ist absolut, Meinungen dagegen relativ. Es gibt nur eine Wahrheit, obwohl man diese auf vielerlei Art korrekt wiedergeben kann. Nehmen wir als Beispiel die Geschichte von den sechs blinden Männern: Alle sechs betasten denselben Elefanten, aber jeder beschreibt ihn anders: als eine Wand, eine Schlange, ein Seil - je nachdem, welchen Teil des Tieres er zu fassen bekam. Oder nehmen Sie einen Berg: Er kann von oben, von unten, von jeder Seite beschrieben werden. Man kann ihn aus einer geschichtlichen Perspektive beschreiben im Hinblick auf die Menschen, die hier lebten. Man kann ihn aus einer zoologischen Perspektive beschreiben im Hinblick auf die Tiere, und man kann ihn aus einer topografischen oder aus einer meteorologischen Perspektive beschreiben. Die Wahrheit über den Berg bleibt jedoch unleugbar dieselbe.

Übung: Bemühen Sie sich in den nächsten beiden Wochen nicht krampfhaft, das Wort „Meinung" zu vermeiden. Nehmen Sie einen Zettel und machen Sie jedes Mal einen Strich, wenn Sie es benutzen (oder benutzt hätten, bevor Sie diese Übung kannten). So erfahren Sie, ob Sie und wie sehr Sie am „Meinungs"-Problem kranken. Nebenbei gesagt: Fast jeder leidet darunter.

Übung: Nehmen Sie nach diesen zwei Wochen das Wort „Meinung" überhaupt nicht mehr in den Mund, und beobachten Sie, wie sehr Sie dadurch gezwungen werden, Ihren Standpunkt mit Informationen zu verteidigen. Und wenn Sie auf einen Gesprächspartner treffen, der seine „Meinung" gegen Sie einsetzen will, dann antworten Sie ihm einfach: „Das ist eine interessante Meinung. Und wie begründen Sie sie?"

WORTE, DIE ETWAS ANDEUTEN

Bevor wir zu unserem nächsten Brain Builder übergehen, lassen Sie uns kurz über den Unterschied zwischen „denotativen" und „konnotativen" Worten nachdenken. Darum ging es schon einmal im Kapitel 8 bei „Licht" und „Glanz". Ein denotatives Wort ist ein Wort, das einen Gegenstand sachlich und klar beschreibt und keine zusätzliche Bedeutung hat. Ein

konnotatives Wort enthält darüber hinaus auch noch eine Andeutung oder eine Schlußfolgerung. Im Prinzip ist ein denotatives Wort objektiv, während ein konnotatives Wort subjektiv ist.
Dazu einige Beispiele: „Ihr Nagellack war rot." „Ihr Nagellack war blutrot." In diesen Sätzen ist das einfache Wort „rot" ein denotatives Wort, „blutrot" ist konnotativ. „Blutrot" deutet an, daß die Frau luxurös, sinnlich, abenteuerlustig, vielleicht sogar ein wenig „locker" mit ihren Signalen umgeht. „Fleißig" ist denotativ, „Workaholic" ist konnotativ. In unserem Sprachgebrauch ist „ländlich" denotativ, ebenso „Land". Aber „bäurisch" ist konnotativ, weil es eine Einschätzung andeutet: Behaglichkeit oder gar Rückständigkeit.

BRAIN BUILDER NR. 94

VERWENDEN SIE MEHR DENOTATIVE WÖRTER

Denotative Worte drücken Fakten und Gedanken aus, konnotative Worte dagegen Meinungen. Konnotative Worte sind oft suggestiv. Man kann sie in tendenziösen Zeitungsartikeln finden und in der Sprache eines jeden, der überreden oder die Emotionen aufwühlen will. Beispielsweise ist es besser „Reagans Wirtschaftspolitik" zu sagen anstatt „Reaganomics". Das erste zwingt Sie dazu, Ihre Ansicht zu erklären, während das zweite eine bloße Abwertung ist.

Übung: Wenn Sie sich das nächste Mal wieder dabei ertappen, wie Sie in einem Streitgespräch einen ganzen Wust konnotativer Wörter benutzen, dann überlegen Sie sich in einer ruhigen Stunde, wie Sie wirklich über das strittige Thema denken. Ein Ausbruch von konnotativen Worten weist oft darauf hin, daß Sie denotativ nicht viel zu sagen wissen. Ist das der Fall, dann sollten Sie vielleicht über das Thema überhaupt nicht streiten. Ich habe mir oft gedacht, daß es zu den meisten Streitigkeiten gar nicht erst kommen würde, wenn die Leute besser über die Tatsachen Bescheid wüßten.

Übung: Besorgen Sie sich verschiedene Zeitungen (aber nicht nur verschiedene Ausgaben desselben Blattes), und sehen Sie sich die Leitartikel durch. Legen Sie diejenigen, in denen sehr viele konnotative Worte anstatt der möglichen denotativen Worte verwendet werden, auf die eine Seite. Legen Sie einen zweiten Stapel an mit Leitartikeln, in denen denotative Worte die Stelle von konnotativen Worten einnehmen.
Vergleichen Sie die beiden Gruppen. Sie werden feststellen, daß die denotative Sprache weitaus überzeugender ist als die stark konnotativ gefärbte. Denken Sie daran, daß auch Ihre Überzeugungskraft von der Art Ihrer Sprache abhängt.

Übung: Es folgt eine Liste ganz alltäglicher konnotativer Wörter. Kennen Sie ihre objektiven (denotativen) Gegenstücke? Die Lösungen finden Sie weiter unten.

1. Star Wars
2. Bulle
3. Prinz Charles
4. Emanze
5. Knastbruder
6. Mutter Natur
7. Zahn der Zeit
8. Gevatter Tod
9. umgenietet
10. Ölscheichtum
11. Dame
12. Herr
13. schwimmt in Geld
14. erzählt viel, wenn der Tag lang ist

LÖSUNGEN

1. Strategische Verteidigungsinitiative
2. Polizist
3. Prince of Wales
4. Feministin
5. Häftling
6. Natur
7. Zeit
8. Tod
9. getötet
10. ölproduzierendes Land
11. Frau
12. Mann
13. reich
14. lügt

BRAIN BUILDER NR. 95

GEBEN SIE IHRE FEHLER ZU

Sie sollten niemals Angst davor haben, sich zu irren - Sie würden damit nur Ihre intellektuelle Entwicklung hemmen. Ihre Schwächen in der Kommunikation werden Sie kaum herausfinden, wenn nicht jemand Sie im Gespräch darauf hinweist oder Ihre Behauptungen gründlich hinterfragt. Antworten Sie offen auf solche Einwände und blocken Sie nicht ab. Vielleicht ist das die beste Gelegenheit, Ihre Fehler entdecken und korrigieren zu können. Wenn Sie sich nicht daran gewöhnen können, Ihre Fehler zuzugeben, dann werden Sie sie wahrscheinlich nie überwinden. Geben Sie Ihren Irrtum zu, und begrüßen Sie freudig die Wahrheit. Von nun an werden Sie klüger und klüger werden.
Es ist entscheidend für Ihr intellektuelles Wachstum, daß Sie Ihre Auffassung ändern, wenn Sie sie als falsch erkannt haben. Sie verschwenden nicht nur Zeit und Energie, wenn Sie sich an alte Irrtümer klammern: Sie werden auch letztlich nie recht behalten.

Übung: Sagen Sie in der nächsten Woche mindestens einmal täglich laut „Ich habe mich geirrt", wenn Sie einen Irrtum bemerken. Wenn Sie alleine sind, sagen Sie es sofort. Sind Sie gerade mit anderen zusammen, dann warten Sie, bis Sie alleine sind, und sagen Sie es erst dann. In der Woche darauf machen Sie es zweimal täglich. Nach einem Monat sollten Sie sich daran gewöhnt haben, daß Sie sich regelmäßig in etwas irren und daß dies völlig normal ist.
Jetzt wird es hart: In den beiden dann folgenden Wochen sagen Sie „Ich habe mich geirrt" auch laut, wenn Sie nicht alleine sind (es sei denn, ein sehr, sehr guter Grund spricht dagegen). Und in den zwei Wochen darauf geht es endlich ums Ganze: Jedes Mal, wenn Sie herausfinden, daß Sie unrecht und jemand anderes recht hatte, dann geben Sie dem anderen gegenüber zu, daß Sie unrecht hatten, selbst wenn es um eine Kleinigkeit geht (wahrscheinlich weiß er es ohnehin schon).

BRAIN BUILDER NR. 96

VERTEIDIGEN SIE IHREN STANDPUNKT NICHT UM JEDEN PREIS

So ziemlich jeder Standpunkt hat neben seinen Stärken auch seine schwachen Seiten. Das heißt nicht unbedingt, daß deshalb alles verkehrt ist. Wenn Sie aber einem kritischen Zuhörer gegenüber in jedem Punkt recht behalten wollen und damit an Ihre Grenze stoßen, weil er Sie schließlich doch widerlegen kann, dann wird damit sehr leicht auch der Rest Ihrer Argumentation an Glaubwürdigkeit verlieren. Und das besonders dort, wo Ihr Zuhörer Sie nicht ganz begreift.
Er wird - und sei es auch nur unterbewußt - folgendes annehmen: Wenn er Sie schon in den offensichtlichen Bereichen bei schwachen Argumenten ertappt, dann ist Ihre Argumentation wohl auch in den anderen, für ihn noch nicht so durchschaubaren Bereichen angreifbar und übertrieben. Übertreibung stärkt ein Argument nicht, sondern macht es schwächer, weil sie ganz allgemein die Glaubwürdigkeit des Sprechers untergräbt.

Übung: Geben Sie es zu - von jetzt ab mindestens einmal pro Woche -, wenn ein Schwachpunkt in Ihrer Argumentation entdeckt wurde, der Ihnen bereits selbst bekannt war. Entgegnen Sie: „Ja, das scheint tatsächlich eine Schwäche zu sein." Ihre Argumentation wird durch Ihre zusätzliche Glaubwürdigkeit an Stärke gewinnen, da Ihre Zuhörer bald feststellen werden, daß Sie Ihre Schwächen zugeben. Und sie werden deshalb denken, daß es da, wo Sie keine Schwäche zugeben, wohl auch keine geben mag.

BRAIN BUILDER NR. 97

WERDEN SIE NICHT LAUT

Verkneifen Sie es sich einen Monat lang, zu schreien, streiten und zu drohen. Einschüchterung ist etwas für Raufbolde. Ihre Kommunikation ist viel wirkungsvoller, wenn weder Feindseligkeit noch Abwehr Sie von Ihrem Zuhörer trennt. Hat das, was Sie sagen, Hand und Fuß, dann läßt es sich genauso wirkungsvoll - tatsächlich sogar wirkungsvoller - auf ruhige Art mitteilen. Und taugt Ihr Argument nichts, dann wird kein noch so lautes Gebrüll es retten. Wut und Abwehr wären dann alles, was Sie unter dem überwältigenden Phonpegel mitgeteilt hätten. Verhalten Sie sich nicht wie jener amerikanische Tourist, der meinte, der französische Kellner würde ihn verstehen, wenn er ihm seine Bestellung nur immer lauter und lauter entgegenbrüllte. In Englisch.

Lernen Sie, Ihre Gedanken ruhig darzulegen oder überhaupt nicht. Senken Sie Ihre Stimme oder flüstern Sie sogar, wenn Sie wollen, daß Ihnen wirklich jemand zuhört. Sie werden überrascht sein, wie viele Leute sich Mühe geben, Sie zu verstehen, weil sie befürchten, etwas Wichtiges zu versäumen. Wenn Sie das einen Monat lang schaffen, können Sie es für immer.

BRAIN BUILDER NR. 98

BELEHREN SIE NIEMANDEN GEGEN SEINEN WILLEN

Die meisten Menschen wollen nicht unbedingt geschulmeistert werden, und schon gar nicht von jemandem, der ihnen nahe steht - es sei denn, Sie besitzen höchste Sachkompetenz zur Thematik. Doch darum geht es jetzt nicht. Stellen Sie grundsätzlich Ihren Standpunkt so übersichtlich, leidenschaftslos und sachlich wie möglich dar. Wenn Sie jemanden überzeugen, umso besser. Wenn nicht, dann ist es sein Problem, nicht das Ihre. Idealerweise sollte eine Diskussion beide Parteien belehren, ganz egal, wer zu Beginn am meisten weiß. Aber in der Praxis ist meist am Ende keiner klüger, weil die meisten Diskussionen nichts weiter sind als zwei gleichzeitig ablaufende Monologe. Dem können Sie zumindest für sich selbst ein Ende bereiten: Benutzen Sie Diskussionen, um sich selbst etwas beizubringen. Auch wenn letztlich keiner seinen Standpunkt ändert: Fast immer kann man im Gespräch mit einem anderen etwas lernen. Zumindest aber hat man die Fehler des anderen, die Folgen seiner Wissenslücken und mangelnden Objektivität vor Augen. Wenn Ihnen zum Beispiel jemand mit einer subjektiven, festgefahrenen Geisteshaltung gegenübersitzt, dann können Sie daraus lernen, wie das gesunde Denken und das geistige Wachstum von der Subjektivität zerstört werden. Gibt es Gebiete, auf denen Sie Ihr eigenes Denken von der Subjektivität trüben lassen?

Übung: Schreiben Sie kurz auf, von wem Sie bis jetzt wirklich etwas gelernt haben, wer Sie geistig „befruchtet" hat. (Ich wette, es wird eine sehr kurze Liste werden.)

BRAIN BUILDER NR. 99

HÖREN SIE DEN ANDEREN ZU

Hören Sie sich das Negative ebenso an wie das Positive, und lernen Sie aus beidem. Diskussionen sind eine ausgezeichnete Gelegenheit, um etwas über Kommunikation zu lernen. Suchen Sie in jeder Diskussion nach diesen Anhaltspunkten: Wo wird der andere unlogisch, wo emotional? Verhalten Sie sich vielleicht genauso, ohne daß Sie es bemerken? Was empfinden Sie, wenn der andere zu Ihnen sagt: „Sie haben unrecht"? Werden Sie wütend? Blocken Sie ab?

Übung: Wenn Ihnen das nächste Mal jemand sagt, daß Sie sich irren: Sagen Sie kein Wort. Hören Sie nur zu. Und hören Sie gut zu - der andere

könnte recht haben. Achten Sie besonders darauf, *wie* Ihnen jemand mitteilt, daß Sie unrecht haben und wie das auf Sie wirkt. Vergessen Sie nicht, daß es auch so auf andere wirkt, wenn Sie selbst diese Worte gebrauchen. Objektivität ist in der Kommunikation genauso wichtig wie Klarheit. Lernen Sie, stets objektiv zu bleiben, egal, wie hitzig die Auseinandersetzung auch werden mag.
Fehlt die Objektivität, so ist den Emotionen Tür und Tor geöffnet. Emotionen treten an die Stelle der Vernunft. Und die Diskussion verliert ihren geistigen Wert.
Und was ist mit dem Slang? Beleidigt es Sie, wenn jemand Formulierungen benutzt wie: „Nix da!“ oder „Nä, das nehme ich dir nich' ab“? Werden Sie wütend? Wenn Sie Slang als negativ empfinden, dann streichen Sie solche Sätze auch aus Ihrem eigenen Wortschatz - es sei denn, Sie wollen ganz einfach nur provozieren.

BRAIN BUILDER NR. 100

BITTE NICHT ZÄNKISCH

Niemand schenkt einem streitsüchtigen Sprecher viel Aufmerksamkeit. Und niemand mag es, wenn man ihm eine Predigt hält. Viele Leute schaffen es, aus jeder Diskussion einen Streit zu machen. Sorgen Sie dafür, daß Sie nicht auch dazu gehören.
Kommen Ihnen die meisten Leute, mit denen Sie sprechen, rechthaberisch vor? Ja? Dann ist es gut möglich, daß das Problem (auch) bei Ihnen liegt.

Übung: Unterhalten Sie sich mit Menschen, die Sie nur flüchtig kennen und zu denen keinerlei emotionale Verbindung besteht. Bleiben Sie in Ihrer Themenwahl auf neutralem Boden. Lassen Sie Politik, Religion und solche verfänglichen Themen wie Abtreibung beiseite. Wenn die anderen Ihnen noch immer als „Streithammel“ vorkommen, dann sind mit ziemlicher Sicherheit Sie der rechthaberische Gesprächspartner.

Aber: Wenn Sie kampflustig sind, dann heißt das noch nicht, daß Sie unrecht haben. Womöglich haben Sie recht, womöglich sind Sie ausgezeichnet oder sogar intellektuell. Aber Sie können andere nur sehr schwer überzeugen - vorausgesetzt, es hört Ihnen überhaupt jemand zu. Ihre Gedanken werden Sie auf diese Weise nicht vermitteln, umso mehr aber Ihren schlechten Ruf.

BRAIN BUILDER NR. 101

SPRECHEN SIE MIT DENEN, DIE IHNEN AM NÄCHSTEN STEHEN

In der Hektik des Alltags ist es nicht einfach, Gefühle auszudrücken. Wir sind umgeben von lauter Versatzstücken echter Kommunikation: Werbemittel, Postkarten und Aufkleber mit sentimentalen Botschaften - ob für einen Plüschbären, die Anhänglichkeit gegenüber einer Stadt, einem Haustier oder einem Schützenverein. Oberflächliche Beziehungen führen zu oberflächlicher Kommunikation. Sprechen Sie mit Ihrem Lebensgefährten oder Ihren engsten Freunden. Die Möglichkeiten für die wichtigste und ehrlichste Kommunikation ergeben sich innerhalb enger persönlicher Beziehungen. Knüpfen Sie keine vertraulichen Gespräche mit Fremden an.

Übung: Nehmen Sie sich für die nächsten Wochen jede Woche ein sinnvolles Gespräch mit jeweils einem anderen Mitglied Ihrer Familie oder Ihres Freundeskreises vor. Jedes Gespräch sollte mindestens dreißig Minuten dauern. Fangen Sie mit dem an, mit dem Sie am besten auskommen - und „arbeiten“ Sie sich durch zu den „schwierigeren Fällen“.

BRAIN BUILDER NR. 102

VERTIEFEN SIE SICH IN IHRE SPRACHE UND INS ENGLISCH

Immer wieder hört man jemanden sagen, er oder sie hätte vor, an einem Kurs in Französisch, Italienisch oder sogar Japanisch teilzunehmen. Ich halte das oberflächliche Studium einer zweiten Sprache dann für Zeitvergeudung, wenn man sich noch nicht einmal mit der eigenen wirklich so befaßt hat, daß man sie beherrscht. Wollen Sie sich die Zeit nehmen und eine Sprache lernen? Dann vertiefen Sie sich in Ihre Muttersprache. Amerikanern empfehle ich, sich eingehend mit dem Englischen zu beschäftigen: mit seiner Grammatik, seinen Formen und der unendlichen Vielfalt der Stilisten, die sich in dieser Sprache ausdrückten. Und ich empfehle Englisch auch allen, die es nicht als Muttersprache haben, aber eine andere Sprache wirklich lernen wollen. Englisch ist nicht nur bereits eine Weltsprache. Es ist eine der reichsten Sprachen der Welt.

Übung: Kaufen Sie sich ein Buch über landläufige Sprachfehler in Ihrer Sprache. Stellen Sie fest, welche Fehler Sie selbst machen und wann sie Ihnen unterlaufen, damit Sie diese Fehler vermeiden können.

BRAIN BUILDER NR. 103

FÜHREN SIE EIN TAGEBUCH

Ein Tagebuch hat zwei Vorteile: Erstens ist es nur für Ihre eigenen Augen bestimmt, zweitens schreiben Sie über etwas, das Sie gut kennen: über Ihr eigenes Leben nämlich. Deshalb ist ein Tagebuch eine große Hilfe, wenn man Hemmungen gegenüber der schriftlichen Kommunikation überwinden will. Sie müssen weder jeden Tag noch jede Woche etwas hineinschreiben und ob Ihr Stil gut oder schlecht ist, spielt auch keine Rolle. Bemühen Sie sich nur, alles, was vorgefallen ist und was Sie dabei empfunden haben, klar auszudrücken. Und lesen Sie für lange Zeit nicht nach, was Sie geschrieben haben. Holen Sie zum Jahreswechsel Ihr Tagebuch hervor und lesen Sie die Einträge des vergangenen Jahres. Wie gut konnten Sie alle Geschehnisse mitteilen? Werden die Ereignisse beim Lesen wieder lebendig? Erwecken Ihre Worte Erinnerungen, oder sind da zu wenig Einzelheiten und Tatsachen, fehlt es an Genauigkeit oder Gefühl?

Übung: Sie wollen zwar gerne ein Tagebuch führen, sich aber nicht dem Druck aussetzen, täglich etwas hinein schreiben zu müssen - und lassen es deshalb ganz sein? Die folgende Methode ist ein Ausweg aus diesem Entweder-Oder: Besorgen Sie sich ein Loseblatt-Notizbuch und machen Sie während des nächsten Jahres nur einen Eintrag pro Woche - nicht mehr und nicht weniger. Jeder Eintrag sollte nicht weniger als eine Seite, aber nicht mehr als zwei Seiten umfassen, und zum Schreiben dürfen Sie sich zwischen fünf und 30 Minuten Zeit nehmen. Und am Ende des Jahres sortieren Sie aus und werfen nicht weniger als sechs und nicht mehr als zwölf Wocheneinträge hinaus. Es bleibt am Ende ein guter Kern übrig, der alle fünf Jahre den Umfang eines Buches annehmen wird.

Übung: Falls Sie sich gezwungen fühlen, jeden Tag zu schreiben, oder Sie ein schlechtes Gewissen haben, wenn Sie nichts schreiben, dann probieren Sie es so: Verfassen Sie in den nächsten zwei Wochen täglich eine „Schlagzeile" über sich, und heben Sie dabei ein Tagesereignis heraus. Das sieht dann, wenn Sie Mike Müller heißen, ungefähr so aus:

Sonntag:	Mike Müller kauft ein paar neue Schuhe!
Montag:	U-Bahntür schließt sich beinahe vor Mike Müller.
Dienstag:	Mike Müller verliebt sich!

Nach einigen Wochen werden Sie herausfinden, warum es nicht nötig ist, täglich viel zu schreiben. Schließlich ist nur eines der oben erwähnten Ereignisse einen Tagebucheintrag wert (und falls Sie sich jede Woche verlieben, dann lohnt vielleicht keiner dieser Tage, aufgezeichnet zu werden).

BRAIN BUILDER NR. 104

SCHREIBEN SIE BRIEFE

Schreiben Sie an enge Freunde. Wenn Sie an sehr gute Bekannte schreiben, dann können Sie über persönliche Themen sehr viel intensiver „sprechen", als Sie es mit einem Außenstehenden könnten. Ein sehr wichtiger Nebeneffekt dabei ist, daß innige Kommunikation mit vertrauten Freunden das Gefühl der Sicherheit und das emotionale Wohlbefinden für alle Beteiligten steigert.

Übung: Kaufen Sie sechs bunte Ansichtskarten Ihrer Heimatstadt und schicken Sie sie an verschiedene Leute, die sich bestimmt freuen würden, von Ihnen zu hören. Es ist keine große Mühe, nur ein paar Worte zu schreiben, und Sie werden vielleicht ein oder zwei nette Briefe zurückerhalten.

BRAIN BUILDER NR. 105

SUCHEN SIE BRIEFFREUNDE

Übung: Schreiben Sie an die Botschaft eines Landes Ihrer Wahl und fragen Sie an, wie man in diesem Land einen „Brieffreund" finden kann.
Im Briefwechsel mit einem Fremden werden Sie gezwungen, Dinge über Ihr Land zu erklären, die Sie immer als ganz selbstverständlich hingenommen haben und sie deshalb neu überdenken müssen. Es ist ein ausgezeichnetes Training Ihrer Kommunikationsfähigkeit, wenn Sie einem Ausländer das politische und soziale Leben Ihres Landes und Ihr eigenes Leben erklären müssen. Vielleicht sehen Sie dabei Ihr Land und sich selbst aus einer ganz neuen Perspektive.

BRAIN BUILDER NR. 106

SCHREIBEN SIE KRITISCHE BRIEFE

Schreiben Sie ein paar Zeilen an die Herausgeber von Zeitungen und Zeitschriften - ohne persönlich oder beleidigend zu werden. Kritisieren Sie sachlich, was Ihnen an den Blättern nicht gefällt. Bleiben Sie beim Thema, und stellen Sie Ihre Argumente logisch dar. Sie halten die Bademoden-Serie einer Sportillustrierten für sexistisch? Schreiben Sie dem Herausgeber, weshalb. Es wird ihn nicht persönlich verletzen, und für Sie ist es eine gute Kommunikationsübung. Einige Blätter werden Ihren Brief abdrucken, und wenn Sie ihn dann wieder lesen, bekommen Sie einen besseren Einblick in Ihren Stil.

Übung: Schreiben Sie ein Jahr lang jeden Monat irgend jemandem einen Brief, ganz egal, wie kurz er ist.

BRAIN BUILDER NR. 107

LESEN SIE DIE LESERBRIEFE IN DER ZEITUNG

Dabei können Sie erkennen, wie erfolgreich der Schreiber bei seinem Versuch ist, sich mitzuteilen oder zu überzeugen. Sehen Sie sich an, wo die Logik zusammenbricht und die Emotionen überschäumen, wie oft an den Glauben appelliert wird und wo stattdessen Vernunft und Logik nötig gewesen wären. Natürlich erscheinen Leserbriefe meist in gekürzter Form, aber der Kern der Gedanken bleibt doch fast immer erhalten.

Übung: Suchen Sie sich einen Leserbrief, mit dem Sie zwar übereinstimmen, der aber die Essenz seiner Aussage nicht gut ausdrückt. Schreiben Sie selbst einen Antwortbrief, der genauso lang ist wie der abgedruckte.

BRAIN BUILDER NR. 108

KÜRZEN SIE LEITARTIKEL

Übung: Überarbeiten Sie die Leitartikel Ihrer Zeitung und kürzen Sie sie auf einen Absatz zusammen. Nehmen Sie einen möglichst engagierten Leitartikel, fassen Sie seine Essenz in möglichst wenig Worten zusammen und ordnen Sie dabei die wesentlichen Punkte in der Rangfolge ihrer Bedeutung. Tun Sie das gleiche mit Leserbriefen. Zeigen Sie dann Original und Zusammenfassung einem Freund und fragen Sie, ob er den wesentlichen Inhalt des Originals aus Ihrer gekürzten Fassung entnehmen kann. Dies ist eine Fortsetzung jener Übung, in der Sie sich möglichst knapp mündlich ausdrücken sollten. Das hilft Ihnen nicht nur dabei, Ihr Denken klarer zu strukturieren, sondern auch, sich kurz und bündig auszudrücken. Und damit gewinnen Sie eine wertvolle Waffe für Ihr geistiges Arsenal.

BRAIN BUILDER NR. 109

SCHREIBEN SIE BRIEFE AN FREMDE

Übung: Erinnern Sie sich an die „positive" Kommunikation? Schreiben Sie einen freundichen Brief an eine Person, der Sie zwar nie begegnet sind, die Sie aber bewundern. Erklären Sie ihr genau, was Ihnen an ihr gefällt und weshalb. Bringen Sie ruhig Ihre Gefühle zum Ausdruck, aber werden Sie nicht rührselig. Bemühen Sie sich um Objektivität. Ich habe erst kürzlich einen solchen Brief an einen Schriftsteller geschrieben, dessen Werk ich sehr schätze.

KURZ-TEST

UND HIER IST IHR TEST ZUM ENDE DER ACHTEN WOCHE

1. Wie heissen die beiden Schlüsselelemente jeder Kommunikation?
2. Wie können Sie Ihre kommunikativen Fähigkeiten am besten beurteilen?
3. Was ist der Hauptgrund für Missverständnisse in der Kommunikation?
4. Sollten Sie zu verschiedenen Leuten unterschiedlich sprechen?
5. Was schadet einer wirkungsvollen Kommunikation am meisten: das Telefon, ein Brief oder eine Begegnung?
6. Warum sollten Sie das Wort „Meinung“ nicht so oft in den Mund nehmen?
7. Wer sagte: „Wahrheit ist absolut, Meinung ist relativ.“?
8. Worin unterscheiden sich denotative und konnotative Wörter?
9. Welche Sprache sollten Sie lernen?
10. Was ist der grösste Feind einer wirkungsvollen Kommunikation?

ANTWORTEN

1. Klarheit und Objektivität.
2. Vom Standpunkt der anderen aus.
3. Worte ohne Kontext oder Worte, die aus dem Kontext gerissen werden.
4. Ja. Sie sollen jede Kommunikation der Zuhörerschaft anpassen.
5. Das Telefon.
6. Weil Sie dann zum Denken gezwungen werden.
7. Ich sagte es.
8. Ein denotatives Wort ist objektiv, ein konnotatives Wort ist subjektiv.
9. Vor allem Ihre Muttersprache!
10. Emotionen.

KAPITEL

12

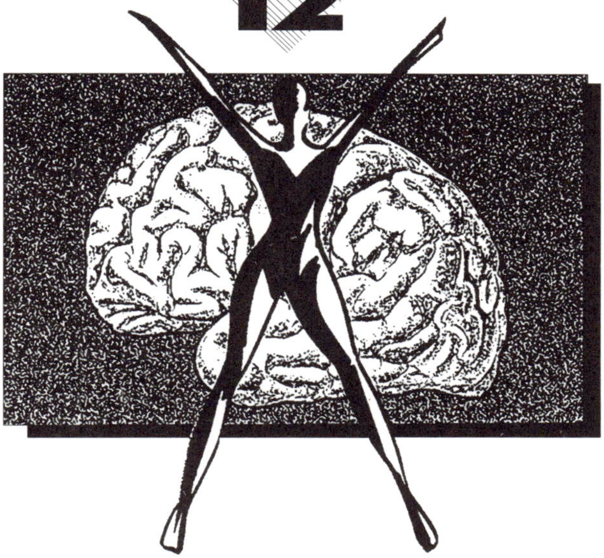

MO DI MI DO FR SA SO

NEUNTE WOCHE

INFORMATIONSTRAINING

Was Sie für die neunte Woche brauchen: Mindestens zwei verschiedene Tageszeitungen.

„Denken Sie an Bacons Empfehlung: Lesen Sie weder, um zu widersprechen und zu widerlegen, noch um zu glauben und für selbstverständlich hinzunehmen. Lesen Sie, um zu erwägen und nachzudenken."

Mortimer J. Adler und Charles Van Doren, *How to read a book*

Wenn wir uns das Gehirn als einen Computer vorstellen, dann ist der Verstand die Hardware und die Information die Software. Ein Computer schluckt jede Information, sortiert sie, ohne sie zu bewerten, speichert sie und spuckt sie auf Kommando wieder aus. Aber ein Computerchip ist beinahe für die Ewigkeit geschaffen, während menschliche Wesen vergleichsweise kurzlebig sind. Nicht jede Information ist gleich wertvoll. Wenn wir eine Ewigkeit zur Verfügung hätten, die Informationen früherer Jahrhunderte durchzusehen - all die Bücher, die Musik, die Künste und Ideen, die Menschen je hervorbrachten, all die Wunder des bekannten und unbekannten Universums -, dann könnten wir uns die Zeit nehmen, das Beste auszuwählen und den Rest liegenzulassen.

Und das wäre erst der Umgang mit der geistigen Erbschaft der Vergangenheit. In der Gegenwart werden wir mit Informationen aus allen nur denkbaren Quellen bombardiert. Heute sind Medien verfügbar, von denen unsere Eltern nur träumen konnten - aber vielleicht wären es ja eher Alpträume gewesen.

Vor etwa 3000 Jahren wurde die Nachricht, daß die griechische Armee Troja erobert hatte, über eine Reihe gewaltiger Signalfeuer entlang der Gebirgsketten an der Westküste Kleinasiens ins griechische Mutterland getragen. Eine Fackel nach der anderen erhellte den Himmel, gab die Siegesbotschaft von einem Signalfeuer zum nächsten weiter, bis das Licht an der Ostküste Hellas zu sehen war. Die Einzelheiten der Geschichte konnten die Krieger zwar erst nach ihrer Heimkehr erzählen, aber die wichtigste Nachricht, der Sieg, wurde sofort verkündet. Was für eine Art, Schlagzeilen zu schreiben: mit Feuer! Über Jahrtausende funktionierte diese einfache und wirkungsvolle Nachrichtenübermittlung: 1588 wurden auf beinahe jedem Hügel an Englands Südküste Signalfeuer angezündet, um die Briten vor der spanischen Armada zu warnen.

DAS SCHNELLFEUER DER NACHRICHTENTECHNIK

Wenn jetzt in Moskau ein russischer Führer niest, dann wird sein „Hatschi" sofort von Satelliten übertragen, der amerikanische Präsident kann ihm von Washington aus „Gesundheit!" wünschen und nur wenige Sekunden später das „Danke!" aus Moskau hören. Jeden Tag werden wir mit Informationen überschüttet, über Funk, aus dem All, aus unseren Zeitungen und Zeitschriften, durch Videoclips und Radiosendungen, sogar durch Schlagzeilen auf Displays an Gebäuden. Der Großteil ist überflüssiger Ballast. Oft ist es schlichtweg geistiger „Junk Food". Im schlimmsten Fall ist es gefährliche Irreführung.

Aber viele Leute finden Junk Food nun mal köstlich. Die Produzenten versetzen es mit bewährten Geschmacksreizstoffen, verpacken es in nette kleine Behälter und werben bis zum Erbrechen dafür. Aber so verlockend Junk Food auch aussehen mag und so sehr man seinen Geschmack auch getrimmt hat: Man kann nicht auf unbegrenzte Zeit oder ausschließlich von Junk Food leben und dabei gesund bleiben.

Ein gesunder Intellekt gedeiht nicht mit geistigem Junk Food. Er muß deshalb sehr wählerisch werden - und dabei schnell! Schon deshalb, weil die Zeit läuft. Wir werden eben älter, statt jünger.

BRAIN BUILDER NR. 110

ES GIBT MEHR INFORMATION ALS WAHRHEIT

Der Aufbau dieser Pyramide ist einfach und es lohnt sich, sie im Gedächtnis zu behalten:

Wie Sie sehen, stellt die Pyramide einen Prozeß der „Veredelung“ dar, etwa wie das Goldwaschen: Als erstes schöpft man ein Sieb voll Rohmaterial aus einem vielversprechenden Flußbett. Das ist die Information, die uns unaufhörlich erreicht. Das meiste davon wirft man als Abfall fort. Nur die Stücke, die Gold zu enthalten scheinen, werden ausgewählt. Das sind die Daten. In den Daten verbergen sich die Tatsachen, sie enthalten wirklich Gold. Aber sie müssen erst von Verunreinigungen befreit werden, um die Makellosigkeit des Goldes zu enthüllen. Dann, und nur dann, werden Sie durch den Glanz des reinsten Goldes belohnt: die Wahrheit.
Die Information ist nur die Vorstufe der Daten, und die Daten sind nur die Vorstufe der Fakten. Die Fakten stehen unmittelbar vor der Wahrheit, aber bis dorthin ist es ein langer Weg. Und verwechseln Sie niemals Information mit Wahrheit, sonst haben Sie am Ende nur eine Pfanne voller Dreck, oder bestenfalls falsches Gold.

Übung: Stellen Sie sich vor, Sie wollen eine neue Krankenversicherung abschließen. Die Versicherungsgesellschaften senden Ihnen haufenweise Informationsmaterial zu. Davon werfen Sie die Hochglanzbroschüren mit den glücklich in ihren Krankenbetten lächelnden Patienten weg und behalten die Beschreibung der Versicherungsbedingungen. Das sind die Daten. Aus den Daten werden Sie die Tatsachen ausgraben: das, was die Versicherung abdeckt und was nicht. Anhand der Tatsachen können Sie nun auswählen, welche Versicherung in Wahrheit die beste ist.

BRAIN BUILDER NR. 111

SCHAUEN SIE DIE QUELLE AN

Prüfen Sie genau, wer oder was Sie mit Informationen füttert, bevor Sie schlucken oder verdauen. Und kauen Sie die Informationen gründlich. Wir haben in diesem Buch schon darüber gesprochen, wie viele Menschen sich unbewußt für tendenziöse Zeitungen und Zeitschriften und andere Quellen entscheiden, um Ihre eigenen Überzeugungen zu stützen - und zu schützen. Mittlerweile sollten Sie frei von dieser Gewohnheit sein. Ob im Wartezimmer oder im Flugzeug: Wann immer Sie eine Zeitung oder Zeitschrift zur Hand nehmen und darin blättern, sollten Sie sich über die Tendenz des Blattes im klaren sein.

Übung: Lassen Sie von jetzt ab Ihre Informationen nicht mehr durch andere auswählen. Nehmen Sie Ihre eigene Zeitschrift oder ein Buch mit auf die Bahnfahrt, zum Flughafen und zum Zahnarzt. Und kaufen Sie nicht unterwegs schnell „irgendwas“. Nehmen Sie von zu Hause den Lesestoff mit, bei dem Sie bereits den Entschluß gefaßt haben, er sei Ihre Zeit wert. Lesen Sie niemals, um damit nur die Zeit totzuschlagen.

BRAIN BUILDER NR. 112

SIEBEN SIE DIE FAKTEN AUS KOMMENTAREN HERAUS

Nehmen wir als besonders krasses Beispiel fiktive Überschriften zu einem Beitrag über eine Abtreibungsklinik: „Familienplanung“ oder „Baby-Schlachthaus“? Die zweite Aussage ist ganz offensichtlich suggestiv. Die erste ist es aber bei genauerer Betrachtung auch: Es handelt sich um einen sogenannten „Euphemismus“ - abgeleitet von der griechischen Idee, über eine unerfreuliche Sache „gut zu sprechen“, damit sie aufhöre, Schrecken zu verbreiten. Wenn man denselben Euphemismus benutzt, dann könnte man Hitlers millionenfachen Massenmord „Gesellschaftsplanung“ nennen. Aber Hitler hatte seinen eigenen Euphemismus, „die Endlösung“ - als ob die getöteten Menschen nichts wären als ein Problem, das es zu lösen galt. Es geht hier nicht um die Legalität oder Illegalität von Abtreibungen, sondern darum, daß beide Ausdrücke meinungsbildend wirken.

Die vielleicht größte Schwierigkeit beim Aussieben der Tatsachen aus Kommentaren liegt darin, die Grenzen zu sehen. Was Nachrichten-Maga-

zine bieten, ist häufig derart „homogenisiert“, die Milch des Kommentars und die Sahne der Tatsachen so vermischt, daß man unmöglich sagen kann, wo das eine aufhört und das andere beginnt.
Sie sollten jedoch nicht ungerecht sein. Ein großer Teil davon geschieht nicht einmal bewußt. Dahinter stecken keine Verschwörungen, keine Pläne zum Betrug oder zur Bedrohung der nationalen Sicherheit. Der Grund liegt einfach darin, daß Nachrichtenredakteure - wie andere Menschen auch - eigene politische Überzeugungen haben. Und die fließen in die Sendungen und Texte ein.
Viele Nachrichtenprogramme beschäftigen „Kommentatoren“. Sie geben Ihren Kommentar zu nationalen und globalen Ereignissen. Sie sagen auch gleich vorneweg, dieser Kommentar spiegele nichts weiter wider als ihre eigene Meinung. Glaubt der Zuschauer dann, daß deshalb der Rest der Nachrichten frei von Verzerrung und Parteilichkeit sei? Es wäre ebenso naiv, anzunehmen, der Einfluß der Kolumnisten würde sich auf die Leitartikel der Zeitungen beschränken, nur dort hätte die Parteilichkeit ihren Platz und der Rest sei objektiv. Gerade das ist nicht der Fall.
Sie können das ziemlich harmlos finden, weil Sie glauben, die konservative und die liberale Presse halte sich gegenseitig die Waage. Aber die Medien sind durchaus kein Querschnitt des Volkes. Sie repräsentieren die Gesamtbevölkerung ebensowenig wie es eine Organisation von Rechtsanwälten, von Klempnern oder Sekretärinnen tut. Journalisten sind nichts weiter als eine Art von Berufsgruppe, aber sie haben bedeutend mehr Macht als zum Beispiel ein Klempnerverband.
Diese Übung wird es Ihnen vielleicht erleichtern, Tatsachen aus Kommentaren herauszuziehen:

Übung: Sind Sie liberal? Dann lesen Sie ab jetzt konservative Zeitungen und hören Sie sich konservative Nachrichtensendungen an. Wenn Sie mit den Konservativen sympathisieren, dann machen Sie es genau umgekehrt. Das ist keine Übung in Toleranz, um „die andere Seite zu sehen“. Vielmehr soll sie Ihnen helfen, eine verzerrte, parteiische Sprache zu erkennen und die Personifizierung der Nachrichten zu durchschauen.
Wenn Sie die Tatsachen aus einem Kommentar heraussieben, dann kann es durchaus passieren, daß am Ende gar nichts übrigbleibt.

BRAIN BUILDER NR. 113

LESEN SIE NICHT ALLES IN DER ZEITUNG

Lesen Sie nur die ersten Absätze der wesentlichen Artikel auf den ersten Seiten Ihrer Tageszeitung (natürlich keine Boulevardzeitung). Das verschafft Ihnen in zehn Minuten einen guten Überblick über die wichtigsten Neuigkeiten, die beinahe alle auf den ersten Seiten stehen. Und Sie ersparen sich damit viele der parteilich gefärbten Einzelheiten.

Übung: Lesen Sie während der nächsten 30 Tage nur die ersten drei Seiten Ihrer Tageszeitung, aber lesen Sie sie ganz, nicht nur die Artikel, für die Sie sich interessieren. Sie konzentrieren sich damit besser auf den wirklichen Zweck der Zeitungslektüre: Information und nicht Zeitvertreib. (Sie sollten auf den drei Seiten alles lesen, damit Sie etwas über die Themen erfahren, über die Sie wenig wissen und die Sie deshalb bisher vernachlässigt haben. Sie sollten sich nicht selbst in die Tasche lügen und denken, Sie würden wirklich die Nachrichten verfolgen, wenn Sie sich tatsächlich nur über den neuesten Sensationsprozeß auf dem laufenden halten). Während der dann folgenden 30 Tage lesen Sie nur die ersten Absätze aller Artikel auf den ersten Seiten. Und später lesen Sie nur noch, was Sie wirklich interessiert - ich hoffe, daß dieses „nur“ dann beträchtlich mehr sein wird.

BRAIN BUILDER NR. 114

WECHSELN SIE IHRE TAGESZEITUNG

Kaufen Sie Ihre Zeitung täglich am Kiosk? Dann nehmen Sie jeden Tag eine andere. Und wenn Sie sie abonnieren, dann bestellen Sie eine für die Wochentage und eine andere zum Wochenende. Ihre Informationen werden wertvoller, wenn sie von verschiedenen Standpunkten stammen. Außerdem schaffen Sie sich eine neue intellektuelle Perspektive.

Übung: Wechseln Sie im nächsten halben Jahr monatlich Ihre Tageszeitung: im ersten Monat ein führendes liberales Blatt, im zweiten Monat eine führende konservative Zeitung, dann wieder eine liberale Zeitung und so weiter.

BRAIN BUILDER NR. 115

REDUZIEREN SIE IHREN NACHRICHTENKONSUM

Hören Sie höchstens einmal am Tag Nachrichten. Wenn sich nicht gerade ein Ereignis von entscheidendem Interesse entwickelt, dann reicht einmal am Tag vollkommen aus. Wenn Sie selektiv die ersten Seiten Ihrer Zeitung gelesen haben, dann brauchen Sie weniger Nachrichten im Fernsehen und im Radio. Warum sollten Sie sich dasselbe mehrfach anhören? Das käme dem bloßen Zeittotschlagen gefährlich nahe.

Übung: Hören Sie sich in dieser Woche die Nachrichten nur einmal am Tag und nur im Radio an. In der nächsten Woche schauen Sie die Nachrichten einmal täglich im Fernsehen. Und in der folgenden Woche beziehen Sie Ihre Nachrichten nur aus der Zeitung (an diesem Punkt sollte Ihnen klar sein, warum Sie sich auf Dauer an die Zeitung halten sollen).

BRAIN BUILDER NR. 116

REDUZIEREN SIE IHREN NACHRICHTENKONSUM NOCH MEHR

Legen Sie jede Woche einen nachrichtenfreien Tag ein. Nehmen wir die Wochenendausgabe mit ihren vielen Rubriken. Wenn Sie in einer größeren Stadt wohnen, dann wissen Sie, daß diese Ausgabe schwerer und dicker wird, je näher verkaufsoffene Samstage oder Feste wie Weihnachten heranrücken. Das liegt vor allem am Zuwachs der Anzeigen. Und damit die Relationen stimmen, bekommen Sie zusätzlich mehr zu lesen.

Es ist nicht einfach, die Wochenendausgabe zu lesen. Normalerweise gehören dazu mindestens zwei Leute. Einer nimmt den Kulturteil, der andere den Sport- und den Nachrichtenteil. Beide streiten sich über den Magazin- und den Reiseteil, und jeder erhascht einen Blick auf die Comics.

Dann zieht sich das Pärchen zurück. Während draußen die Sonne scheint, verbringen die beiden Stunde um Stunde damit, Artikel über Theaterstücke zu lesen, die sie nie sehen werden, und über Bücher, die sie niemals lesen werden. Er liest Berichte über Sportwettkämpfe, die bereits vorüber sind, und sie über Kleidung, die sie sich nicht leisten kann und die in Läden verkauft wird, zu deren Besuch sie ohnehin keine Zeit hätte. Sie lesen Rezepte für Gerichte, die sie niemals kochen werden, und Haushaltstips, die sie nachher gleich wieder vergessen. Und all diese wertvollen Stunden am Wochenende sind unwiderruflich dahin.

Könnte ich Sie nur einmal von solchem Verhalten abbringen und Ihnen damit diese Zeit wieder geben! Aber ich weiß, daß Sie nicht auf einen Schlag damit aufhören können. Nehmen wir für den Anfang einen Werktag. Versuchen Sie, jede Woche einen Tag nachrichtenfrei zu halten. Ob Sie es glauben oder nicht: Die Welt wird sich trotzdem weiterdrehen. Mit Ihnen.

Übung: Während des nächsten Monats lesen Sie mittwochs keine Zeitung. Im folgenden Monat lesen Sie mittwochs und samstags keine Zeitung. Nach 60 Tagen entscheiden Sie selbst, ob Sie dabei etwas versäumt haben.

BRAIN BUILDER NR. 117

LESEN SIE MEHR - ABER WÄHLERISCH

Übung: Prüfen Sie die Bestsellerliste in einer guten Zeitung (oder erkundigen Sie sich beim Buchhändler) und wählen Sie unter den ersten 20 das Buch aus, das Ihnen am lohnendsten erscheint. Lesen Sie es.

Lesen an sich ist so wichtig für Ihre intellektuelle Entwicklung, daß Ihnen beinahe jedes Buch nutzt. Deshalb ist es am einfachsten, das aufzulisten, was Sie *nicht* lesen sollten. Vergeuden Sie mit folgendem Stoff nicht Ihre kostbare Zeit:

- Groschenromane. Das sind zusammengeschusterte, hastig heruntergeschriebene Lohnschreiberprodukte zum Massenkonsum. Verwechseln Sie sie nicht mit intelligent geschriebenen modernen Erzählungen oder guten Genre-Romanen, zum Beispiel den Thrillern von John le Carré oder den Mordgeschichten von P.D. James. Wenn Sie mit Lesen dem Alltag entfliehen wollen, warum flüchten Sie nicht in die Welt von Dickens? Oder Dostojewski oder Wolfe? Die Handlung ist dort ebenso spannend, die Charaktere sind weit besser gezeichnet und lebensechter. Wenn Sie schon mehr als 200 Seiten lesen, warum nicht gleich 200 Seiten, die es wirklich wert sind?

- Unautorisierte Biografien. Eine schlimme Form von „Sachbüchern". Wenn Sie etwas über eine berühmte Persönlichkeit erfahren wollen, lesen Sie lieber das Buch eines Autors, der nicht für die schnelle Sensation bezahlt wird.

- Klatschillustrierte. Sie stehen auf einer Stufe mit den nicht autorisierten Biografien. Wenn Sie schon hin und wieder eine Dosis Junk Food haben müssen, dann überfliegen Sie die Geschichten, während Sie im Supermarkt vor der Kasse warten - und legen Sie die Illustrierte wieder zurück ins Regal.

- Boulevardzeitungen. Sie verbinden die negativen Aspekte von Klatschblättern und schlechten Biografien. Und geben das auch noch als Nachrichten aus.

- Gekürzte Romane. Man kann sie mit Nahrungsmitteln vergleichen, aus denen Vitamine und Mineralien entfernt sind. Schlimmer noch: Diese Lektüre gibt Ihnen das Gefühl, etwas gewonnen zu haben, während Sie in Wirklichkeit nur verloren haben, nämlich wieder ein Stück Ihrer wertvollen Zeit. Der Wert eines guten Romans liegt ja nicht allein in seiner Handlung, sondern in seiner Sprache, seinem Stil und in der Individualität des Autors.

BRAIN BUILDER NR. 118

LESEN SIE NICHT NUR, UM SICH ZU INFORMIEREN

„Information" kann unwahr, ungültig oder verzerrt sein. Betrachten Sie deshalb auch Sachbücher objektiv: Lesen Sie sie, um mehr zu verstehen. Wenn Sie etwas von einem Buch lernen konnten, dann heißt das noch lange nicht, daß Sie jetzt „überzeugt" oder „überredet" worden sind.

Übung: Nehmen Sie sich die nächstbeste Illustrierte, und sehen Sie sich eine ganzseitige Anzeige an. Das ist auch „Information", oder?

Das folgende Zitat stammt aus *How to read a book* von Mortimer J. Adler und Charles Van Doren. Ein Buch, das ich Ihnen empfehle. Beziehen können Sie es in der Originalsprache über große Buchhandlungen.

„Die vierte und höchste Stufe des Lesens wollen wir synoptisches Lesen nennen. Es ist die schwierigste und systematischste Art des Lesens überhaupt... Man könnte diese Stufe auch vergleichendes Lesen nennen. Während des synoptischen Lesens liest der Leser gleichsam viele Bücher, nicht nur eines, und setzt sie in Beziehung zueinander und zu einem Thema, um das sich alle diese Bücher drehen. Aber ein bloßer Textvergleich ist nicht genug. Synoptisches Lesen ist mehr. Mit Hilfe der gelesenen Bücher kann der synoptische Leser zu einer Analyse des Themas kommen, die sich in keinem der einzelnen Bücher findet... Begnügen wir uns für den Augenblick damit, daß das synoptische Lesen keine leichte Kunst ist und daß seine Regeln nicht weitverbreitet sind. Dennoch ist das synoptische Lesen vielleicht die lohnendste Art des Lesens. Der Nutzen ist derart groß, daß er die Mühen, es zu erlernen bei weitem aufwiegt."

BRAIN BUILDER NR. 119

EGAL, AUF WELCHER „SEITE" DER AUTOR STEHT

Das ist die vielleicht wichtigste Regel für das Lesen von Sachbüchern. Weil ein Buch nun mal nicht nur einige wenige Sätze lang ist, werden Sie vermutlich weder mit allem pauschal übereinstimmen, noch alles pauschal ablehnen. Eine Problematik hat selten nur zwei Seiten. Die meisten Fragestellungen umfassen viele Aspekte und eine Menge möglicher Antworten. Lesen Sie, um mehr zu erfahren.

Übung: Hören Sie auf, den Leuten zu erzählen, ob Ihnen das, was Sie gelesen haben, „gefallen" oder „nicht gefallen" hat. Gerade darauf sollte es nicht ankommen. Gutes Essen mag Ihnen gefallen. Aber hier geht es darum, mehr zu verstehen. Dazu noch ein Zitat aus *How to read a book*:

„Einer der häufigsten Kniffe eines Redners oder Agitators ist es, gewisse Dinge auszulassen, Dinge, die äußerst wichtig für die strittige Frage sind, die jedoch alles in Frage stellen würden, wenn man sie klar ausspricht."

Sie müssen erst sagen können: „Ich verstehe". Und danach können Sie eine der folgenden Aussagen treffen: „Ich stimme zu", „Ich bin dagegen" oder „Ich verschiebe mein Urteil“. In diesen drei Feststellungen erschöpfen sich alle kritischen Positionen. Wenn Sie eine Sache noch nicht verstanden haben: Stimmen Sie weder zu noch lehnen Sie ab. Vertagen Sie Ihr Urteil. Dadurch wird Ihr Verstand wirklich stark.

BRAIN BUILDER NR. 120

BAUEN SIE SICH IHRE EIGENE BIBLIOTHEK AUF

Gegen Ihren Hunger haben Sie Nahrung im Kühlschrank. Friert es Sie plötzlich, dann liegt ein Pullover bereit. Aber was ist, wenn Ihr Verstand eine bestimmte Information braucht? Haben Sie dann das Buch im Haus, das ihn zufriedenstellt?

Übung: Gehen Sie zum Lesesaal der besten Bibliothek, die Sie erreichen können. Wenn Sie das erste Mal dort sind oder bisher immer nur das nachgeschlagen haben, was Sie im Augenblick gerade brauchten, dann wissen Sie wahrscheinlich gar nicht, was Sie da alles finden können.
Jedesmal, wenn Sie etwas nicht wissen, notieren Sie sich die Frage. Dabei wird sich bald ein Muster Ihrer Interessen herauskristallisieren. Und Sie können sich immer mehr spezialisieren. Sehen Sie sich die Nachschlagewerke in der Bibliothek an, und lassen Sie sich davon überraschen, was es alles gibt. Viele gute Nachschlagewerke gibt es als Taschenbuch, andere können Sie gebraucht kaufen. Auch auf Flohmärkten und in Antiquariaten kann man gute Bücher oft billig bekommen.
Kaufen Sie soviel, wie Sie sich leisten können. Es gibt oft ganz phantastische Gelegenheiten, und gute Bücher kann man nie zuviel haben. Mir zum Beispiel ist eine Bücherwand lieber als eine Wand mit Bildern.

BRAIN BUILDER NR. 121

FERNSEHEN: WARUM WAS?

Übung: Notieren Sie sich eine Woche lang täglich jede Fernsehsendung, die Sie sehen, und warum Sie diese Sendung anschauen. Gehen Sie am Ende der Woche Ihre Liste durch und ziehen Sie Bilanz: Sehen Sie nur deshalb fern, weil Sie zu nichts anderem Lust haben? Ist es Realitätsflucht? Haben sich Ihre Fernsehgewohnheiten geändert? Gebessert?
Fernsehen unterscheidet sich nicht nur in der äußeren Form, sondern ganz grundsätzlich vom Lesen. Bei den vielen Sendern, die für so viele Stunden am Tag eine solche Fülle anbieten, muß man noch kritischer auswählen - denn viel geistloses Zeug, diese „Kartoffelchips für das Gehirn", könnte Ihre Intelligenz beleidigen.

BRAIN BUILDER NR. 122

SCHÖPFEN SIE AUS ORIGINAL-QUELLEN

Begnügen Sie sich nicht mit Informationen aus „zweiter Hand". Gehen Sie an die Original-Quelle. Sonst werden Sie das Opfer von Verdrehungen und falschen Interpretationen. Wenn jemand Ihnen etwas über ein Buch erzählt, das Sie nicht kennen, dann hören Sie nur zu, fragen Sie nach - einfach um Ihren Blickwinkel zu erweitern. Aber lesen Sie dann selbst das Buch, bevor Sie wirklich „mit"-reden und argumentieren.

Übung: Wenn Sie über Albert Schweitzer sprechen: Zitieren Sie Albert Schweitzer. Wenn Sie über Darwin schreiben, zitieren Sie Darwin. Und nicht jemanden, der über Schweitzer oder Darwin spricht.

BRAIN BUILDER NR. 123

HALTEN SIE IHREN INTELLEKTUELLEN BLUTDRUCK NIEDRIG

Sie interessieren sich für einen Kurs zu einem bestimmten Thema, haben aber Angst, daß der Stoff insgesamt und vor allem die Prüfung für Sie zu schwer wird? Dann gehen Sie einfach als Gasthörer hin, verzichten Sie auf die Prüfung und die „Ehre". Dann haben Sie weder Papierkram noch Prüfungsstreß - aber die Informationen, die Sie suchen. Sie zögern, einen Vortrag über ein Thema zu besuchen, das Sie grundsätzlich interessiert, aber sehr speziell und anspruchsvoll ist? Dann gehen Sie hin, machen Sie sich keinerlei Notizen, hören Sie nur zu. So werden Sie zumindest einen für den Anfang ganz brauchbaren Einblick in die Sache bekommen. Und können Ihr Wissen später vertiefen. Keine Angst, daß Sie bei solchen Gelegenheiten als „Attrappe" wirken: Attrappen gehen nicht in Vorträge.

Lassen Sie keine Gelegenheit aus, Bücher zu lesen. Aber: Wenn Sie nicht dazu kommen, Ihre Bücher zu lesen, dann müssen Sie Ihren Büchern gegenüber kein schlechtes Gewissen haben. Nur weil die Bücher da sind.

Übung: Geben Sie einige Ihrer Bücher weg. Bücher, die in Ihrem Regal stehen und von denen Sie wissen, daß Sie sie nie lesen werden.

Wieviel von allem, was Sie gelesen haben, war wirklich wertvoll für Sie? Wieviel von allem, was Sie im Fernsehen gesehen haben, war wertvoll für Sie? Wieviel von allem, was Sie im Radio gehört haben?

Wenn Sie lesen, nehmen Sie an der Intelligenz anderer teil. Sie müssen ja die Glühbirne nicht neu erfinden, die Werke großer Dichter nicht neu erschaffen, um sie genießen und von ihnen profitieren zu können. George Orwell hat sich schon die Mühe gemacht, „1984" zu schreiben. Alles, was Sie noch tun müssen: es lesen. Oder das Licht einschalten. Und weiter denken. Stellen Sie sich auf die „intellektuellen Schultern" anderer Menschen. Wie können Sie etwas glauben, für das Sie keine Beweise haben? Das Problem: Sie haben in Ihrem Leben nicht genug Zeit, um Beweise für alles zu

sammeln und auch noch zu überprüfen. Und Sie können nicht auf allen Gebieten Experte sein. Egal, wie intelligent oder gar intellektuell Sie sind: Wohl oder übel müssen Sie sich gelegentlich auf die Informationen von anderen verlassen. Der entscheidende Punkt: Verlassen Sie sich auf Informationen - oder auf Meinungen?
Sie sollten guten Gewissens glauben, daß die Erde rund ist. Beweise dafür gibt es, so glaube ich, in ausreichendem Maße. Inklusive der Fotos aus dem Weltall. Aber nur weil ein Glaube umfassend ist, muß sein Inhalt nicht wahr sein. Es gibt so viele Religionen, die einander bekämpfen. Können alle „wahr" sein? Mit Sicherheit nicht. Außerdem gibt es unzählige Dinge, über die niemand streitet - und die vollkommen falsch sind.
Galileo Galilei wurde von der Inquisition verhaftet, weil er, wie Kopernikus, behauptete, daß sich die Erde um die Sonne dreht und die Sonne das Zentrum ist. Damals, im 17. Jahrhundert, glaubten aber fast alle, daß die Erde, Heimat des Menschen, das Zentrum des Universums ist. Und damit hatten alle unrecht. Vielleicht irrte sich ja auch Einstein: Vergeht die Zeit bei Hochgeschwindigkeiten langsamer? Vielleicht kommen Astronauten eines Tages von jahrzehntelangen Reisen aus der Galaxis zurück - und sind überhaupt nicht älter geworden. Dann werden wir´s wissen.
Wenn Sie den Unterschied zwischen Information und Meinung zu erkennen beginnen, sind Sie auf dem besten Weg, Ihren Verstand zu erweitern.

HABEN SIE SCHON SO VIEL GEDACHT WIE SIE DENKEN?

Es folgt ein Test: Eine Liste mit zehn Themenbereichen. Überlegen Sie: Wie haben Sie Ihre Ansichten in jedem dieser Bereiche gebildet? Wer oder was hat Ihre Meinung am stärksten geprägt? Ihre Entscheidungen bestimmt? Wählen Sie aus, was den größten Einfluß auf Sie hatte: Aus welcher Quelle haben Sie die meisten Informationen geschöpft?

1) MUSIK

- ❒ A) RADIO
- ❒ B) FERNSEHEN
- ❒ C) KIRCHENKANZEL
- ❒ D) FAMILIE
- ❒ E) FREUNDE
- ❒ F) PERSÖNLICHE ERFAHRUNG
- ❒ G) ZEITUNGEN
- ❒ H) (NACHRICHTEN-) MAGAZINE
- ❒ I) SEMINARE
- ❒ J) BÜCHER

2) KUNST

- ❒ A) RADIO
- ❒ B) FERNSEHEN
- ❒ C) KIRCHENKANZEL
- ❒ D) FAMILIE
- ❒ E) FREUNDE
- ❒ F) PERSÖNLICHE ERFAHRUNG
- ❒ G) ZEITUNGEN
- ❒ H) (NACHRICHTEN-) MAGAZINE
- ❒ I) SEMINARE
- ❒ J) BÜCHER

3) MORAL

- ❒ A) RADIO
- ❒ B) FERNSEHEN
- ❒ C) KIRCHENKANZEL
- ❒ D) FAMILIE
- ❒ E) FREUNDE
- ❒ F) PERSÖNLICHE ERFAHRUNG
- ❒ G) ZEITUNGEN
- ❒ H) (NACHRICHTEN-) MAGAZINE
- ❒ I) SEMINARE
- ❒ J) BÜCHER

4) EHE

- ❒ A) RADIO
- ❒ B) FERNSEHEN
- ❒ C) KIRCHENKANZEL
- ❒ D) FAMILIE
- ❒ E) FREUNDE
- ❒ F) PERSÖNLICHE ERFAHRUNG
- ❒ G) ZEITUNGEN
- ❒ H) (NACHRICHTEN-) MAGAZINE
- ❒ I) SEMINARE
- ❒ J) BÜCHER

5) MINDERHEITEN

- ❒ A) RADIO
- ❒ B) FERNSEHEN
- ❒ C) KIRCHENKANZEL
- ❒ D) FAMILIE
- ❒ E) FREUNDE
- ❒ F) PERSÖNLICHE ERFAHRUNG
- ❒ G) ZEITUNGEN
- ❒ H) (NACHRICHTEN-) MAGAZINE
- ❒ I) SEMINARE
- ❒ J) BÜCHER

6) SEX

- ❒ A) RADIO
- ❒ B) FERNSEHEN
- ❒ C) KIRCHENKANZEL
- ❒ D) FAMILIE
- ❒ E) FREUNDE
- ❒ F) PERSÖNLICHE ERFAHRUNG
- ❒ G) ZEITUNGEN
- ❒ H) (NACHRICHTEN-) MAGAZINE
- ❒ I) SEMINARE
- ❒ J) BÜCHER

7) BERUF

- ❒ A) RADIO
- ❒ B) FERNSEHEN
- ❒ C) KIRCHENKANZEL
- ❒ D) FAMILIE
- ❒ E) FREUNDE
- ❒ F) PERSÖNLICHE ERFAHRUNG
- ❒ G) ZEITUNGEN
- ❒ H) (NACHRICHTEN-) MAGAZINE
- ❒ I) SEMINARE
- ❒ J) BÜCHER

8) POLITIK

- ❒ A) RADIO
- ❒ B) FERNSEHEN
- ❒ C) KIRCHENKANZEL
- ❒ D) FAMILIE
- ❒ E) FREUNDE
- ❒ F) PERSÖNLICHE ERFAHRUNG
- ❒ G) ZEITUNGEN
- ❒ H) (NACHRICHTEN-) MAGAZINE
- ❒ I) SEMINARE
- ❒ J) BÜCHER

9) WISSENSCHAFT

- ❒ A) RADIO
- ❒ B) FERNSEHEN
- ❒ C) KIRCHENKANZEL
- ❒ D) FAMILIE
- ❒ E) FREUNDE
- ❒ F) PERSÖNLICHE ERFAHRUNG
- ❒ G) ZEITUNGEN
- ❒ H) (NACHRICHTEN-) MAGAZINE
- ❒ I) SEMINARE
- ❒ J) BÜCHER

10) RELIGION

- ❒ A) RADIO
- ❒ B) FERNSEHEN
- ❒ C) KIRCHENKANZEL
- ❒ D) FAMILIE
- ❒ E) FREUNDE
- ❒ F) PERSÖNLICHE ERFAHRUNG
- ❒ G) ZEITUNGEN
- ❒ H) (NACHRICHTEN-) MAGAZINE
- ❒ I) SEMINARE
- ❒ J) BÜCHER

Zählen Sie, wie oft Sie die einzelnen Buchstaben angekreuzt haben, und multiplizieren Sie diese Zahlen nach folgendem Schema:

Anzahl	A	______	x	1	Punkt = ____
Anzahl	B	______	x	2	Punkte= ____
Anzahl	C	______	x	3	Punkte= ____
Anzahl	D	______	x	4	Punkte= ____
Anzahl	E	______	x	5	Punkte= ____
Anzahl	F	______	x	6	Punkte= ____
Anzahl	G	______	x	7	Punkte= ____
Anzahl	H	______	x	8	Punkte= ____
Anzahl	I	______	x	9	Punkte= ____
Anzahl	J	______	x	10	Punkte= ____

Gesamtpunktzahl: ____

Die zehn Quellen sind nach dem Grad ihres Informationswertes eingestuft: Entscheidend ist, wie detailliert und genau sie Ihnen Informationen anbieten. Grundsätzlich gilt: „Gesprochene" Quellen bieten den geringsten Nutzen - es sei denn, man nutzt zusätzlich die geschriebenen Quellen.

Das sagen Ihre Punkte: Ihre Gesamtpunktzahl deutet auf das Niveau Ihrer Informations-Beschaffung hin und auf die Quelle, die bisher den größten Einfluß auf Sie hatte. Sehen Sie außerdem nach, welche der Quellen (A bis J) Sie am häufigsten angekreuzt haben, und lesen Sie, wie wertvoll diese Quelle grundsätzlich ist. Vergleichen Sie dann auch noch, aus welchen Quellen Sie bei den einzelnen Themenbereichen schöpfen. Und schließlich sollten Sie die Bewertungen aller Quellen studieren.

Als Faustregel gilt: Eine niedrige Punktzahl deutet auf eine Unreife im Entscheidungsprozeß hin. Ein hoher Wert bedeutet das Gegenteil. 50 Punkte ist der Durchschnitt, aber er ist kein Kompliment. Sie werden noch sehen, warum.

DIE QUELLEN, DAS NIVEAU UND DIE PUNKTE

Punktzahl

A) RADIO 1-10

Äußerst schlecht. Wenn Ihre Punkte nur in diesem Bereich liegen, dann war das Radio bisher Ihre einzige Informationsquelle. Das Radio beschränkt sich aber fast ausschließlich auf Unterhaltung. Information bekommen Sie dort nur aus den wenigen Nachrichtensendungen. Was zu Ihren Gunsten sprechen würde: Wenn Sie sich gezielt die Sendungen aussuchen, die sich wirklich mit Themen befassen.

B) FERNSEHEN 11-20

Schlecht. Sie sind nicht sehr weit über das Radio- und Fernsehniveau hinausgekommen. Zwar bietet das Fernsehen im Prinzip mehr Information an als das Radio, aber es besteht auch zum großen Teil aus Unterhaltung. Wirklich informative Sendungen sind leider die Ausnahme. Was zu Ihren Gunsten sprechen würde: Siehe unter A) Radio.

C) KIRCHENKANZEL 21-30

Weniger schlecht. Wenn Sie sich auf dem Kirchenkanzel-Niveau befinden, dann gehen Sie immerhin schon aus dem Haus - und hören lebenden Menschen zu, anstatt den körperlosen Stimmen in Radio und Fernsehen. Denken Sie aber daran, daß Religionsunterricht und religiöse Bücher in die „Kirchenkanzel"-Kategorie gehören, und nicht in die Kategorie „Seminare" oder „Bücher".

D) FAMILIE 31-40

Unterer Durchschnitt. Unter den Mitteln, auf mündlichem Wege das intellektuelle Wachstum zu fördern, ist die Familie nicht das schlechteste, und Ihre Eltern sind vermutlich die besten in dieser Gruppe. Leider fällt es Ihren Eltern aber schwer, sich Ihnen gegenüber gleichberechtigt zu verhalten. Sie „predigen" Ihnen eine Information, anstatt sie mit Ihnen zu teilen. Dadurch sind Sie der Gnade derer ausgesetzt, in deren Hände Sie ein genetischer Zufall gelegt hat.

E) FREUNDE 41-50

Durchschnitt. Das ist schon etwas besser, aber es ist auch sehr unwahrscheinlich, daß Ihre Freunde und Bekannten viel mehr wissen als Sie. Und deshalb können sie Ihnen keine große Hilfe sein. Das gilt erst recht, wenn Sie Ihre Freunde gezielt danach aussuchen, wie unterhaltsam sie sind. Dann werden sie gar nicht erst versuchen, Ihnen zu helfen. Hoffentlich haben Sie Ihre Freunde sehr klug gewählt. Denn im Gegensatz zur Familie haben Sie bei Freunden ja wenigstens die Wahl.

F) PERSÖNLICHE ERFAHRUNG 51-60

Guter Durchschnitt. Zumindest haben Sie begonnen, selbst etwas herauszufinden. Natürlich werden Sie nicht weit damit kommen, wenn Sie nicht zusätzlich auf das geschriebene Wort zurückgreifen. Aber die eigene Erfahrung ist für die Stärkung Ihres Verstandes immerhin besser als das Widerkäuen von Informationen.

G) ZEITUNGEN 61-70

Fast gut. Nun sind Sie schon näher an der breit gefächerten Art von Information, die Sie für die Entwicklung einer Perspektive und für Ihr geistiges Wachstum benötigen. Bestimmte Zeitungen haben hohes Niveau. Sie stehen auf einer Stufe mit Seminaren und in einigen Fällen erreichen sie sogar das Niveau von Büchern.

H) MAGAZINE 71-80

Gut. Magazine, besonders Nachrichten-Magazine, können bei wichtigen Themen mehr in die Tiefe gehen als Zeitungen. Zeitungen sind verpflichtet, über „alle" Neuigkeiten zu berichten. Magazine dagegen können sich auf die Neuigkeiten konzentrieren, die einer genaueren Überlegung bedürfen. Zum Glück gibt es einige sehr gute Magazine.

I) SEMINARE 81-90

Sehr gut. Auf diesem Niveau bekommen Sie zweifellos Informationen der oberen Güteklassen, und Sie können etwas mehr geistige Muskeln in Bewegung setzen als der Durchschnitt. Bildung durch Seminare oder Kurse ist nur schwer zu übertreffen, wenn es darum geht, sich eine Perspektive zu verschaffen. Unglücklicherweise plappern die meisten Leute jedoch einfach nach, was ihre Lehrer und Professoren sagen. Und denken gar nicht darüber nach, daß sie - hätten sie andere Lehrer - etwas anderes nachplappern würden.

J) BÜCHER 91-100
Ausgezeichnet. Die Bildung durch Seminare ist kaum zu übertreffen, aber in der Arena des Verstandes sind Bücher die einsamen Sieger. Der Großteil Ihrer Seminarbildung ist ja vermutlich spezialisiert. Und wenn, andererseits, Ihre Bildung zu breit angelegt und überhaupt nicht spezialisiert ist, dann finden Sie nur schwer einen Job. In beiden Fällen steigert das Lesen Ihre intellektuellen Fähigkeiten .

Bei diesem Test sollten Sie zwei Dinge nicht vergessen: Wenn Sie einen durchschnittlichen Wert erreicht haben, dann ist daran nichts auszusetzen, falls alle Ihre Gedanken ursprünglich von Ihren Eltern stammen. Aber die Eltern sollten eben wirklich nur die allerersten Quellen sein. Wenn Ihre Eltern noch immer Ihre Haupt-Informationsquelle sind, dann sind Sie entweder sehr jung oder Sie haben sich noch nicht selbst gefunden - vielleicht haben Sie noch gar nicht damit angefangen.

WENDEN SIE AN, WAS SIE LESEN

Bestimmt sind Sie besser informiert, wenn Sie viele Bücher lesen. Wenn Sie aber weiter nichts können, als das Gelesene zu wiederholen, dann haben Sie Ihr Gehirn nicht trainiert oder noch nichts Nützliches mit Ihrem Verstand angestellt. Sie müssen das, was Sie lesen, anwenden. Sogar Romane - soweit es gute Romane sind - taugen zur Einsicht in die Seele und das Wesen des Menschen.

KURZ-TEST

DER TEST FÜR DIE NEUNTE WOCHE

1. Wenn wir den Computer als Sinnbild für den Verstand nehmen - was ist dann die Hardware, was die Software?
2. Sind alle Informationen gleichwertig?
3. Was ist ein „Euphemismus"?
4. Welchen Absatz eines Zeitungsartikels sollte man am intensivsten lesen?
5. Welches Buch habe ich Ihnen empfohlen?
6. Ist es sinnvoll, Kurse zu besuchen, ohne dass man ein Zeugnis bekommt?
7. Woher wissen wir, dass Einstein recht hatte?
8. Was ist der Schlüssel, um ein Intellektueller zu werden?

ANTWORTEN

1. Der Intellekt ist die Hardware, die Information die Software.
2. Nein! Vieles davon ist Schrott.
3. harmloser Ausdruck für etwas Widerwärtiges.
4. Den ersten. Er enthält die meiste Information.
5. *Wie man ein Buch liest* von Mortimer J. Adler und Charles Van Doren.
6. Ja! Es geht ums Lernen, nicht ums Zeugnis.
7. Wir wissen es nicht.
8. Den Unterschied zwischen Information und Meinung zu erkennen.

KAPITEL

13

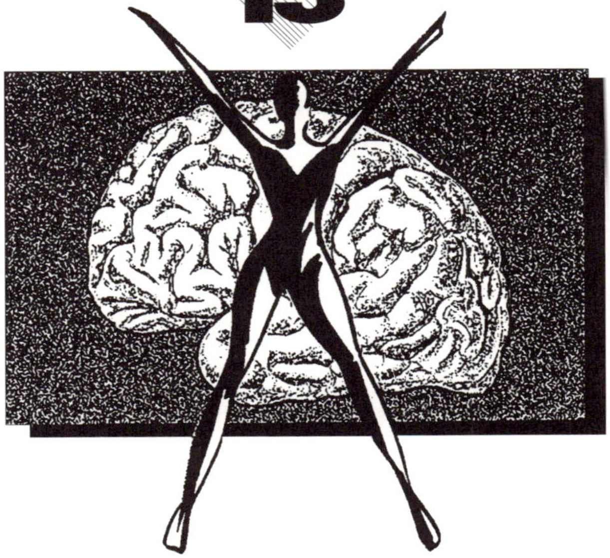

MO DI MI DO FR SA SO

ZEHNTE WOCHE

TRAINING DES BEGRIFFSVERMÖGENS

Was Sie für die zehnte Woche brauchen: Einen guten Detektivroman und ein Sachbuch nach Ihrem Geschmack, Lernkassetten - und Bücher.

„Die Natur, die uns aus unseren Elementen gestaltete ... lehrte uns alle, einen strebenden Verstand zu haben: Unsere Seelen, deren Talente den wunderbaren Bau dieser Welt erfassen können..." Christopher Marlowe

Begreifen bedeutet - ganz wörtlich -, daß man etwas geistig ergreift, seiner habhaft wird, ganz so, wie ein Kapuzineräffchen mit seinem Greifschwanz nach einer Liane greift. Im Begreifen ist die Idee selbst weit wichtiger als die Summe der Teile. Es ist die Ganzheit, nach der Sie greifen. Einzelheiten können später eingefügt werden.

DIE GLÜHBIRNE: SIE SCHALTEN SIE IM GEISTE AN

Nehmen wir ein einfaches Beispiel: eine gewöhnliche Haushaltsglühbirne. Man kann begreifen, wie die Elektrizität funktioniert, ohne daß man dafür ein Studium der Elektrotechnik beginnen müßte.

Uns ist klar, daß ein Lichtschalter den Stromkreis entweder schließt oder unterbricht. Ist der Stromkreis geschlossen, dann leuchtet die Birne, ist er unterbrochen, dann erlischt sie. Und wenn der Glühfaden durchbrennt oder zerbricht, dann werfen wir die alte Birne fort und schrauben eine neue ein. Selbst ohne ein Diplom in Physik begreifen wir die Glühbirne immerhin gut genug, um sie nicht jedesmal neu erfinden zu müssen, wenn wir sie benutzen wollen.

Das ist die einfachste Form des Begreifens, und sie hat ihren ganz alltäglichen Nutzen. Um mehr zu wissen, müssen wir mehr lernen. Aber unser Tag hat nur 24 Stunden. Brain Buildung wird Ihnen helfen, das große Gesamtbild mit Ihrem Verstand zu erfassen, damit Sie besser, schneller und vollständiger begreifen.

BRAIN BUILDER NR. 124

STUDIEREN SIE, WAS IHNEN FREUDE MACHT

Übung: Rufen Sie bei Ihrer Volkshochschule an und bitten Sie um eine Liste der Kurse in Erwachsenenbildung. Lesen Sie die Liste vom Anfang bis zum Ende durch.

Begreifen ist ohne Druck viel einfacher und man packt ein Thema viel lockerer an, wenn man daran seine Freude hat - ganz egal, ob es sich dabei um eine „wichtige" Sache handelt oder nicht. Und Sie werden sich mit einer Sache leichter tun, wenn das Sachgebiet eine natürliche Anziehung auf Sie ausübt oder Sie eine Begabung dafür haben. Sie sollten kein schlechtes Gewissen haben, das zu tun, was Ihnen gefällt. Im tiefsten Inneren wünscht sich das jeder: An einer Sache arbeiten, die er mag. Nehmen Sie deshalb auch nie ein langweiliges Buch zur Hand (außer, es ist für den Unterricht vorgeschrieben), egal, wie „gut es Ihnen täte" und wie sehr Sie sich verpflichtet fühlen, es zu lesen. Es wird Ihr Begreifen abwürgen, anstatt es zu fördern. Es gibt genug wichtige Bücher, die Sie wirklich reizen und jede Minute Ihrer kostbaren Zeit wert sind. Das heißt aber nicht, daß Sie ein anspruchsvolles Buch, das Ihr derzeitiges Begreifen übersteigt, *nicht* lesen sollten. Wer „schwierig" mit „langweilig" verwechselt, der beraubt sich selbst der Möglichkeiten zur Steigerung seiner Intelligenz. Wenn Sie jetzt ein bestimmtes komplexes Gedankengebäude nicht völlig verstehen, dann bedeutet das noch lange nicht, daß Sie es niemals verstehen können oder niemals verstehen werden. Schwierig ist das Gegenteil von langweilig. Das Wort „Schwierigkeit" sollte für „stimulierend" oder „anregend" stehen. Der nächste Brain Builder zeigt Ihnen eine Methode, mit der Sie beim Lesen über Ihr gegenwärtiges Begreifen hinauskommen.

BRAIN BUILDER NR. 125

LESEN SIE VOM ANFANG BIS ZUM ENDE

Übung: Wenn Sie ein Sachbuch lesen, um dabei etwas zu erfahren, dann lesen Sie alles in einem Zug, ohne auch nur zu zögern, wenn Sie etwas nicht verstehen. Halten Sie sich nicht damit auf, denken Sie nicht darüber nach, lesen Sie das Buch einfach zu Ende, in demselben Tempo, mit dem Sie einen amüsanten Roman lesen würden. Dann blättern Sie zurück und lesen es nochmals. Dabei werden Sie feststellen, daß der Gesamteindruck, den Sie inzwischen haben, Sie vieles verstehen läßt, was Ihnen zuvor noch ganz schleierhaft war. Jetzt finden die Dinge Ihren Platz. Außerdem fördert jede Art von Wiederholung das Erinnern. Es ist wie mit einem verzwickten Krimi: Wenn Sie ihn ein zweites Mal ansehen, werden Ihnen die einzelnen Szenen viel klarer sein, weil Sie ihre Bedeutung kennen.

Übung: Gehen Sie in eine gute Buchhandlung und suchen Sie sich das einfachste Lehrbuch zu einem Wissensgebiet, das Sie interessiert. Der Schlüssel zum Erfolg dieser Übung: Lassen Sie sich nicht zu etwas drängen, von dem Sie schon immer annahmen, daß Sie mehr darüber wissen sollten. Greifen Sie stattdessen zu Ihrem Lieblingsthema. Ist das Buch ein bißchen zu einfach, dann suchen Sie eins, das etwas schwieriger ist und einiges für Sie Neues zum Thema enthält. Kaufen Sie es. Und genießen Sie es - in Ihrer Freizeit - etwas zu lesen, was Ihnen gefällt und gleichzeitig Ihre Bildung erweitert. Blättern Sie nicht zurück, um etwas nochmals zu lesen. Lesen Sie nur entspannt das ganze Buch durch, vom Anfang bis zum Ende, in einem bequemen Tempo.
Und dann lesen Sie es, wenn Sie wollen - und nur, wenn Sie es wollen - ein zweites Mal. Das ist eine ganz ausgezeichnete Methode, um das Lernen von jedem Druck zu befreien und es damit wieder zu dem Vergnügen werden zu lassen, das es einmal war, bevor Sie sich die Schulbildung aufzwingen mußten. Wenn Sie mit dem Buch fertig sind, ob nach einer Woche oder zwei Monaten, dann wiederholen Sie die Übung mit einem anderen Lehrbuch zum selben Thema.

BRAIN BUILDER NR. 126

LESEN SIE DAS LETZTE KAPITEL EINES KRIMIS ZUERST

Das ist die Umkehrung der vorigen Übung, nur daß wir dafür einen Roman verwenden.

Übung: Besorgen Sie sich einen guten Detektivroman, einen, in dem Fälle nicht mit bloßer Gewalt gelöst werden, sondern anhand von Spuren und Anhaltspunkten (zum Beispiel ein Hercule Poirot oder Miss Marple von Agatha Christie). Und lesen Sie als erstes das letzte Kapitel. Blättern Sie dann an den Anfang, und lesen Sie den Roman zu Ende. Viel Spannung werden Sie dabei nicht genießen, aber darum geht es nicht. In dieser Übung sollen Sie lernen, wie man etwas begreift. Wenn Sie erst einmal wissen, wie die Geschichte endet, dann können Sie auf all die kleinen Fingerzeige und Anhaltspunkte achten. Die Schnippsel und Stücke des Puzzles, die Ihnen sonst leicht entgehen würden, werden nun einen Sinn ergeben.

BRAIN BUILDER NR. 127

HÖREN SIE SICH AN, WAS SIE NICHT KENNEN - OHNE JEDE KRITIK

Auch hier geht es um das Gesamtbild, um das umfassende Begreifen. Also diskutieren Sie nicht. Versuchen Sie stattdessen, dabei für sich soviel wie möglich auf die positivste Weise herauszuholen.
Außerdem: Etwas heruntermachen - das kann jeder. Aufbauen, das ist es, was zählt. Wen bewundern Sie mehr? Den, der ein Haus baut, oder den, der es anzündet? Haben Sie sich daran gewöhnt, sich selbst aufzubauen, indem Sie andere heruntermachen? Dann ist jetzt die beste Gelegenheit, damit aufzuhören: Denn jetzt trainieren Sie das Begreifen dadurch, daß Sie kritiklos aufnehmen. Zunächst müssen Sie ganz bewußt die kritischen Äußerungen unterdrücken, die Ihnen unbewußt über die Lippen kommen. Machen Sie sich das zur Gewohnheit.

Übung: Besuchen Sie eine politische Versammlung Ihrer „Gegen"-Partei: der „Schwarzen", wenn Sie ein „Roter" sind. Und wenn Sie schwarz sind, gehen Sie zu den Roten. In beiden Fällen gilt: Halten Sie Ohren und Geist offen, Ihren Mund aber geschlossen!

Übung: Als nächstes „konkurrieren“ Sie auf dem Gebiet, das Sie kritisieren. Nehmen Sie teil an der Art von Arbeit oder Denken, die Sie sonst kritisieren. Sie werden überrascht sein, wie rasch Ihr Wunsch, einen Fehler zu finden, nachlassen wird, wenn Sie aus erster Hand die Probleme kennenlernen, die mit dem Job zu tun haben.

BRAIN BUILDER NR. 128

SITZEN SIE GANZ VORNE

Achten Sie immer darauf, daß Sie sich möglichst nahe an Ihrer Informationsquelle befinden. Nehmen Sie bei jeder Versammlung oder jedem Kurs ganz vorne Platz. Damit sollen Sie nicht Ihren Lehrer beeindrucken. Es geht nur darum, daß Sie mehr aufnehmen können, ohne dabei durch andere abgelenkt zu werden.

Übung: Wenn Sie das nächste Mal an einer Führung durch eine Kunstgalerie oder eine Sehenswürdigkeit teilnehmen, folgen Sie der ersten Hälfte der Führug am äußersten Rand der Gruppe. Halten Sie sich während der zweiten Hälfte in der Nähe des Führers auf. Sie werden den Unterschied bemerken.

BRAIN BUILDER NR. 129

KONZENTRIEREN SIE SICH AUF DAS THEMA

Wenn Sie sich Lernkassetten anhören, dann schließen Sie Ihre Augen und benutzen Sie Kopfhörer anstatt Ohrhörer. Kopfhörer deshalb, weil beide Ohren ganz abgedeckt sind und die Ablenkung durch äußere Reize beschränkt ist. Sie können sich besser konzentrieren. Dasselbe gilt für Unterrichtsvideos: Verdunkeln Sie das Zimmer und schirmen Sie es gegen äußeren Lärm ab.

Übung: Legen Sie eine Kassette ein und hören Sie sie an, während Sie im Haus herumgehen. Setzen Sie sich dann ruhig hin, und hören Sie mit geschlossenen Augen zu. Hören Sie den Unterschied?

BRAIN BUILDER NR. 130

SETZEN SIE BEIM LERNEN ALLE SINNE EIN

Wenn ein Thema für Sie schwierig ist oder wenn Sie es besonders gut lernen wollen, dann packen Sie die Sache „multisensorisch" an. Das geht am besten mit einem Lernprogramm aus Kassetten und Büchern. Beschäftigen Sie so viele Sinne wie möglich mit dem Problem. Lesen Sie den Text im Buch, hören Sie sich gleichzeitig den Text von der Kassette an, und „achten" Sie auf den Text wie auf einen Lehrer. Je mehr Sinne Sie einsetzen, desto leichter fällt Ihnen das Begreifen und desto leichter können Sie alles im Gedächtnis behalten. Wenn Sie den Text laut sprechen, dann gewinnen Sie dadurch eine zusätzliche Dimension.
Vor allem für Kinder ist das Anfassen eine große Hilfe, aber es eignet sich ebenso gut für Erwachsene. Sie können das Handbuch Ihres neuen Computers lesen - aber am meisten lernen Sie, wenn Sie selbst auf der Tastatur herumhämmern und dabei die Befehle ausprobieren. Begreifen Sie im wahrsten Sinn des Wortes.

BRAIN BUILDER NR. 131

DENKEN SIE NICHT IN WORTEN

Sie bremsen sich, wenn Sie in Worten denken, und Sie hindern sich damit am Begreifen - ganz so, als ginge man zu langsam über ein Drahtseil, wobei man ja die Balance verliert. Das passiert auch, wenn Sie einen Text Wort für Wort lesen. Versuchen Sie stattdessen in Bildern zu denken, die über das, was Sie gerade lesen, hinausgehen - versuchen Sie, sich das Gesamtbild vorzustellen, sich vorzustellen, welchen Platz dieser bestimmte Abschnitt darin hat.
Ich bin der Meinung, daß das „wortlose Denken" die Intuition steigert, während das Denken in Worten Ihre Gedanken nur auf die Begriffe einengt, für die Sie Worte haben. Wenn Sie die Sache aus einer umfassenden Perspektive sehen und sich bei Ihrer Analyse nicht auf jene Zusammenhänge beschränken, die Sie in Worte fassen können, dann werden Sie mehr begreifen - obwohl Sie vielleicht gar nicht wissen, wieso und woher. Und das ist es, was die meisten Leute unter Intuition verstehen, obwohl sie nicht wissen, warum.

Übung: Lesen Sie den Text nach dem nächsten Brain Builder extrem langsam, Wort für Wort. Ergibt das mehr oder weniger Sinn? Das ist es, was ich meine.

BRAIN BUILDER NR. 132

BENUTZEN SIE INTELLEKTUELLE KURZSCHRIFT

Manchmal können Sie komplexe Sachverhalte in ein handliches Format bringen, indem Sie zwei Listen anlegen: das Positive und das Negative. Geben Sie dann jedem Listeneintrag einen Zahlenwert, der seine Bedeutung anzeigt. Verwenden Sie die Zahlen 1 bis 100 für die positiven, die Zahlen –1 bis –100 für die negativen Einträge. Addieren Sie die Spalten, und Sie werden mit einem Blick die Hauptrichtung der ganzen Sache sehen. Und natürlich die Wichtigkeit der einzelnen Punkte begreifen. Die Anzahl der positiven und negativen Punkte für sich alleine ist dabei weniger aussagekräftig als die Gesamtsumme Ihrer Werte.

Übung: Versuchen wir uns an einem kleinen Beispiel, ehe Sie sich mit der intellektuellen Kurzschrift an eine komplexe Fragestellung heranwagen. Nehmen Sie ein liniiertes Blatt Papier und teilen Sie es der Länge nach in zwei Hälften. Schreiben Sie in jede Hälfte oben den Namen eines Freundes, dem Sie ambivalent gegenüberstehen. Beschriften Sie die eine Hälfte mit „positiv" und die andere mit „negativ". Fangen Sie mit der positiven Hälfte an - sonst lassen Sie sich vielleicht durch das schlechte Gewissen, etwas Negatives geschrieben zu haben, dazu verleiten, zum Ausgleich etwas Positives zu schreiben (fügen Sie auch nachträglich nichts zur positiven Hälfte hinzu). Führen Sie alle positiven Gesichtspunkte auf, die Ihnen in zehn Minuten zu diesem Menschen einfallen. Dann listen Sie ebenso das Negative auf. Zählen Sie alles zusammen. Wie schneidet Ihr Freund insgesamt ab? Positiv oder negativ? Und wie steht es mit Ihren Verwandten?

BRAIN BUILDER NR. 133

VERTRAUEN SIE NICHT AUF IHR EMPFINDEN

Etwas, das Sie als richtig *empfinden*, muß deshalb noch lange nicht richtig *sein*. Bis zum Ende des 16. Jahrhunderts glaubte die Welt an die Theorie von Aristoteles, daß zwei Gegenstände mit ungleichem Gewicht (zum Beispiel eine Murmel und ein Apfel) auch verschieden schnell fallen würden. Es klang vollkommen sinnvoll, man „empfand" es als richtig. Wer hätte je von einer Murmel erwartet, daß sie mit derselben Geschwindigkeit fallen würde wie ein Apfel? Aber um 1590 bewies Galilei, daß zwei verschiedene Gewichte, die man im selben Moment losläßt, stets mit derselben Geschwindigkeit fallen. Was so viele Menschen über Jahrhunderte für richtig gehalten hatten, war in Wirklichkeit falsch. Es ergab wohl einen Sinn, aber die Tatsachen lagen anders.

Übung: Nehmen wir an, Sie hätten einen luftdicht versiegelten Lastwagen, der mit Kisten voller Vögel beladen ist. Wiegt der Lastwagen genauso viel, wenn die Vögel fliegen? Die meisten Leute würden jetzt spontan „nein" sagen: Wenn die Vögel in der Luft sind, dann wiegen sie doch nichts, oder? Aber die Wissenschaft sagt „ja": Das Gewicht des Lastwagens bleibt gleich. Und zwar deshalb: Der Körper eines fliegenden Vogels wird von der Luft getragen auf der er gleitet, genauso, wie der sitzende Vogel von der Kiste getragen wird, und die Luft ist innerhalb des Lastwagens versiegelt. Das verschlossene System bestimmt das Gesamtgewicht des Lastwagens. Solange aus dem System nichts entweichen kann, bleibt das Gewicht des Lastwagens gleich. Mit anderen Worten: Die Vögel wiegen dasselbe, ob sie nun fliegen oder nicht. Uns geht es hier nicht um Gewicht, Vögel oder Physik. Ich wollte Ihnen nur vor Augen führen, daß es für das Begreifen nötig ist, dem Verstand zu folgen - und nicht dem Gefühl. Was vielleicht wie die logische Lösung klingt, mag (in Wirklichkeit) grundverkehrt sein.

BRAIN BUILDER NR. 134

VERSTEHEN DURCH ERKLÄREN

Um irgendetwas selbst besser zu begreifen, sollten Sie versuchen, es jemandem zu erklären. Es sollte allerdings etwas sein, das Sie bereits ganz gut verstanden haben. Sie werden feststellen, daß Sie noch besser begreifen, wenn Sie eine Erklärung formulieren. Überspringen Sie in Ihrer Erklärung keinen der logischen Schritte. Das zwingt Sie einerseits selbst zum Denken, und zum anderen wird durch die exakte Reihenfolge jede Wissenslücke sofort sichtbar - sowohl für Sie als auch für Ihren Zuhörer. Und seine Fragen werden Ihnen Hinweise zum besseren Verständnis geben.

Übung: Sie glauben, Sie verstehen die Grundzüge der Mathematik? Dann versuchen Sie, einem Kind die Multiplikation zu erklären.

FRAGEN SIND STARKE WERKZEUGE

Nun kommen wir zu einem der wichtigsten Punkte im Training des Begreifens: das Fragenstellen. Ob Sie es glauben oder nicht: Fragen zu stellen ist erstens eine Kunst für sich und zweites ein sehr wirkungsvolles Werkzeug, um Ihren Verstand zu erweitern.

BRAIN BUILDER NR. 135

STELLEN SIE EHRLICHE FRAGEN

Stellen Sie Fragen aus dem ehrlichen Wunsch heraus, mehr zu begreifen, aber nicht, um andere damit zu beeindrucken. Es bringt Ihr Verständnis um kein Jota weiter und ist außerdem eine leicht durchschaubare Taktik, wenn Sie andere durch Fragen von Ihrer Klugheit überzeugen wollen.
Formulieren Sie Ihre Fragen ehrlich und nicht herausfordernd. In einer Frage wie „Was wollen Sie denn damit sagen?" schwingt eine gewisse Herausforderung und sogar eine versteckte Beleidigung mit. Fördern Sie lieber das Gespräch: „Mit anderen Worten, Sie meinen...?" Wenn Sie falsch liegen, dann wird er Sie rasch korrigieren, ohne gekränkt zu sein.

Übung: Formulieren Sie die folgenden provozierenden Fragen um:
Warum um alles in der Welt wollen Sie das tun?
Ja, wissen Sie denn nicht, daß das nicht funktionieren wird?
Wer hat Ihnen denn das gesagt?

BRAIN BUILDER NR. 136

FRAGEN SIE NACH INFORMATIONEN

Stellen Sie niemals Fragen, um einen anderen bloßzustellen. In unserer Kultur wird das Fragen häufig als negativ empfunden, und dafür gibt es gute Gründe: Oft werden Fragen nur gestellt, um etwas herunterzumachen. Ein, nebenbei bemerkt, meist völlig fruchtloses Unterfangen. Viele Leute wehren sich einfach, wenn ihre Überzeugungen, seien sie nun richtig oder falsch, von jemandem auseinandergepflückt werden. Ob es richtig ist, sich zu wehren, wenn die Überzeugung falsch ist, steht auf einem anderen Blatt. Jedenfalls werden Sie wenig Erfolg damit haben, die fehlerhaften Ansichten anderer durch provozierende Fragen bloßzulegen. Umgekehrt, und das ist viel wichtiger, werden wohl auch die anderen nicht weit kommen, wenn Sie dasselbe bei Ihnen versuchen.
Wer Fragen stellt, muß eine konstruktive Rolle spielen. Sonst sind Fragen unfruchtbar. Anstatt die Meinungen anderer mit Ihren Fragen niederzureißen, sollten Sie deshalb Ihre eigenen Ansichten auf ein Fundament von Logik und Überlegung zu stellen. Und dazu müssen Sie sich fortlaufend selbst in Frage stellen.

Übung: Prüfen Sie die Fragen in Pressekonferenzen, Interviews und Talkshows. Stellen Sie fest, welche davon auf Information abzielen und welche nur eine kritsche Botschaft an die Zuhörer oder die Leser übermitteln sollen.

BRAIN BUILDER NR. 137

FRAGEN SIE ANDERE NICHT AUS

Bitten Sie darum, fragen zu dürfen. Wohl niemand mag es, wenn er ausgefragt wird („Wo ist Ihr Mann?“, „Was wollen Sie?“). Das wird als neugierig und aufdringlich empfunden. Etwas ganz anderes ist es, wenn man um etwas bittet („Darf ich fragen, wer da spricht?“, „Darf ich Ihnen helfen?“). Je weniger persönlich Ihre Fragen sind, desto besser. Formulieren Sie sie also möglichst unpersönlich.
Tatsächlich können Sie eine Menge von beiden lernen - von denen, die sich ungern fragen lassen, und auch von den anderen. Letztere werden Ihnen ihre Gedanken mitteilen, die ersteren einiges über die menschliche Natur.

Übung: Wenn Ihnen wieder einmal jemand eine lästige Frage stellt: Notieren Sie sie. Werfen Sie, nachdem Sie sich wieder beruhigt haben, einen Blick darauf und denken Sie darüber nach, ob auch Sie anderen solche Fragen stellen.

Gründe, wieso jemand nicht gefragt werden möchte:

1 Er fürchtet, er könnte nicht ehrlich zu Ihnen sein.
2 Er fürchtet, er sei nicht ehrlich mit sich selbst.
3 Wie Vater William in Lewis Carrolls Gedicht „Sie sind alt, Vater William“ will er einfach nicht belästigt werden: „Ich habe Ihnen drei Fragen beantwortet und das reicht ... Verschwinden Sie, oder ich werfe Sie die Treppe hinunter.“

Gründe, wieso jemand es mag, gefragt zu werden:

1 Er ist davon überzeugt, die Wahrheit zu sagen.
2 Er fürchtet nicht, eine Schwäche zu enthüllen, begrüßt vielmehr jede Gelegenheit, einen Fehler in seinem Denken zu korrigieren.
3 Er ist darin geübt, Informationen zu vermitteln.

BRAIN BUILDER NR. 138

FRAGEN SIE DEN RICHTIGEN

Würden Sie jemanden um Rat fragen, der auf dem betreffenden Gebiet weder eine Autorität noch erfolgreich ist? Angenommen, Sie fragen Ihre Mutter um einen persönlichen Rat. Stellen Sie sich selbst zuerst diese Frage: Ist sie ein Expertin auf diesem Gebiet? Oder haben Sie bisher die Autorität und Erfahrung Ihrer Mutter eher gering geschätzt? Hat es mit Gefühlen zu tun oder mit Verstand? Wer fragt, sollte auch immer den echten Wunsch haben, mehr zu begreifen. Wenn Sie Rat suchen, dann suchen Sie sich zuerst jemanden, der kompetent ist - und dann erst stellen Sie Ihre Frage.

Übung: Notieren Sie sich sechs Fragen, die Sie auf dem Herzen haben. Überlegen Sie sich dann zu jeder Frage, wer sie Ihnen am besten beantworten könnte und notieren Sie sich den Namen. Nun sehen Sie sich die Liste an. Werden Sie diese Personen fragen ?

BRAIN BUILDER NR. 139

MACHEN SIE MIES, WAS ALLE LIEBEN

Übung: Machen Sie eine kurze Liste mit allem, was an Autos schlecht ist. Sehen Sie? Sogar die beliebtesten Dinge sind leicht zu kritisieren!

DIE SCHRANKEN DES BEGREIFENS

Bei jedem ernsthaftem Versuch zur Erweiterung des Begriffsvermögens muß man die Schranken zwischen Verstand und Verständnis erkennen. Diese Schranken sind der Feind des unabhängigen Geistes: Traurig, aber wahr, daß sie nicht nur allgemein verbreitet sind, sie schießen geradezu aus dem Boden! Der erste dieser Feinde ist das Gefühl. Emotionen färben unser Denken und greifen auf den Verstand über. Viele Leute betrachten das aber als eine Stärke und sind stolz auf ihre Unvernunft. Sie klammern sich an ihre gefühlsdurchtränkten Überzeugungen und behaupten, das mache sie „menschlich". Als ob die größten Philosophen der Geschichte nicht auch Humanisten gewesen wären! Irrationalität macht aus niemandem einen besseren Menschen.

Die nächste Schranke sind die Vorurteile, die manchmal so tief sitzen, als wären sie in Stein gemeißelt. Wenn Sie voreingenommen sind, dann wählen Sie schon im Vorfeld unbewußt Material - Nachrichten, Leitartikel, Bücher, Geschichten und so weiter - aus, das Ihre Vorurteile bestätigt, oder Sie deuten dieses Material so, daß damit das Vorurteil bestätigt wird. Kein Geräusch ist so schmerzlich wie das einer Tür, die dröhnend hinter einem Verstand zufällt.

Es gibt dieses Problem sogar dort, wo man noch am ehesten die Herrschaft der Vernunft vermuten würde: in der Wissenschaft. Auch Wissenschaftler neigen dazu, Informationen voreingenommen zu verarbeiten, obwohl sie sich dieser Schwäche bewußt sind und fortwährend dagegen ankämpfen. Und wenn es sogar für Wissenschaftler eine solche Schwierigkeit ist, wie groß mag sie dann erst für den Durchschnittsmenschen sein.

Wer kein unabhängiger Denker ist, beginnt die Dinge selektiv zu sehen, um damit seine vorgefaßten Meinungen zu bestätigen. Der Prozeß beginnt schon früh im Leben, und es ist hier wie bei jeder Gewohnheit: Je länger man an einer Auffassung festhält, desto schwerer ist es, sich von ihr zu trennen. Man sagt oft, daß ältere Menschen langsamer lernen: Sie haben sich einfach viel mehr abzugewöhnen. Und daß Kinder so sehr viel schneller lernen können, liegt bestimmt auch daran, daß ihre Persönlichkeit noch nicht voll entwickelt ist und sich noch nicht allzuviel Ballast vor ihren Verstand schieben konnte. Bleiben Sie geistig jung, und Sie werden besser lernen. Geistiges Altern hat in erster Linie nichts mit Arterienverkalkung zu tun, sondern mehr mit der Verkalkung der Einstellungen.

Die Tendenz zur Rechthaberei, vor allem angesichts einer Herausforderung, ist eine andere Barriere gegen besseres Verständnis. Alles kann sowohl schlechte als auch gute Aspekte haben. Nichts ist einseitig. Akzeptieren Sie das, wenn jemand Ihre Überzeugungen kritisiert. Sonst schwächen Sie nur Ihre Position. Sie würden nicht bloß weniger intelligent erscheinen, sondern auch weniger intelligent *sein*. Und Ihre anderen Ideen würden auch suspekt erscheinen. Wenn eine Katze einen Kanarienvogel frißt, dann mag das für die Katze eine feine Sache sein - für den Kanarienvogel ist es eine Katastrophe.

Manche Leute fühlen sich verpflichtet, einfach alles zu rechtfertigen, was die Natur schafft. Und einige treiben es darin bis zum Äußersten. Das übelste Beispiel, das mir jemals begegnete, war eine junge Frau, die steif und fest behauptete, Krebs sei gut, weil er hilft, die Bevölkerungszahl niedrig zu halten!

Diese ungewöhnliche Rechtfertigung von Krebs wollen wir doch einmal untersuchen: Ist „das Niedrighalten der Bevölkerungszahl" etwas grundsätzlich Gutes? Wenn ja, sollten wir dann nicht in überbevölkerten Gebieten die Jagd auf Menschen erlauben? Wir könnten Lizenzen ausgeben: „Erlaubnis zum Abschuß eines Mannes, zweier Frauen und dreier Kinder." Wenn Krebs gut ist, wie können dann Herzinfarkte schlecht sein? Steigern wir doch unseren Konsum an Salz, fettem Fleisch und üppigen Nachspeisen, zünden eine Zigarette an der anderen an, und weg mit dem Sport! Und wenn das nicht funktioniert, wie wäre es mit der Beulenpest? Sie war im Mittelalter für die Bevölkerungskontrolle „zuständig". Es gibt eine Frage, mit der man auf die absurde Rechtfertigung der jungen Frau antworten kann: Wenn es den Krebs nicht schon gäbe, würden wir ihn dann erfinden?

Ein anderer weit verbreiteter Denkfehler ist, persönliche Erfahrung zu verallgemeinern. Nehmen wir nur jemanden, der sich wegen einer Niereninfektion einer bestimmten Behandlung unterzieht: Er wird sich mit ganz erstaunlichem Einsatz abmühen, Ihnen dieselbe Behandlung aufzudrängen. Nur so, weil es gut für die Nieren ist. Eine Verallgemeinerung, die aus der ureigenen persönlichen Erfahrung entsteht, ist sogar noch schwerer loszuwerden als eine spontane, voreilige Verallgemeinerung. Schlimmer noch: Sie verengt den Horizont, und nur ein erweiterter Horizont kann uns zu größerer Intelligenz führen.

UND NUN DIE GRÖSSTE ALLER SCHRANKEN

Die größte Schranke zwischen einem Menschen und einer besseren Intelligenz ist aber wahrscheinlich die Unfähigkeit, Fehler einzugestehen. Wie sollte der Verstand, durch dieses Unvermögen verkrüppelt, tapfer vorwärts schreiten können? Natürlich ist es schrecklich, wenn man zugeben muß, daß man unrecht hat. Man fragt sich: „Wenn ich mich bei dieser einen wichtigen Sache geirrt habe, was ist dann mit allem anderen, was ich glaube?“ Der bisher so feste Boden unter unseren Füßen schwankt, das erfüllt uns mit Angst und Unsicherheit. Aber fassen Sie Mut. Der Boden schwankt immer, wenn man nach der Wahrheit sucht, und wenn Sie das erst einmal verstanden haben, dann werden Sie nicht das Unmögliche oder auch nur das Unwahrscheinliche erwarten. Sie werden verstehen, wie hart es ist, einen Fehler einzugestehen und von dieser Stelle aus weiterzuarbeiten. Sie werden nicht erwarten, daß es anderen leichter fällt. Aber Sie erweisen Ihrer geistigen Entwicklung einen unschätzbaren Dienst, wenn Sie zugeben, daß Sie sich mal geirrt haben.

Das Problem verschlimmert sich mit zunehmendem Alter. Wer über lange Jahre seine irrigen Überzeugungen gelebt hat, dem ist der Gedanke absolut unerträglich, daß die ganze Zeit im Irrtum vergeudet ist. Wer einem Fehler nur drei Monate widmete, der legt ihn eher ab als jemand, der ihn drei Jahrzehnte lang mitschleppt.

Dazu gehört auch dieser weitverbreitete Denkfehler: Menschen fällen aufgrund gewisser Umstände ein Urteil und halten auch dann daran fest, wenn sich die Umstände längst geändert haben. Wenn aber das Gehirn flexibel bleiben soll und der Verstand offen, dann müssen sich die Urteile auf die Umstände stützen, und dazu müssen beide stets aufs neue überprüft und bewertet werden.

Ein einfaches Beispiel: Zu Großmutters Jugendzeit waren kurze Röcke, dunkler Lippenstift, Nagellack und unordentliches Haar nur etwas für „lose“ Mädchen - „nette“ Mädchen sahen ganz anders aus. Nun stellt der Enkel ihr seine Freundin vor, und diese ist ganz auf der Höhe der Teenager-Mode gekleidet: kurzer Rock, Stiefel, viele Armreifen und der ganze Rest des New-Wave-Outfits. Großmamas Urteil fällt sofort negativ aus: Das kann kein nettes Mädchen sein. Oma kann nicht zugeben, daß sich die Um-

stände geändert haben, daß in Wirklichkeit das Outfit der jüngeren Frau das Pendant der 90er-Jahre zum langen Plaidrock und den Oxfordschuhen ist, die Großmama in den 40er-Jahren trug, als sie selbst Teenager war.
Und noch ein verbreiteter Fehler: Wenn man einem anderen einen Fehler nachweist, beweist man damit selbst, recht zu haben und „klüger" zu sein. Welch eine Fallgrube, und wie leicht fällt man hinein. Es ist so leicht, alles anzuzweifeln. Einige Leute halten sich selbst für Intellektuelle und machen sich einen Sport daraus, alles anzuzweifeln. Aber das reicht nicht.
Nehmen wir wieder unsere alte Freundin, die Glühbirne. Sie steckt voller Fehler. Sie kann nicht die ganze Welt erleuchten, nicht einmal unser ganzes Haus oder unsere ganze Wohnung. Na und? Sie hat also auch Beschränkungen? Das wußten wir. Und sie zerbricht, wenn man sie runterwirft? Das wußten wir auch. Wir haben diese Beschränkungen akzeptiert und kommen damit zurecht: Wir benutzen mehr als eine Glühbirne und halten uns einen Vorrat, um zerbrochene Glühbirnen ersetzen zu können.
Der sogenannte Intellektuelle, dieser Angeber, sitzt stumm in seiner Finsternis, aber sobald jemand anderes die Glühbirne erfindet, wird er sie verwünschen und all ihre Schwächen entlarven.

Die Versager verfluchen die Dunkelheit.
Die Tüchtigen erfinden die Glühbirne.
Die Pseudo-Intellektuellen verfluchen die Glühbirne.

Der wirklich Intelligente erzählt uns über die Glühbirne objektive Tatsachen, die wir zuvor nicht kannten - sowohl Stärken als auch Schwächen.

KURZ-TEST

EIN TEST ZUM ENDE DER ZEHNTEN WOCHE

1. Was hat das „Begreifen“ mit einem Affenschwanz zu tun?
2. Was sollten Sie tun, wenn Sie das, was Sie lesen, nicht verstehen?
3. Wo ist der beste Platz im Vortragsraum?
4. Wie geht man beim Lernen am besten vor?
5. Sollen Sie in Worten denken?
6. Können Sie dem vertrauen, was allgemein für richtig befunden wird?
7. Wann sollten Sie versuchen, jemandem etwas zu erklären?
8. Lässt sich alles irgendwie rechtfertigen?
9. Was war auf der Schule Ihr Lieblingsfach?
10. Haben Sie sich nach der Schule jemals wieder damit beschäftigt?

ANTWORTEN

1. „Begreifen“ und „Greifschwänze“ greifen beide nach Dingen.
2. Fahren Sie fort, den ganzen Text zu lesen. Dann lesen Sie ihn noch einmal.
3. Unmittelbar vor dem Redner.
4. Multisensorisch - mit möglichst vielen Sinnen.
5. Nein. Sie bremsen sich damit.
6. Nein.
7. Nur, wenn Sie über das Thema gut Bescheid wissen. Dann wird es eine für beide Seiten nutzbringende Erfahrung.
8. Nein (zum Beispiel kann ich an hohen Absätzen nichts Gutes finden).
9. Wenn Sie „Mädchen“ (bzw. „Jungen“) oder „Pausenbrot“ sagen, dann versuchen Sie's noch einmal mit dieser Frage.
10. Falls nicht, empfehle ich Ihnen dringend, sich nach einem Kurs in diesem Fach umzusehen und sich so rasch wie möglich dafür einzuschreiben. Sollte sich das nicht machen lassen, dann spendieren Sie sich zumindest ein Buch darüber.

K A P I T E L

14

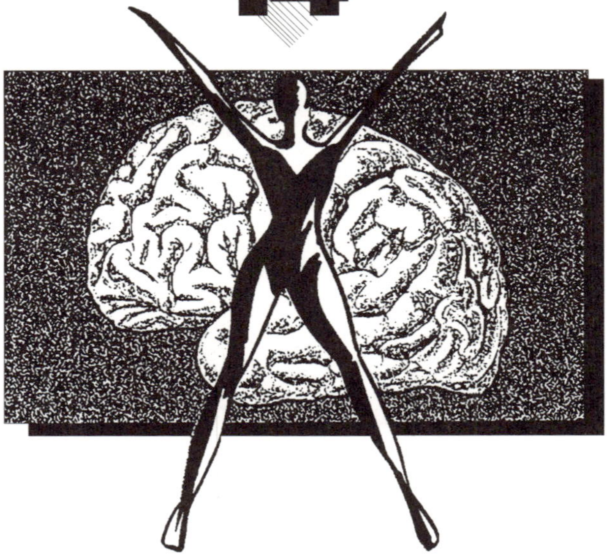

MO DI MI DO FR SA SO

ELFTE WOCHE

TRAINING DER PERSPEKTIVE

Was Sie für die elfte Woche brauchen: Einen großen Spiegel, in dem Sie sich ganz sehen können.

„Ein weiter Blick von ferne her erkennt des Menschen Wesen, sei's in Peru, sei's übers Meer.“ Dr. Samuel Johnson

Die Perspektive verschafft Ihnen eine Sicht auf die Welt, wie sie tatsächlich ist - also nicht so, wie Sie oder andere sich die Welt wünschen. Die Perspektive ist sehr eng mit der Objektivität verknüpft. Vom mathematischen Standpunkt aus gesehen ist die Perspektive eine Untermenge der Objektivität, und sie ist von unschätzbarem Wert bei der Steigerung der Intelligenz. Ein starker Sinn für Perspektive erlaubt es Ihnen, in Ihr geistiges Umfeld zu treten: einen Schritt nach vorn, zurück oder zur Seite zu tun, um die Umstände zu überblicken und die Tatsachen abzuschätzen. Nur eine realistische Perspektive bzw. eine Reihe von Perspektiven verleiht Ihrem Verstand die Mittel, um richtige Schlüsse - seien es große oder kleine - ziehen zu können. Die Entwicklung der Objektivität ist ein vorrangiges Ziel beim Brain Building, sie ist nur der Entfaltung des unabhängigen Denkens untergeordnet.

BRAIN BUILDER NR. 140

PRÜFEN SIE IHRE PERSPEKTIVE

Übung: Wenn Sie ein direkter Nachfahre von Julius Cäsar wären: Wie viele andere direkte Nachfahren stünden dann zwischen Ihnen und ihm? Raten Sie einfach, überlegen Sie nicht lange und halten Sie sich nicht damit auf, es mit Papier und Bleistift auszurechnen. Wie viele Großmütter gab es von diesen fernen Tagen der Antike bis jetzt?

Sagten Sie: hunderte? Das würden die meisten Leute antworten. Oder sagten Sie, es seien 61 Erwachsene und ein Teenager? Ausgezeichnet: Wenn Sie auf diese Zahl gekommen sind, oder Ihr Tip zumindest in der Nähe lag, dann besitzen Sie bereits eine vortreffliche historische Perspektive.
Wir wollen es ausrechnen. Julius Cäsar starb im Jahre 44 v.Chr., und das ist in unserer Zeitrechnung eine negative Größe. Addieren Sie 44 zu 1992, und Sie erhalten 2036 für die dazwischenliegenden Jahre. Menschen werden aber in Generationen gezählt - gemessen als die Zeit zwischen der Ge-

burt einer Mutter und der Geburt ihres Kindes, was offensichtlich von Kultur zu Kultur bedeutenden Schwankungen unterworfen ist. In unserer westlichen Zivilisation nimmt man normalerweise drei Generationen pro Jahrhundert an, also 33 1/3 Jahre pro Generation. Nun teilen Sie 2036 durch 33 1/3, und Sie werden herausfinden, daß nur 61 Generationen zwischen Ihnen und dem letzten republikanischen Führer des antiken Roms stehen.
Und wenn William Shakespeare Ihr Vorfahre gewesen wäre? Zwischen dem 1616 verstorbenen großen Dichter von Stratfort-upon-Avon und Ihnen würden nur gerade elf Generationen liegen. Im Prinzip könnten Sie diese direkten Vorfahren alle bei sich zu Hause in der Küche unterbringen.

WAHRNEHMUNG UND PERSPEKTIVE

Denken Sie eine Weile über Ihre Wahrnehmung von Geschichte und deren Perspektive nach. Das scheinbar im Nebel der Jahrtausende verlorene „Altertum" liegt in Wirklichkeit noch gar nicht so lange zurück: Nur 61 Menschen im Alter von 33 Jahren stehen zwischen Ihnen und Julius Cäsar. In der wahren Perspektive der menschlichen Erfahrung lebte, liebte, kämpfte und starb Julius Cäsar erst gestern. Oder nehmen wir unsere individuelle Perspektive. Wenn Ihr Gedächtnis 50 Jahre umfaßt, dann erstrecken sich lediglich 41 solcher Gedächtnisspannen zwischen Ihnen und dem Tode Cäsars.
Perspektive ist das, was uns hilft, die richtigen Verhältnisse und Wechselbeziehungen aller Dinge wahrzunehmen: Zeit, Raum und Ereignisse. Die Perspektive ist die wichtigste Zutat, wenn wir uns ein Urteil bilden, angefangen beim Konflikt im Mittleren Osten bis zu der Frage, ob sich Ihre Tochter (oder Ihr Sohn) ihre (oder seine) Ohren durchstechen lassen soll.
Zum Aufbau Ihrer Perspektive müssen Sie erstens Ihren eigenen Ort im Strom der Geschichte begreifen und zweitens verstehen, wo jene, die vor Ihnen kamen, darin ihren Platz haben.
Möglicherweise wird kein Fach so unterschätzt wie Geschichte. Und das ist äußerst schlecht, weil das Verständnis der Geschichte eines der wichtigsten Werkzeuge der elementaren Verstandesfunktionen ist. Die Römer nannten die Geschichte „res gestae", *das Handeln des Volkes*. Und im Han-

deln aller Völker ist natürlich alles eingeschlossen: der Bau der Pyramiden, die Flucht aus Ägypten, Archimedes' Entdeckung des Hebelgesetzes, der Aufstieg des Islam, die Entdeckung des Schießpulvers durch die Chinesen, Shakespeare beim Verfassen von „Was ihr wollt“, Mozart beim Komponieren, Madame Curies Entdeckung des Radiums, Neil Armstrongs erster Schritt auf dem Mond. Alles Wichtige, was Männer und Frauen unternehmen, wird sofort Geschichte. Kunst, Architektur, Medizin, Musik, Wissenschaft, Technik, Literatur, Geographie, Mathematik - das alles sind Bestandteile der Menschheitsgeschichte.

BRAIN BUILDER NR. 141

BLICKEN SIE ZURÜCK IN DER ZEIT

Lernen Sie, die Geschichte zu überblicken. Studieren Sie eine Zeittafel, bis Sie mit der Abfolge ihrer Ereignisse vertraut sind. Das erste, was Ihnen an der Zeittafel auffallen sollte: Sie verläuft ohne Unterbrechungen.
In der Schule haben wir von „Jahrhunderten“, „Zeitaltern“ und „Epochen“ gehört, der wirklichen Zeit aber sind solche eindeutigen Trennungen fremd. Ein Tag folgt auf den anderen, die Tage verbinden sich in einer Kette zu Wochen und Monaten, und diese wiederum zu Jahrhunderten und Jahrtausenden. Alles folgt auf alle früheren Geschehnisse.

Übung: Sie sehen auf der nächsten Doppelseiten eine einfache Zeittafel der Geschichte, beginnend bei den frühesten Kulturen bis hin zur Gegenwart. Studieren Sie die Zeittafel, bis Sie die chronologische Folge der Ereignisse gut beherrschen. Die genauen Jahreszahlen sind unwichtig, es kommt nur auf die Abfolge der Ereignisse an. Richten Sie Ihr Augenmerk nur auf diese zeitliche Folge, ohne sich mit den Einzelheiten aufzuhalten. Quälen Sie sich nicht damit, die Tabelle auswendig zu lernen, es genügt, wenn Sie sie einige Male lesen. Halten Sie das Buch etwas schräg und betrachten Sie die Geschichte über die ganze Breite.

-3000 · -2500 · -2000 · -1500 · -1000 · -500 · 1 · 500 · 1000

2700 v. Chr. Bau der ersten Pyramide

1500 v. Chr.* In Ägypten werden Empfängnisverhütungsmittel verwendet

776 v. Chr. Die ersten Olympischen Spiele der überlieferten Geschichte

521 v. Chr. Buddha gibt den ersten öffentlichen Sermon
264 v. Chr. In Rom kämpfen erstmals öffentlich Gladiatoren
140 v. Chr. Die Venus von Milo entsteht
44 v. Chr. Cäsar wird von Brutus auf der Senatstreppe ermordet
27 Jesus Christus wird getauft

300* In Deutschland ist das Kegeln Teil des klösterlichen Rituals

600 In China wird das erste Buch gedruckt

801* Karl der Große ächtet die Prostituierten im Römischen Reich

1800 · 1850 · 1900 · 1950 · 2000

1800 Beethoven schreibt seine erste Symphonie

1815 Napoleon wird in der Schlacht von Waterloo besiegt

1852* USA importieren aus Deutschland Spatzen zur Abwehr der Raupenplage
1861 Beginn des amerikanischen Bürgerkriegs

1867 Karl Marx schreibt DAS KAPITAL

1879 Edison erfindet die erste funktionierende Glühbirne

1908 Wilbur Wright fliegt 30 Meilen in 40 Minuten
1909* Das T-Modell von Ford wird vorgestellt
1914 Beginn des 1. Weltkriegs

1929 Der Schwarze Freitag an den US-Börsen
1933 Die Nazis errichten die ersten Konzentrationslager
1939 Beginn des 2. Weltkriegs

1945 Die USA werfen die Atombombe auf Hiroshima und Nagasaki

1961 Bau der Berliner Mauer
1963 Ermordung Präsident Kennedys
1969 Die ersten Menschen betreten den Mond

1982 Barney Clark wird das (künstliche) Jarvik-7-Herz implantiert
1986 Die US-Raumfähre Challenger explodiert beim Start
1989 Die Berliner Mauer fällt
1991 Die Sowjetunion löst sich auf

1000 Die Chinesen vollenden die Erfindung des Schießpulvers
1066 Die Schlacht von Hastings
1174 Der Bau des Schiefen Turms von Pisa beginnt
1275 Marco Polos Reisen nach China
1347 Der Schwarze Tod beginnt Europa und Asien zu verheeren
1350* Der Shogun von Japan verbietet das Teetrinken
1492 Kolumbus landet in Amerika
1504 Da Vinci malt die Mona Lisa
1519 Magellan bricht zu seiner Weltumseglung auf
1590 William Shakespeare beginnt seine Theaterstücke zu veröffentlichen
1595* Es gibt zum ersten Mal Schuhe mit Absätzen
1620 Die ersten Sklaven kommen in Nordamerika an
1660 Das Wasserklosett kommt aus England nach Frankreich
1666 Der Große Brand von London wütet
1670* Erstmals Uhren mit Minutenzeigern
1771 Die Encyclopaedia Britannica erscheint
1775 Beginn der amerikanischen Revolution
1787 Die Verfassung der Vereinigten Staaten wird unterzeichnet

1000 1100 1200 1300 1400 1500 1600 1700 1800

Noch einmal unser Jahrhundert

1908 Wilbur Wright fliegt 30 Meilen in 40 Minuten
1909* Das T-Modell von Ford wird vorgestellt
1914 Beginn des 1. Weltkriegs
1929 Der Schwarze Freitag an den US-Börsen
1933 Die Nazis errichten die ersten Konzentrationslager
1939 Beginn des 2. Weltkriegs
1945 USA werfen Atombombe auf Hiroshima und Nagasaki
1961 Bau der Berliner Mauer
1963 Ermordung Präsident Kennedys
1969 Die ersten Menschen betreten den Mond
1982 Barney Clark wird das (künstliche) Jarvik-7 Herz implantiert
1986 US-Raumfähre Challenger explodiert beim Start
1989 Die Berliner Mauer fällt
1991 Die Sowjetunion löst sich auf

1900 1910 1920 1930 1940 1950 1960 1970 1980 1990 2000

* Die mit einem Stern markierten Ereignisse sind nicht ganz so wichtig für die Weltgeschichte. Quellen: CHRONOLOGY OF WORLD HISTORY von Freeman-Grenville THE TIMETABLES OF HISTORY von Bernhard Grun ENCYCLOPAEDIA BRITANNICA

EINE PERSPEKTIVE DER GESCHICHTE

Stellen Sie sich vor, es ist zwei Uhr nachmittags an einem Dienstag in Florenz. Es ist der April des Jahres 1300. Für einen Augenblick verdunkelt eine Wolke die Sonne, und schon ist das Mittelalter vorüber und jeder kann sich nun an der Renaissance erfreuen. Absurd? Natürlich. Es ist die vollkommen falsche Perspektive.

Aber so einen „Schnitt" in den Gedanken hatte es zuvor tatsächlich gegeben. In den Jahrhunderten nach der Ausbreitung des Christentums glaubten viele Europäer, im Jahr 1000 würde mit einem Ruck die Geschichte zum Stillstand kommen, Jesus Christus würde zurückkehren, um die Welt zu richten, und alles würde zu Ende sein. Sie können sich bestimmt vorstellen, daß es im christlichen Europa des ausgehenden 10. Jahrhunderts zu einiger Panik kam. Jeder rechnete damit, zu sterben und gerichtet zu werden. Dann war die Mitternacht des 1. Januar 1000 herum, und die Leute kniffen sich in den Arm, weil sie nicht so recht glauben mochten, daß sie noch lebten. Die Jahrtausendwende war gekommen und gegangen, und nichts weiter war passiert - nur ein neuer Tag in der Geschichte der Welt war angebrochen.

JAHRTAUSEND. JAHRHUNDERT. JAHRZEHNT

Wir erwarten die zweite Jahrtausendwende. Sie kommt - in geschichtlichen Zeiträumen gesehen - innerhalb der nächsten Minuten. Aber in den vergangenen 1000 Jahren hat sich die Perspektive der Menschheit verändert, und die meisten von uns rennen deshalb nicht gleich los, um ihre Angelegenheiten zu ordnen und einen guten Platz für die Katze zu suchen.

Die Kirche ist nicht mehr das mächtige, alles beherrschende Zentrum, das sie im Jahre 999 war. Dem modernen Menschen droht zwar nicht mehr die Ewigkeit, dafür aber vielleicht die atomare Vernichtung. Oder eine Umweltkatastrophe. Obwohl wir uns im Jahr 2000 möglicherweise näher am Abgrund der Vernichtung befinden als im Jahr 1000, so hat doch unsere veränderte Perspektive viel Panik weggenommen: die Panik der Überzeugung, in einer künftigen Welt gerichtet zu werden und den Glauben, daß

dieses Gericht unmittelbar bevorstehe. Denken Sie an unser eigenes Jahrhundert. Alles was wir erlebten, was wir gelesen oder gehört haben von denen, die vor uns kamen, können wir gedanklich in Jahrzehnte einteilen. Die 20er Jahre - die Erfindung des Radios, der Aufschwung am Aktienmarkt, das Auto als Massenprodukt. Die 30er Jahre: der Tonfilm, die Große Depression, der Aufstieg des Faschismus. Die 40er Jahre: der Weltkrieg, die Frauen strömen in großer Zahl auf den Arbeitsmarkt, die Geburt des Atomzeitalters. Die 50er Jahre: das Fernsehen wird erwachsen, Sputnik, der kalte Krieg. Die 60er: die Kubakrise, die Ermordung von Präsident John F. Kennedy, Dr. Martin Luther King und Senator Robert F. Kennedy, die Eskalation des Vietnamkrieges, Flower Power, Studentenrevolten. Die 70er: Watergate, die amerikanische Geiselkrise im Iran, der Aufstieg des internationalen Terrorismus. Die 80er: japanische Technologie, AIDS und der Fall der Berliner Mauer. Die 90er Jahre: die Vereinigung Deutschlands, die Auflösung der Sowjetunion.
Scheinbar mühelos läßt sich unser Jahrhundert in Jahrzehnte unterteilen, und jedes ist durch Geisteshaltung, bestimmte Verhaltensformen und durch seine Ereignisse geprägt. Und trotzdem wird ein Backfisch aus den 20er Jahren Mutter und zieht in den schweren Zeiten der 30er einen eigenen Sohn groß, in den 40ern sieht sie ihn in den Krieg ziehen, und in den 50ern wird sie die Großmutter von Kindern, die sie in den 60ern und 70ern nicht mehr verstehen wird.
Auf was ich hinaus will? Die Zeit verläuft in einer ungebrochenen Linie, aber sie wird geprägt durch bedeutende Ereignissen, die von früheren Ereignissen beeinflußt sind und die wiederum spätere Ereignisse beinflussen. Nichts steht für sich alleine, kein Ereignis ist von den anderen isoliert. Es lohnt sich also, Ihre Fähigkeit zur Perspektive und Ihr Verständnis sowohl der äußeren als auch der inneren Welt auszubauen. Denken Sie an die Lebensregel, daß jene, die nicht aus den Fehlern der Geschichte lernen, dazu verdammt sind, sie zu wiederholen. Und ebenso ist auch der, der nicht aus den Fehlern seines Lebens lernt verdammt, diese Fehler zu wiederholen.

Übung: Stellen Sie selbst eine Zeittafel auf, die sich auf nichts anderes bezieht als auf Ihre eigenen Lebenserinnerungen. Tragen Sie alles ein, was Sie bis jetzt erlebt haben und was für Sie von einiger Bedeutung war. Die genauen Daten sind unwichtig, es kommt nur auf die Abfolge der Ereignisse an.

Übung: Fügen Sie nun Ihre eigene Zeittafel mit der historischen Zeittafel desselben Zeitraumes zusammen. Jeder, der die Ermordung Präsident John F. Kennedys erlebte, kann sagen, wo er/sie gerade war und was er/sie gerade tat, als er/sie die Nachricht erfuhr. Versuchen Sie, sich bei jedem Ereignis auf Ihrer Zeittafel zu erinnern, wo Sie waren und was damals gerade in der Welt geschah.

BRAIN BUILDER NR. 142

EINE PERSPEKTIVE DER VERGANGENHEIT

Übung: Wenden Sie sich nun wieder der geschichtlichen Zeittafel zu. Verbinden Sie in Gedanken jedes Ereignis mit seiner Epoche, und stellen Sie sich vor, wie jedes Ereignis auf die nachfolgenden wirkt und sie beeinflußt. Versuchen Sie zu erkennen, welcher Art diese Einflüsse und Wirkungen gewesen sind.
Gehen Sie diese Zeittafel noch einige Male durch, bis Sie ein allgemeines Bild davon haben, welches Jahrhundert einem jeden Ereignis zuzuordnen ist. Auch dies ist keine Lektion in Geschichte, sondern in Perspektive. Dabei ist es weniger wichtig, an was und an wieviel Sie sich erinnern - wichtig ist, daß Sie Ihren Sinn für geschichtliche Perspektive erweitern.

Übung: Denken Sie an ein epochales Ereignis wie zum Beispiel den Vietnamkrieg. Stellen Sie sich vor, welche Folge von Ereignissen unmittelbar dazu führte und welche anderen Ereignisse daraus hervorgingen. Kümmern Sie sich dabei nicht allzusehr um die genauen Daten. Gewinnen Sie, mit anderen Worten, eine perspektivische Schau des Vietnamkrieges. Oder wählen Sie ein wissenschaftliches Ereignis, wie die Erfindung des Fernsehens. Welche früheren Erfindungen und technischen Fortschritte führten direkt zu seiner Entwicklung? Wie weit können Sie die Einflüsse zurückverfolgen, wie weit die Auswirkungen auf die Gegenwart verfolgen?

Übung: Nehmen Sie ein Ereignis aus Ihrem eigenen Leben, etwas, an das Sie sich genau erinnern, egal, ob es Sie mit Freude oder mit Trauer erfüllt. Versuchen Sie es aus der Perspektive Ihrer eigenen Geschichte zu sehen. Welche Ereignisse führten dazu? Welche Ereignisse waren die Folge? War das Ereignis unausweichlich oder vermeidbar? Falls Sie das Ereignis durch einen eigenen Fehler verursacht haben: Haben Sie diesen Fehler später noch einmal begangen? Falls es ein erfreuliches Ereignis oder ein Erfolg war: Ist es Ihnen danach gelungen, ihn zu wiederholen? Sind Sie sich der Komponenten dieses Erfolgs bewußt? Was haben Sie aus Ihrem epochalen Ereignis gelernt?

BRAIN BUILDER NR. 143

EINE PERSPEKTIVE DER GEGENWART

Die amerikanischen Kolonien wurden auf den Grundsätzen der Religionsfreiheit errichtet, wobei man sich unter Religion freilich die christliche vorstellte. Religiöse Christen neigen dazu, im Christentum die beherrschende Weltreligion zu sehen. Und tatsächlich hat christlicher Missionseifer das Christentum bis in die entferntesten Ecken des Erdballs gebracht und den gregorianischen Kalender nahezu auf der ganzen Welt eingeführt. Wenn wir in der christlichen Welt das Jahr 1993 schreiben, dann ist es offiziell fast überall 1993 - sogar in der Volksrepublik China, die den gregorianischen Kalender erst 1949 übernommen hat. Aber nicht die Vorherrschaft des Christentums war der Grund für die Einführung eines weltumfassenden Kalenders: Ein solcher Kalender ist ganz einfach bequemer in einer zunehmend komplexer werdenden Welt, in der Nachrichten beinahe ohne Zeitverlust übermittelt werden und der Erdball selbst gewissermaßen „geschrumpft“ ist.

EIN GUTES BEISPIEL FÜR SCHLECHTE PERSPEKTIVE

Der Glaube an die weltweite Dominanz des Christentums ist ein nahezu perfektes Beispiel für falsche Perspektive, für einen mangelnden Abstand von den Dingen. Sehen Sie sich nur die folgende Fakten an:

Weltreligionen im Vergleich

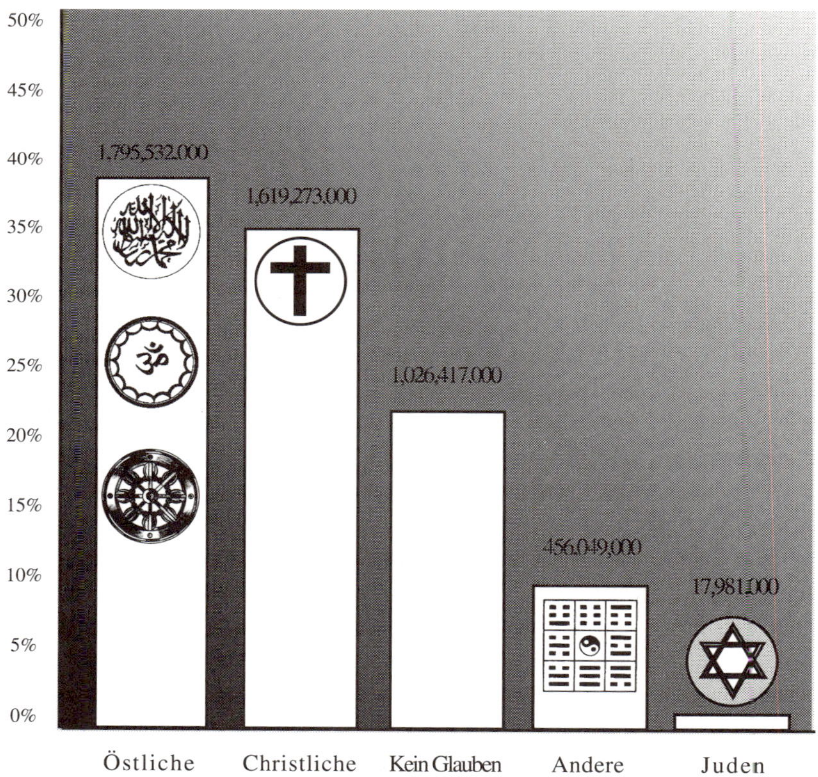

Östliche: Moslems, Hindus, Buddhisten; **Christliche:** Katholiken, Protestanten, Orthodoxe ;

Andere: einschließlich Naturreligionen, Sekten, Sikhs, Schamanen, Konfuzianer, Baha'i, Shintos und Jains

(Aus: 1987 ENCYCLOPAEDIA BRITANNICA BOOK OF THE YEAR)

Die beiden Grafiken sprechen für sich. Oder müssen wir noch mehr darüber sagen? Das Christentum dominiert nicht wegen seiner zahlenmäßigen Überlegenheit: Die östlichen Religionen haben über 170 Millionen mehr Anhänger. Die Lehre, die Sie aus diesem und dem folgendem Kapitel ziehen können, ist eine der wichtigsten dieses Buches.

Ein anderer Vergleich der Weltreligionen

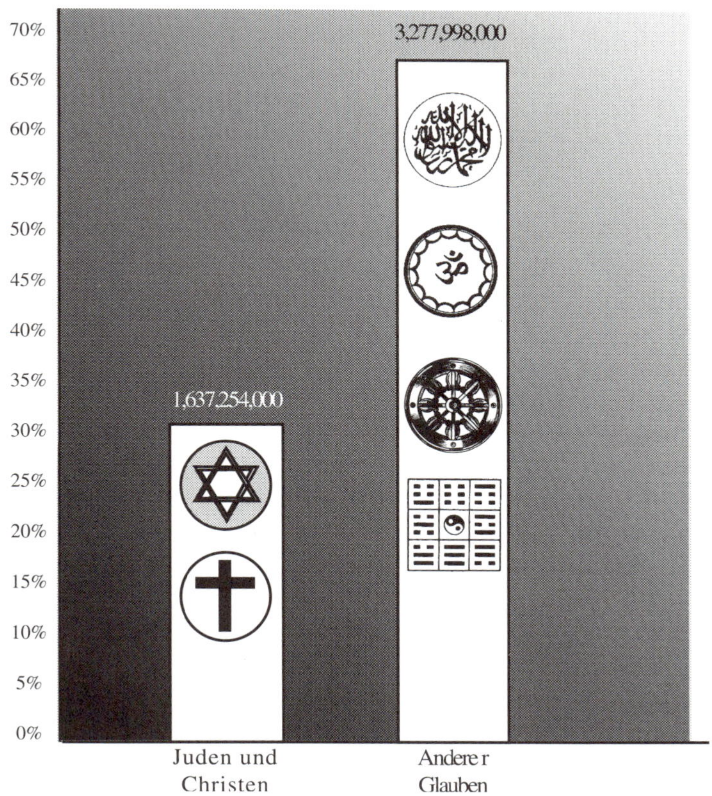

Übung: Lesen Sie in Ihrer Enzyklopädie den Abschnitt über das Judentum, wenn Sie Christ sind. Sind Sie Jude, dann lesen Sie den Abschnitt über das Christentum.
Nachdem wir eine historische und eine religiöse Perspektive besprochen haben, beginnen wir jetzt mit dem Aufbau eines persönlicheren Überblicks. Für die Tätigkeit Ihres Verstandes ist es von entscheidender Bedeutung, daß Sie Abstand von sich selbst gewinnen. Dabei kann Ihnen aber das kulturelle und soziale Umfeld, in dem Sie leben, im Wege stehen. Das alles müssen Sie in Gedanken abstreifen - sonst kämpfen Sie in einem Krieg, den andere untereinander führen.

BRAIN BUILDER NR. 144

LERNEN SIE AUS DER PERSPEKTIVE ANDERER

Ihr Standort entscheidet ja darüber, *was* Sie sehen und *wie* Sie es sehen. Ein gutes Beispiel dafür ist ein Gemälde, zum Beispiel von Seurat, das ganz aus kleinen Farbpunkten zusammengesetzt ist - eine Technik, die unter dem Namen „Pointilismus" bekannt ist. Wenn Sie das Bild „Sonntag im Park" direkt vor Ihrer Nase haben, dann werden Sie nichts als Punkte sehen. Aber sobald Sie einen Schritt zurücktreten, erfassen Sie die ganze Schönheit des Bildes: stattliche männliche und weibliche Gestalten, liebliche Blumen, ein Fluß, ausgedehnte Rasenflächen und spielende Kinder. Wie durch Zauberhand wird aus den Farbpunkten ein Kunstwerk.
Auch im Leben wird das Gesamtbild eines Vorgangs oft erst sichtbar, wenn man einen Schritt zurücktritt. Und die Perspektive der anderen kann Ihnen dabei eine unschätzbare Hilfe sein. Damit kein Mißverständnis aufkommt: Dieser Brain Builder fordert Sie nicht auf, andere Leute für Sie denken zu lassen. Im Gegenteil. Die unabhängigsten Denker sind oft jene, die ihren Verstand gegenüber dem Denken anderer offenhalten.
Eine Freundin von mir nahm, als sie 19 war, an einem Pflichtkurs in englischer Literatur teil. Sie hatte vor Kursbeginn fast jedes Buch und Gedicht

gelesen, das der Lehrplan vorschrieb, und manches davon mehrfach. Sie war sicher, daß sie die Bestnote bekommen würde. Am ersten Unterrichtstag schaute sie sich etwas verächtlich um: Was konnten diese anderen Studenten noch zu ihrem Verständnis beitragen? Waren die anderen etwa ebenso belesen wie sie selbst? Niemals!

Der Kurs öffnete ihr die Augen. Während die einzelnen Werke gelesen und diskutiert wurden entdeckte meine Freundin, daß ihre Perspektive - auch wenn sie gut und manchmal sogar ausgezeichnet war - keineswegs die einzig gültige war. Fast jeder andere Student der Klasse hatte einen neuen Ansatz und eine Perspektive beizutragen, etwas, auf das meine Freundin noch nicht gekommen war. Das war für sie ein heilsamer Schlag und eine wertvolle Lektion fürs Leben: immer empfänglich zu sein für das, was andere zu sagen haben, besonders dann, wenn sich deren Standpunkt vom eigenen unterscheidet. „Belesen" heißt nicht „weise", man sollte beides nicht verwechseln. Hier folgen einfache und dennoch effektive Methoden, mit denen Sie nach den Perspektiven anderer Menschen greifen können.

BRAIN BUILDER NR. 145

BENUTZEN SIE DIE GEDANKEN ANDERER

Bemühen Sie sich bewußt, die Perspektive anderer in Ihr Denken aufzunehmen.

Übung: Kaufen Sie sich eine gute Zitatensammlung. Lesen Sie jeden Tag einen Abschnitt. Auch so ein Buch empfehle ich Ihnen für Ihren geistigen „Erste-Hilfe-Kasten". Gehen Sie den Zitatenschatz nicht systematisch von Anfang bis Ende durch, schlagen Sie stattdessen das Buch irgendwo auf, und lesen Sie das erste Zitat, das Ihnen ins Auge fällt. Lesen Sie es noch einmal. Schließen Sie dann das Buch, und denken Sie über die Worte nach. Versuchen Sie, jeweils die Perspektive des Autors zu erkennen. Ist sie optimistisch, pessimistisch, liberal oder konservativ? Stimmt seine Sicht mit

Ihrer überein? Können Sie das Thema ebenso sehen wie der Autor des Zitats? Wiederholen Sie das täglich, und ein weites Feld verschiedener Sichtweisen wird sich Ihnen eröffnen.

BRAIN BUILDER NR. 146

SEHEN SIE DURCH DIE AUGEN ANDERER

Erinnern Sie sich an die politische Versammlung (der Gegenpartei), zu der wir Sie geschickt haben? Und bei der Sie schweigen sollten?

Übung: Gehen Sie wieder hin, aber sagen Sie diesmal etwas, und zwar etwas Konstruktives. Reden Sie mit den Leuten, lernen Sie diese Leute kennen und das, was sie denken.

Übung: Lesen Sie eine Woche lang täglich dasselbe Gedicht. Die ureigenste Absicht der Dichtung ist es, dem Leser etwas Vertrautes auf ungewöhnliche Art zu enthüllen, ihn damit das Neue im Alten finden zu lassen. Suchen Sie eine gute Gedichtsammlung, und wählen Sie sich ein Gedicht aus. Lesen Sie es eine Woche lang täglich, bis Ihnen die Perspektive des Dichters vertraut ist. Wie unterscheidet sie sich von Ihrer eigenen? Und wie hat sich Ihre Perspektive während des Lesens verändert? Erweitert? Wenn Sie zum Beispiel die „Ode auf eine griechische Urne" von John Keats eine Woche lang lesen, werden Sie Ihre Augen ganz anders für die „Schönheit" und das „Wunderbare" öffnen. Und Sie werden, da bin ich ziemlich sicher, auch Keats Standpunkt über das Angesicht der Schönheit teilen. Nach diesem Wochengedicht würde ich an Ihrer Stelle in das nächste Kunstmuseum gehen und mir einmal ein Stück attischer Keramik aus dem 5. Jahrhundert vor Christus anschauen. Oder in einer Bibliothek einen Band mit Bildern alter griechischer Vasen betrachten. Einfach, um selbst zu sehen, was den Dichter zu seiner Ode inspirierte.

Nehmen wir an, Sie tun das auch: Während Sie sich mit den Vasen oder deren Bildern beschäftigen, werden Sie bemerken, daß sich Ihre Perspektive verändert hat. Sie werden durch Keats Augen sehen. Sie haben nämlich inzwischen Keats dichterische Vision aufgenommen und dem Reichtum Ihres Verstandes gewaltige Schätze hinzugefügt. Aber es geht noch weiter: Wenn Sie danach das Gedicht wieder lesen, werden Sie auch das aus einer ganz neuen Perspektive betrachten.

BRAIN BUILDER NR. 147

SIND SIE IHRE ELTERN - ODER IHR EIGENES KIND?

Wenn Kinder noch klein sind, dann neigen Eltern dazu, alles, was über die Lippen des kleinen Lieblings kommt, für bewunderswert, intelligent, wertvoll und endloser Wiederholung würdig zu befinden. Dann werden die Kinderchen älter, und plötzlich glauben ihnen die Eltern gar nichts mehr. Die Eltern haben die Achtung vor ihren Kindern verloren, und umgekehrt haben die Kinder, die einmal Mami und Papi für die größten Experten der westlichen Welt hielten, den Respekt vor den Eltern verloren. Wie kann es zu dieser Veränderung der Perspektive kommen?

Übung: Versuchen Sie, wenn Sie selbst das Kind sind, sich aus der Perspektive Ihrer Eltern zu sehen. Wenn Sie selbst ein Kind haben, betrachten Sie sich aus der Perspektive dieses Kindes. Kann man vor Ihrem Tonfall Respekt haben, wenn Sie Ihren Standpunkt vertreten? Drücken Sie sich vernünftig aus, wenn Sie etwas mitteilen oder Ihre Empfindungen äußern, oder ist Ihr Ton emotionsgeladen? Ist Ihr Ton, vielleicht unbewußt, darauf angelegt, eine ebenso emotionale Reaktion auszulösen? Sind Sie auf Herausforderung oder Widerspruch vorbereitet? Oder sind Sie felsenfest davon überzeugt, im Recht zu sein, und daß nichts, was irgendjemand sagt oder tut, Ihre Meinung ändern kann?

Sind Sie ordentlich angezogen und frisiert? Das ist kein Witz. Es fällt Ihnen bestimmt auch schwer, jemanden ernst zu nehmen, der schlampig aussieht. Oder einen Rat von jemandem anzunehmen, der Sie gerade angepumpt hat.

ELTERN GEGEN KINDER: VERACHTUNG AUS VERTRAUTHEIT?

Die Kinder werden älter, und plötzlich halten die Eltern sie nicht mehr für angehende Genies. Wieso ist das so? Warum neigen Eltern dazu, ihre Kinder so zu behandeln, als ob diese nichts wüßten? Weil Kinder sich so verhalten, als wüßten sie alles?

Tatsächlich kann Vertrautheit ein gewisses Maß an Respektlosigkeit erzeugen. Auch wenn Sie erwachsen sind, werden Ihre Eltern Sie immer noch als ihr Kind ansehen. Gleichzeitig sehen sie aber andere Erwachsene als Erwachsene - obwohl diese anderen ihrerseits von ihren Eltern als Kinder betrachtet werden! Das Problem ist, daß es ihnen an Perspektive fehlt: Ihre Eltern nehmen Sie noch immer als Kind wahr. Da Sie sich aber (vermutlich) nicht mehr kindlich benehmen, sind Sie für Ihre Eltern nicht mehr das „liebe" Kind.

Sie könnten aus der Haut fahren, wenn Sie mit ansehen müssen, wie Ihre eigenen Eltern die Ansichten und Behauptungen anderer Leute akzeptieren, während sie Ihre Ansichten mißachten. Und es kann etwas noch Schlimmeres passieren: daß Ihre Eltern Ihnen zustimmen, wenn Sie Ihre eigene Meinung mal probeweise als die eines anderen ausgeben!

Mit anderen Worten: Eltern tendieren dazu, nur die Intelligenz anderer Leute Kinder zu respektieren.

Andererseits neigen Söhne und Töchter dazu, im Beisein ihrer Eltern in ein kindisches Verhalten zurückzufallen - sie wissen ja, daß sie nichts rechtmachen können. Die Situation ist schwierig, aber weit verbreitet, und es ist höchst zweifelhaft, ob man an diesem Umstand jemals etwas wird ändern können. Wem die Perspektive fehlt, dem kann man sie nicht aufzwingen. Das Beste, was Sie tun können: Akzeptieren Sie die Situation und stellen Sie sich darauf ein. Behalten Sie Ihr eigenes positives Selbstbild, und las-

sen Sie es niemals aus den Augen. Und vermeiden Sie ähnliche gravierenden Fehler bei Ihren eigenen Kindern.
Damit Sie um Ihrer selbst willen akzeptiert werden, müssen Sie sich vielleicht mit Menschen verbünden, denen Sie nicht so vertraut sind und die deshalb aus einer ungetrübten Perspektive auf Sie schauen. Das mag zwar eine schockierende Erkenntnis für Sie sein, aber eine heilsame. Wenn Sie nicht ganz ungewöhnliche Eltern haben, Eltern mit Perspektive nämlich, oder wenn Ihr Selbstbild nicht von ganz besonders unerschütterlicher Art ist, dann gilt: Je länger Sie in der vertrauten Umgebung bleiben, umso unwahrscheinlicher wird es, daß Ihr Intellekt jemals die volle Erfüllung erreicht.
Aus diesem Grund verlassen so viele Menschen ihr Zuhause und ziehen aus ihrer Geburtstadt fort. Sie suchen nach der Achtung, die sie bei „ihren Leuten“ nicht bekommen, die sie nur von Fremden erwarten können. Aber viele Menschen finden den Absprung auch nicht, bleiben in ihrer familiären Umgebung gefangen und verkümmern intellektuell. Sie fürchten sich vor negativen Einschätzungen in der Fremde. Und diese Prophezeiung erfüllt sich dann ausgerechnet in der Heimat.
Vielleicht müssen Sie wegziehen. Bevor Sie es tun und damit alle positiven Aspekte der Familie aufgeben, versuchen Sie es mit folgender Übung.

Übung: Behandeln Sie ab jetzt Ihre Angehörigen unpersönlicher, etwa so, wie Sie mit Geschäftspartnern umgehen. Von einem Kunden oder einem Kollegen würden Sie auch nicht erwarten, daß er von Ihrer Meinung viel hält, wenn Sie im Nachthemd mit ihm sprechen. Benehmen und kleiden Sie sich zu Hause gut. Treten Sie einen Schritt zurück und schauen Sie sich das Bild an, das Sie selbst abgeben, gerade so, als wären Sie im Büro. Wenn Sie wirklich erwachsen sind (oder sein wollen), dann unterdrücken Sie Anreden wie „Papi“ und „Mami“, die nur Erinnerungen an die Kindheit hervorrufen. Bei „Mami“ oder „Papi“ bitten Sie darum, wie ein Baby behütet zu werden. Das hat mit „geachtet werden“ nichts zu tun.

Übung: Verhalten Sie sich Ihren Eltern gegenüber nicht emotional. Gegenüber einem Kunden oder Mitarbeiter tun Sie das ja auch nicht. Ihn würden Sie nicht anschreien: „Du hörst mir nie zu, was ich auch sage!“.

Übung: Zeigen Sie Selbstvertrauen. Sie wissen, daß Sie gegenüber Geschäftspartnern Selbstvertrauen zeigen müssen. Fangen Sie auch Ihren Eltern gegenüber damit an. Damit haben Sie den Schlüssel zum Erfolg in der Hand. Ihre Eltern achten Sie umso mehr, je mehr Selbstvertrauen Sie zeigen, und je weniger Sie sich darum scheren, ob Sie geachtet werden.

BRAIN BUILDER NR. 148

SEHEN SIE SICH MIT DEN AUGEN IHRER LIEBEN

Gewinnen Sie eine neue Perspektive für Ihre Beziehung zu Ihrem Ehepartner oder zu Ihren Kindern. Betrachten Sie sich mit deren Augen. In Ihrer familiären Umgebung ist ja Ihr Ehepartner wohl derjenige, mit dem Sie intellektuell am meisten verbindet. Dieser Mensch ist Ihnen gegenüber eine Verpflichtung eingegangen. Sie mögen Freunde haben, die Ihnen ebenbürtig sind, aber wie viele von ihnen würden Sie heiraten? Ihre Frau oder Ihr Mann ist der Mensch, bei dem Sie intellektuelle Rückendeckung im unmittelbaren Familienkreis suchen sollten. Wenn allerdings sie oder er Ihre einzige Unterstützung ist, dann sind Sie in der Klemme. Was ist, wenn Ihr Gatte mit den Jahren immer weniger hilfsbereit wird? Noch schlimmer: Was ist, wenn er oder sie hinter Ihrer Entwicklung zurückbleibt? Was wird dann aus der Rückendeckung?
Im Zeitraum von 20 Jahren oder weniger wachsen Ihre Kinder von bewundernden und bewundernswerten kleinen Schmeichlern zu Wesen heran, die sich den Wohltaten Ihrer Erfahrung unbarmherzig widersetzen. Oft genug ist das der Anstoß einer lebenslangen Entfremdung.
Ihre Freunde spielen gewöhnlich die Rolle intellektueller Gleichmacher. Ein Freund hütet sich, Sie zu übertreffen, weil er Angst hat, Sie dann zu verlieren. Stattdessen drängt er Sie in seine Richtung oder sich selbst in Ihre Richtung. Jedenfalls drängt er Sie nicht nach oben. Je länger Sie das zulassen, desto ähnlicher werden Sie ihm. Nehmen wir einmal an, daß dem

so ist: Treten Sie einen Schritt zurück und schauen Sie sich Ihre Freunde an. Sind das die Menschen, denen Sie ähnlich werden wollen?

Übung: Beantworten Sie diese Fragen so ehrlich wie möglich:

Werden Sie von Ihrer Ehefrau/ Ihrem Ehemann wirklich respektiert?
Werden Sie von allen Ihren Kindern geachtet?
Werden Sie von Ihrer Mutter geachtet?
Werden Sie von Ihrem Vater geachtet?
Werden Sie von allen Ihren Freunden geachtet?
Verdienen Sie Achtung?

Wenn Sie Achtung verdienen, sie aber nicht bekommen: Überlegen Sie sich, ob Sie nicht lieber mehr Zeit mit den Menschen verbringen sollten, von denen Sie geachtet werden. Und weniger Zeit mit den anderen.

BRAIN BUILDER NR. 149

BETRACHTEN SIE SICH MIT DEN AUGEN IHRER KOLLEGEN UND IHRES CHEFS

Übung: Nehmen Sie sich in Ihrem Büro Ihren Schreibtisch vor, und werfen Sie alles weg, was albern ausschaut. Oder nehmen Sie es mit nach Hause. Gemeint ist damit zum Beispiel das schielende Stofftier oder die Kaffeetasse mit dem lustigen Spruch. Wer soll Sie denn ernstnehmen, wenn Sie schon mit Ihrer Umgebung ausdrücken, daß nicht einmal Sie selbst sich ernstnehmen?
Denken Sie darüber nach, wie Ihr Chef oder Ihr unmittelbarer Vorgesetzter Sie sieht. Was denken Sie, wie Sie aussehen, wenn Sie an Ihrem Schreibtisch in einen Keks beißen? Oder wenn Sie sich in aller Öffentlichkeit kämmen oder Ihr Make-up erneuern? Wie jemand, der es wert ist, ernstgenommen zu werden? Würden Sie in Ihrem Bademantel zur Arbeit

kommen? Nein. Fürs Büro kleiden Sie sich würdevoll, aber diese Würde können Sie mit unpassenden Kleinigkeiten Ihres persönlichen Verhaltens ruinieren - Kleinigkeiten, wegen derer Sie von anderen, ob bewußt oder unbewußt, mit einem ganz bestimmten Etikett versehen werden.
Wenn Sie sich durch die Augen der anderen sehen, dann lernen Sie, wie Sie die Etiketten loswerden können, die Ihnen andere aufgeklebt haben - und, wichtiger noch: die Sie selbst sich aufgeklebt haben.
Vermutlich haben Sie selbst den Leuten die Munition gegeben, die nun gegen Sie verwendet werden kann. Ein Beispiel: Sind Sie eine erwachsene Frau und tragen bunte Schleifen im Haar? Und da erwarten Sie noch, daß man Sie genauso behandelt wie einen Mann, der dieselbe Arbeit macht wie Sie? Haarschleifen bringt man mit kleinen Mädchen in Verbindung, nicht mit einer reifen und verantwortungsbewußten Frau. Ungeachtet Ihrer Fähigkeiten und Ihrer Intelligenz.
Sie müssen Ihre eigene, beste intellektuelle Rückendeckung werden, nicht Ihre eigene Mißachtung fördern. Wenn Sie sich selbst sehen können, können Sie jeden sehen.

BRAIN BUILDER NR. 150

ERWEITERN SIE DEN HORIZONT IHRER PERSPEKTIVE

Übung: Schreiben Sie aus dem Stegreif einen Aufsatz, etwa eine Seite lang, über sich selbst, ohne sich dabei nach Beruf, Herkunft, Religion oder Geschlecht einzuordnen.
Möglicherweise ist aller Glanz auf ein einziges Gebiet konzentriert, während die übrigen im Dunkeln bleiben. Ein Nobelpreisträger mag in seinem Bereich ein Genie sein, aber ein Ignorant auf allen anderen. Häufig gilt: Je mehr Zeit ein Experte auf sein Gebiet verwendet, desto weniger Zeit bleibt ihm, auch noch etwas Anderes zu lernen.
Wie kommt jemand dazu, seine Intelligenz derart einseitig auszurichten? Dafür gibt es eine Menge Gründe: die Notwendigkeit, die ganze Kraft auf

ein gewaltiges Vorhaben zu richten, oder vielleicht eine tiefe intellektuelle und/oder emotionale Verstrickung mit der Aufgabe, die gerade anliegt. Aber manchmal ist es reine Passivität, bei Leuten nämlich, die sich lieber in einen geistigen Elfenbeinturm zurückziehen, als dem Chaos der Welt die Stirne zu bieten.

Bei Ihnen muß das nicht so sein. Sie sollten ständig hinterfragen, auf welche Weise Sie an die Dinge herangehen. Wie breit ist das Feld Ihres Denkens? Wer oder was sind Sie in erster Linie? Beurteilen Sie sich selbst vor Ihrem gesamten persönlichen Hintergrund. Fragen Sie sich: Denke ich wie ein (fügen Sie hier Ihren Beruf ein)? Denke ich wie ein Vater, wie eine Mutter? Denke ich wie ein (setzen Sie hier Ihre Religion ein)? Denke ich wie ein (setzen Sie hier Mann oder Frau ein)? Formen Sie mit Ihrem Verstand eine Brücke, anstatt einen Tunnel. Ein Zimmermann muß zwar während der Arbeit wie ein Zimmermann denken, aber niemand zwingt ihn, 24 Stunden am Tag wie ein Zimmermann zu denken. Das wäre abhängiges, kein unabhängiges Denken.

Welcher Bezugsrahmen dient Ihnen dazu, sich ein Urteil zu bilden? Ihr eigener? Der eines anderen? Bilden Sie sich Ihr Urteil aus eigener Lebenserfahrung? Oder richtet es sich danach, was Ihrer Ansicht nach die anderen für richtig halten? Erkennen Sie die Einflüsse, die Ihre Perspektive formen? Machen wir uns daran, einige dieser alltäglichen Einflüsse und ihre Wirkung mit einer Reihe von Brain Buildern zu untersuchen.

BRAIN BUILDER NR. 151

ERLAUBEN SIE DER GEWOHNHEIT NICHT, DIE OBJEKTIVITÄT ZU UNTERGRABEN

Das, was wir für selbstverständlich halten, trägt oft mehr zur Verzerrung unseres Denkens bei, als wir glauben. Ein sehr einfaches Beispiel: Jährlich verleiht das Award Academy Comitee den Oscar an „den besten Schauspieler“ und an „die beste Schauspielerin“. Warum?

Wie wäre es mit einem Preis für „den besten weißen Schauspieler", „den besten schwarzen Schauspieler", „den besten Schauspieler unter 55" und „den besten Schauspieler über 55"? Wäre das nicht lächerlich? Allerdings. Und ebenso lächerlich sind Preise für „den besten Schauspieler" und „die beste Schauspielerin", Preise also, die nur nach Geschlechtern getrennt sind. So ein Konzept würde uns heute nicht mal mehr im Traum einfallen. Aber wir akzeptieren es, weil wir es von der Vergangenheit geerbt und nie einen weiteren Gedanken darauf verschwendet haben.
Wenn etwas schon vor unserer eigenen Geburt auf der Welt war, dann neigen wir dazu, es als einen natürlichen Bestandteil des Lebens hinzunehmen. Fall es keine Einkommenssteuer gäbe, würden wir dann für ihre Einführung stimmen? Würden die Engländer die Monarchie gründen, wenn es sie nicht schon gäbe? Na ja, vielleicht.

FRAGEN UND HINTERFRAGEN

Wie kann man sich davor hüten, irgendetwas einfach aus Gewohnheit zu akzeptieren? Wie können Sie lernen, zu „hinterfragen" und Ihre Perspektive auf sich und andere zu erweitern?
Es ist eine Sache der Objektivität. Wir lesen in der Zeitung von einem Ereignis, in das ein „Mann mit fremdländischem Akzent, etwa 32 Jahre alt" oder eine „Südamerikanerin, Alter um die 50" verwickelt ist, und schon fällen wir unbewußt Urteile. Indizien: Geschlecht, Alter und Rasse.
Wenn wir jemanden nur nach seinem Geschlecht, seinem Alter oder seiner Rasse bewerten, dann urteilen wir, als ob sich aus diesen Eigenschaften schon alles übrige ergäbe. Warum nennt man zum Beispiel nicht grundsätzlich - sofern bekannt - in welcher politischen Partei jemand ist (was durchaus interessant sein könnte. Die Mitgliedschaft in einer Partei ist freiwillig und sagt einiges über die Geisteshaltung eines Menschen aus)?
Überlegen Sie sich, wie sehr Ihr Denken schon davon beeinflußt ist, daß Sie bestimmte Verhaltensweisen zum Beispiel mit dem Geschlecht anstatt mit treffenderen Kriterien gleichsetzen. Halt! Treten Sie einen Schritt zurück. Bemühen Sie sich ganz bewußt, ab jetzt alle Klischee-Vorstellun-

gen aufzugeben. Öffnen Sie Ihren Geist, lassen Sie aus dem Gewohnten wieder das Unbekannte erstehen, indem Sie es untersuchen, als wäre es das erste Mal.
Jetzt erforschen Sie sich selbst. Man hat Ihnen beigebracht, daß gewisse Dinge für Ihr Geschlecht, für Ihr Alter angemessen und richtig sind. Welche Auswirkung hat das auf Ihre eigenen Verhaltensweisen?

Übung: Schreiben Sie andere Gesichtspunkte auf, unter denen man einen Menschen sehen kann, und die Sie für aussagekräftiger halten als sein Geschlecht, sein Alter oder seine Rasse.

BRAIN BUILDER NR. 152

SEHEN SIE SICH DIE WERBUNG GENAUER AN

Leider ist nicht alles im Leben Keats oder Goethe. Das meiste ist alltägliches Zeug. Und ein großer Teil des modernen Alltags, nicht nur in den USA, ist von Werbung durchsetzt - im Radio, im Fernsehen und in den Printmedien. Lernen Sie, die Werbung aus einer neuen Perspektive zu sehen. Sieht irgendetwas im täglichen Leben wirklich so gut aus? Das schöne Modell, das uns eine Haarpflege anpreist, während es in hauchdünner Seide auf Zehn-Zentimeter-Absätzen herumschwebt - was bliebe von ihrer Schönheit, wenn man ihre photogene Frisur wegnähme (die nicht von der Natur, sondern von einer Windmaschine so passend zerweht wurde), ihr Make-up, einschließlich der künstlichen Wimpern, der nachgezogenen Konturen und Lippenstifte, wenn es nicht die kunstvolle Beleuchtung und die Weichzeichnerlinse an der Kamera gäbe und keine Schönheitschirurgie, die ihre Nase, ihr Kinn und ihre Wangenknochen veränderte?
Ist es in der Kneipe an der Ecke auch so spaßig wie an diesen heiteren, festlichen Orten voller gutaussehender Männer und Frauen, die man in der Bierwerbung sieht? Sind Sie von Ihrem Auto wirklich so begeistert, ist eine Fahrt damit wirklich so aufregend, wie es die Anzeigen mit ihren Bil-

dern aus der Helikopter-Perspektive glauben machen wollen? Lassen Sie sich von Fernsehspots und sonstiger Werbung nicht verrückt machen. Fragen Sie sich: Jagt mir diese Werbung ein Gefühl der Minderwertigkeit ein? Wird von mir erwartet, daß ich mich nicht für klug genug, attraktiv genug, überhaupt für irgendwie unzureichend halte?

Übung: Halten Sie die nächsten beiden Wochen den großen Spiegel griffbereit, wenn Sie fernsehen. Nehmen Sie ihn einmal pro Abend zur Hand, während Sie gerade einen Werbespot sehen, und sehen Sie sich Ihr Gesicht gut an. Bewirkt die Werbung, daß Sie mit sich selbst zufriedener sind? Oder unzufriedener? Wie sehr, glauben Sie, hat Sie das über die Jahre hinweg beeinflußt? Üben Sie sich in dieser Perspektive, sie ist ein äußerst wertvolles Werkzeug beim täglichen Umgang mit sich selbst und mit anderen. Sie gibt Ihnen die Chance, einen Schritt zurückzutreten, um die wahre Bedeutung der Worte anderer Menschen zu erfassen. Machen diese Worte Sie unzufrieden mit sich selbst? Haben Sie ihnen nachgegeben?

BRAIN BUILDER NR. 153

GEBEN SIE FILMEN IHRE „I"-NOTE

Haben Sie sich jemals während eines Films gefragt: „Wieso läuft mir nie jemand über den Weg, der so phantastisch aussieht? So jemanden habe ich nie persönlich getroffen. Wo sind überhaupt all diese prächtigen Leute?"
Ich will Ihnen sagen, wo: in den Filmkulissen und in den Studios. Und sie verbrauchen tausende von Dollars für Maskenbildner, Hairstyling, Lichteffekte und Tricktechnik. Ohne diese Dinge würden Sie die Stars nicht einmal erkennen, zumindest aber hätten sie ihren ganzen Glanz verloren.
Mit der „I"-Notenskala für Filme meine ich: „I" für Intelligenz und „I" für „ich", für Sie selbst. Gehen Sie nicht in Filme, die Ihr Selbstbild schädigen. Am schlimmsten sind Filme, die so tun, als würden sie Sie unterhalten, die Sie aber in Wirklichkeit niedergeschlagen oder unzufrieden

zurücklassen, unglücklich mit sich selbst und mit Ihrem Leben. Dazu gehören:

1. Filme, die Liebesbeziehungen weltfremd darstellen, die den Zuschauer dazu bringen, daß er sich nach einer ebenso spontanen und romantischen Beziehung sehnt. Aber das Leben springt grausam mit den Romantikern um. Viele Leute sind nach *Vom Winde verweht* auf ewig unzufrieden mit ihrem eigenem Partner, ganz egal, wie erfüllend diese Beziehung auch ist. Sie wollen nur noch Rhett Butler und Scarlett O'Hara sein, und immer wird sie dieser stillschweigende, wenn auch unbewußte Vergleich verfolgen.
2. Filme, die Lebensweisen verklären oder beschönigen. Lebensweisen, die in der Realität absolut nicht rosig sind. Nehmen Sie zum Beispiel *Nachtschicht*. Der Film schildert eine Gruppe sauberer, junger Prostituierter, die sich gewählt ausdrücken und durchaus anbetungswürdig sind. Da gibt es keine Krankheit, Drogensucht oder Kriminalität.

Natürlich gibt es auch Filme, die weder Ihrem Verstand noch Ihrem Selbstbewußtsein schaden. Das sind die Filme, die keinen Anspruch auf Realität erheben, die nur unterhalten wollen. In diese Kategorie gehören derbe Komödien wie die *Unglaubliche Reise in einem verrückten Flugzeug*, Fantasy wie *Krieg der Sterne*, große Abenteuerfilme wie *Auf der Jagd nach dem Juwel vom Nil*, Musicals ohne romantische Verklärung wie *Singin' in the Rain* und Zeichentrickfilme ohne versteckte Botschaft wie *Disneys Fantasia*.

Und schließlich gibt es Filme, die Ihren Verstand vielleicht tatsächlich stärken und Ihnen realen, wertvollen Stoff zum Nachdenken bieten. Nach meiner Einschätzung stehen auf der „I"-Skala ganz oben:

1. Filme, die nichts beschönigen, die Ihnen einen Einblick in das menschliche Wesen geben, wie *Komm zurück, kleine Sheba* und *Am goldenen See*.
2. Realistische Filme, die Sie an Orte und zu Ereignissen mitnehmen, die Sie andernfalls niemals sehen würden, wie *Im Westen nichts Neues* und *Platoon*.

Verschwenden Sie Ihr Geld nicht für Filme, die Ihre wertvolle Zeit vergeuden, Ihr Selbstvertrauen aushöhlen oder falsche Erwartungen wecken, die niemals jemand erfüllen kann. Und scheuen Sie sich nicht, einfach aus dem Kino zu gehen, sobald Sie merken, daß der Film Ihnen nichts bringt. Das Geld ist weg, aber werfen Sie ihm nicht auch noch Ihre kostbare Zeit hinterher.

Übung: Probieren Sie eine ganz andere Art von Filmen aus. Gehen Sie zumindest einmal im Monat in einen nicht synchronisierten ausländischen Film, also das Original mit Untertiteln.

BRAIN BUILDER NR. 154

SEHEN SIE SICH SO, WIE SIE VON FREMDEN GESEHEN WERDEN

Übung: Achten Sie besonders auf die Kleidung der Leute, die Sie sehen, und ziehen Sie daraus Ihre Schlüsse. Was schließen Sie aus der Kleidung? Sind die Leute liberal oder konservativ? Arm oder reich? Angenehm oder lästig? Und dann stellen Sie sich vor, daß Sie genauso beurteilt werden, sei es bewußt oder unbewußt. Treten Sie einen Schritt zurück, und versuchen Sie, das Urteil zu treffen, das andere über Sie fällen würden.
Denken Sie daran: Wenn Sie sich selbst sehen können, dann können Sie jeden sehen. Und: Wenn Sie jeden anderen sehen können, dann können Sie sich selbst sehen. Aber Sie müssen es wollen.

KURZ-TEST

EIN TEST ZUM ENDE DER ELFTEN WOCHE

1. Welche dieser Kulturen ist die älteste: die der Ägypter, der Griechen oder die der Römer?
2. Wer kam zuerst: Buddha oder Jesus?
3. Auf was beziehen sich diese Jahreszahlen: 1066, 1775, 1861, 1914, 1939?
4. Was kam früher: der Schwarze Tod oder der Grosse Brand von London?
5. Wie werden die Anhänger der drei östlichen Hauptreligionen bezeichnet?
6. Besteht die grosse Mehrheit der Weltbevölkerung aus Christen?
7. Sind die Nichtreligiösen nur eine winzige Minderheit?
8. Wie hoch ist der prozentuale Anteil der Juden unter der Weltbevölkerung?
9. Was für ein Buch habe ich Ihnen empfohlen?
10. Finden Sie nun eine bessere Definition von „Intelligenz“ als die, die Sie vor einigen Wochen notiert haben?

ANTWORTEN

1. Als erstes die Ägypter, dann die Griechen und darauf die Römer.
2. Buddha.
3. Die Schlacht bei Hastings, die amerikanische Revolution, der amerikanische Bürgerkrieg, der 1. Weltkrieg, der 2. Weltkrieg.
4. Die Pest begann 1347, der Grosse Brand von London brach 1666 aus.
5. Moslems, Hindus und Buddhisten.
6. Nein. Nur etwa ein Drittel sind Christen.
7. Nein. Ungefähr ein Fünftel hat keine Religion.
8. Ein halbes Prozent.
9. Eine Zitatensammlung.
10. Ich will es hoffen! Finden Sie den Zettel noch?

KAPITEL

15

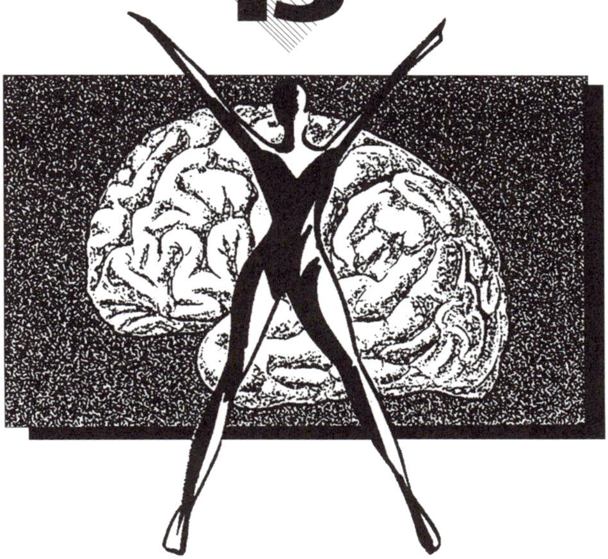

MO DI MI DO FR SA SO

ZWÖLFTE WOCHE

DER WOHLGEBILDETE VERSTAND

„Wer jemand anderen als sich selbst für sein Urteil verantwortlich macht, der ist ein Sklave, kein freier Mensch."

Mortimer J. Adler und Charles Van Doren, *How to read a book*

Eine lange gemeinsame Reise hat uns beide, Sie und mich, in dieses letzte Kapitel gebracht. Ich habe viel von Ihnen verlangt: die überkommenen Wege des Denkens zu verlassen, wohlgehütete Überzeugungen neu zu überdenken. Vor allem aber habe ich verlangt, daß Sie Ihre früher getroffenen Urteile überdenken oder gar aufgeben. Die meisten unserer Ansichten sind nämlich nicht aus unserer eigenen Geistesarbeit gewachsen. Sie stammen von anderen: von unseren Familien, den Medien, der Kirche und dem Staat.

Ich habe Ihnen gezeigt, wie Sie Ihren Verstand für die unbegrenzten Möglichkeiten neuer Ideen öffnen können. Wie Sie wertvolle Werkzeuge wie Logik, Wortschatz und Konzentrationsfähigkeit benutzen können. Wie Sie Ihr eigenes, angeborenes Begriffsvermögen, Ihre Einsicht, Intuition und die sensorische Wahrnehmung schärfen können. Wie Sie Vertrauen in Ihre eigenen geistigen Fähigkeiten entwickeln können. Wie Sie den Weizen der Wahrheit von der Spreu bloßer Meinung trennen und Ihr Gehirn so trainieren können, daß es künftig zum „Turbo-Denken“ in der Lage ist.

Ich werden Ihnen nun einen letzten Brain Builder vorlegen, den Schlüssel zum Turbo-Denken.

Turbo-Denken hält sich an die Wirklichkeit statt an das Hergebrachte, es nimmt nichts als gegeben hin, und sein Ausgang ist offen. Turbo-Denken ist ein Sprung der Erkenntnis über das hinaus, was man gewöhnlich „kritisches Denken“ nennt: Es ist ein avantgardistisches Denken.

BRAIN BUILDER NR. 155

TURBO-DENKEN: WANN FÄLLEN SIE EIN URTEIL?

Turbo-Denken kennt keine Grenzen. Nur Ihre Schlußfolgerungen setzen Ihnen Grenzen.

Übung: Schauen Sie sich die folgenden Begriffe an. Sind Sie bei einem der Themen zu einem Urteil gekommen?

Weltraumforschung
Dritte Welt
Das Haushaltsdefizit

Jetzt schauen Sie sich die Begriffe noch mal an. Können Sie ehrlich behaupten, daß Sie viel über die Dinge wissen, über die Sie Urteile fällen? Aber nur weil Sie einmal Schlüsse ziehen, so heißt das ja noch lange nicht, daß Sie diese nicht wieder ändern könnten.

EIN NEUER RAHMEN

So entwickelt sich ein Kind: In frühen Jahren bekommt es seine ersten Ideen, nimmt sie auf, und es wiederholt diesen Vorgang, während sich sein Lebensrahmen zunehmend festigt. In diesen Rahmen stopft es mit der Zeit immer mehr Informationen, steckt oft etwas nur mal eben so von der Seite hinein - und was nicht hineinpassen will, das wird einfach ignoriert. Es benutzt das, was es früher gelernt hat, als Grundlage für alles, was es jetzt begreifen und verstehen soll. Wenn sich in der Vergangenheit Fehler eingeschlichen haben, dann prägen folglich diese Fehler sein Denken, Lernen und seine Wahrnehmung.
Und dieses Kind sind wir, nur eben erwachsen.
Wir haben von unseren Eltern viel mehr mitbekommen, als wir meinen. Unsere Gehirne stammen zwar aus dem Gen-Pool der Menschheit, aber

mehr oder weniger gelingt es nur unseren Eltern, dieses Gehirn zu füllen. Was wir im Alter von fünf Jahren glaubten, hing von dem ab, was wir in den ersten fünf Jahren aufgenommen hatten. Und was wir glaubten, als wir zehn waren, hing von dem ab, was wir in den neun Jahren davor aufgenommen hatten. Wenn aber schon die fünfte Stufe morsch ist, dann möchte ich meinen Fuß erst recht nicht auf die 25. Stufe setzen.

Wir haben zwar sehr vieles von dem verstanden, was wir aufnahmen. Aber ein Teil davon war auch Unsinn. Darin liegt einer der Gründe, weshalb geistiger Fortschritt so langsam vor sich geht.

Wir wuchsen auf als kleine Gefangene. Was wir lernten, das lernten wir unfreiwillig von denen, die Macht und Autorität über uns besaßen. Aber dann wurden wir älter und konnten uns immer freier entscheiden. Eine Entschuldigung haben wir also nur für die Fehler, die wir bis zum 20. oder bis zum 25. Lebensjahr begehen. Später können wir nur noch uns selbst zur Rechenschaft ziehen, im Guten wie im Schlechten.

Sobald wir älter werden, scheint es uns weniger um die Richtigkeit unserer Gedanken zu gehen, als um die Gewißheit, daß es unsere eigenen Gedanken sind. Wir haben uns an sie gewöhnt, und deshalb sind sie so bequem für uns. Wir beziehen aus ihnen ein großes Maß an Sicherheit, auch wenn es eine trügerische Sicherheit ist. Wen wundert es da, daß wir unsere Ideen gegen alle Anfechtungen verteidigen? Diese Abwehr, diese geistige Anspannung schadet unserer gesamten geistigen Funktion: Weil wir bereits zu viele Schlüsse gezogen haben.

Denken Sie einen Augenblick darüber nach, was das bedeutet: „einen Schluß ziehen". Warum sollten wir jemals einen Schlußstrich unter unser Denken ziehen? Warum sollten wir jemals zu denken aufhören? Und wann wissen wir genug, um einen Schluß ziehen zu können? Die Antwort sollte lauten: niemals.

Ich mag das Wort „Schlußfolgerung" nicht, auch wenn es durch ein Wort wie „vorläufig" modifiziert wird, weil „Schluß" immer noch „Ende" für mich bedeutet. Der Begriff macht keinen Sinn, er ist ein Widerspruch in sich. Wie kann etwas vorläufig sein und dennoch ein Schluß? Während meines ganzen Lebens sind mir viel zu viele Leute begegnet, die ihr Denken zu Ende gebracht haben - über eine Sache oder über viele Dinge. Leute, die seit fünf, 25 oder sogar seit 50 Jahren mit dem Denken fertig sind.

Aber sogar fünf Minuten Denk-Schluß wären zu viel (alle Schlußfolgerungen waren irgendwann einmal auch erst fünf Minuten alt).
Der entscheidendste Schritt, den Sie bis jetzt im Brain Building bewältigt haben sollten, ist vielleicht der härteste: Nehmen wir einmal an, daß Sie Fehler gemacht haben, Fehler machen können, jetzt Fehler machen und Fehler machen werden. Jeder akzeptiert dies theoretisch, aber in der Praxis ist das nur zu oft eine ganz andere Sache. Aber Fehler zugeben zu können, das hält Ihren Verstand auf Dauer funktionsfähig. Ihre wachsende Beliebtheit ist dabei ein positiver Nebeneffekt: Die Leute scheinen wirklich jemanden zu mögen, der zugibt, daß er sich irrt.
Übrigens: Es ist relativ einfach, Fehler zuzugeben, die Sie heute machen oder die Sie morgen machen werden. Das, was Männer und Frauen von Jungen und Mädchen unterscheidet, ist das Eingestehen von Denkfehlern, die bereits gemacht wurden. Damit geben Sie sich selbst zu, daß Sie sich irrten - und das ist vielleicht das Bekenntnis, das am allerschwersten fällt. Trösten Sie sich. Das Zugeben von Fehlern mag vielleicht als Versagen betrachtet werden, aber eine Veränderung auf dieser Basis nennt man Verbesserung. Der Prozeß setzt sich fort, wie beim Auto. Das erste Auto war langsam, eine Fahrt damit war unbequem, und man wurde so schmutzig dabei, daß man strapazierfähige Überkleider tragen mußte. Aber dieses Auto war der erste Schritt zu einem ganz außergewöhnlichen Erfolg.
Turbo-Denken basiert nicht auf „Meinung". Das Wort ist eine Krücke. Es hat nur den Zweck, einem grundlosen Denken Würde zu verleihen. Wer sich nicht auf seinen Verstand stützen kann, sagt: „Ich habe ein Recht auf meine Meinung!" Zu denen sollen Sie nicht gehören.
Mich haben diese Leute noch nie beeindruckt, die immer betonen, sie hätten „den Mut, zu ihren Überzeugungen zu stehen". Schließlich laufen heutzutage Menschen herum, die von sich behaupten, der Sohn Gottes zu sein. Diese Leute haben auch den Mut, zu ihren Überzeugungen zu stehen. Aber diesen Mut bewundere ich nicht. Was ich bewundere, das ist die Sorgfalt, mit der jemand nach der Wahrheit strebt.
Denken Sie daran: Ihr Verstand ist die Fähigkeit, in zunehmendem Maße Sinn von Unsinn zu unterscheiden.
Der wohlgebildete Verstand ist offen, nicht verschlossen. Sein Streben gilt dem Deuten von Informationen hin zur Wahrheit und dem Umgang mit

Ideen, mit „Schlüssen“ oder mit „Meinungen“ hat er nichts im Sinn. Der wohlgebildete Verstand hat Mißverständnisse, Vorurteile und sogar Urteile als solche für sich abgeschafft. Der wohlgebildete Verstand ist erpicht darauf, andere seiner Art zu treffen, egal, ob diese mit ihm übereinstimmen oder nicht.

Dem wohlgebildeten Verstand sind erfrischende Diskussionen und Widerspruch willkommen, er will nicht überreden. Der wohlgebildete Verstand weiß um die unbegrenzten Möglichkeiten der Welt und streckt seine Fühler in alle Richtungen aus. Der wohlgebildete Verstand übernimmt volle Verantwortung für sich selbst, seine Ideen und seine Taten. Er ist objektiv, sein Streben gilt dem Wesen der Dinge und der Verbesserung. Selbstgefälligkeit und Entschuldigungen weist er zurück.

Der wohlgebildete Verstand ist eine zuverlässige, wachsende, rundherum lebendige Wesenseinheit. Seine Möglichkeiten erweitern sich ständig. Seine Zukunft ist grenzenlos.

Und er kann Ihnen gehören.